Historische Landeskunde
Deutsche Geschichte im Osten

Band 3

Herausgegeben von der Kulturstiftung
der deutschen Vertriebenen

Dietmar Lucht

Pommern
Geschichte, Kultur und Wirtschaft
bis zum Beginn des Zweiten Weltkrieges

2. unveränderte Auflage

Verlag Wissenschaft und Politik
Köln 1998

© 1998 bei Verlag Wissenschaft und Politik · Helker Pflug
Umschlaggestaltung Rolf Bünermann
Gesamtherstellung Werbedruck Zünkler, 33689 Bielefeld
Printed in Germany

Alle Rechte vorbehalten

Die Deutsche Bibliothek – CIP-Einheitsaufnahme

Lucht, Dietmar:
Pommern: Geschichte, Kultur und Wirtschaft bis zum Beginn des Zweiten Weltkrieges/
Dietmar Lucht. – 2., unveränd. Aufl.
Köln: Verl. Wiss. und Politik, 1998
(Historische Landeskunde – Deutsche Geschichte im Osten; Bd. 3)
ISBN 3-8046-8817-9

Inhaltsverzeichnis

Vorbemerkung 7

Historisch-geographische Grundlagen
Lage und Oberflächengestalt. 9
Klima. 13
Ur- und Frühgeschichte 15

Allgemeine Geschichte
Die Einführung des Christentums 19
Dänemark, Sachsen, Brandenburg und das Reich im Ringen um Pommern . . 25
Die Zeit der deutschen Einwanderung 31
Pommern im Zeichen der erstarkenden Städte 41
Der Kampf um die königliche Belehnung 45
Herzogshaus und Stralsund auf dem Höhepunkt ihrer Macht 50
Das vielgeteilte Land 55
Von 1411 bis 1472. 60
Die Ära Bogislaws X. 1474–1523 67
Die Zeit der Reformation. 73
Der Niedergang 80
Der Dreißigjährige Krieg 86
Vom Westfälischen bis zum Stockholmer Frieden 93
Zwischen preußischem Absolutismus und schwedischem Stillstand 101
Die preußische Provinz des 19. Jahrhunderts 110
Von 1914 bis 1939. 122

Kulturgeschichte
Kultur der Pomoranen 129
Kultur der deutschen Einwanderer 130
Wissenschaft, Kunst und Geschichtsschreibung im Mittelalter 134
Kultur im Zeitalter der Reformation 142
Vom 17. bis zum beginnenden 19. Jahrhundert 145
Im 19. und 20. Jahrhundert 152

Wirtschaftsgeschichte
Wirtschaft der Pomoranen 155
Wirtschaft der deutschen Siedler 156
Der Handel nach dem Frieden von Stralsund 161
Wirtschaftliche Veränderungen im Reformationszeitalter 164
Der Niedergang 165
Wirtschaft in der Teilungszeit 167
Im 19. und 20. Jahrhundert 171

Schluß 177

Zeittafel 180
Tabellen 182
1. Fläche und Bevölkerung Pommerns und seiner größeren Verwaltungsbezirke
   am 17. Mai 1939 182
2. Die Städte Pommerns am 17. Mai 1939 184
3. Die 30 größten Landgemeinden Pommerns am 17. Mai 1939 186
4. Der Bezirk des Oberlandesgerichts Stettin im Jahre 1914 187
5. Die Kirchenkreise der evangelischen Landeskirche in Pommern
   im Jahre 1911 188
6. Obst- und Walnußbaumbestände Pommerns im Jahre 1934
   nach dem Gebietsstand vom 1. 10. 1938 189
Literatur in Auswahl 190
Ortsnamen-Konkordanz 194
Personenregister 196
Ortsregister 202
Abbildungsnachweis 206

Vorbemerkung

Lange vor den 1989 einsetzenden politischen Veränderungen in Deutschland und in den Ländern Ostmitteleuropas war die Konzeption für die »Historische Landeskunde – Deutsche Geschichte im Osten« erstellt worden, deren dritter Band »Pommern« jetzt vorliegt.
Die Gesamtreihe will in acht Bänden deutsche Geschichte im Osten – in den historischen preußischen Ostprovinzen und in den sogenannten deutschen Siedlungsgebieten im europäischen Nordosten, Osten und Südosten – in knappen, komprimierten Übersichten darstellen.
Die Überlegungen für die Gesamtreihe gingen davon aus, daß der Eiserne Vorhang, der Deutschland und Europa politisch zerschnitt, auch das Geschichtsbild zu begrenzen und das Geschichtsverständnis zu beeinträchtigen drohte. Deshalb sollte durch Aufzeigen und Kenntlichmachung der Gesamtzusammenhänge der deutschen Geschichte im Innern und der Verflechtungen nach außen der Schein-Realität des Eisernen Vorhangs die *Realität* der Geschichte und ihrer realen Einheit entgegengestellt werden. Gerade nach den Ereignissen in den Jahren 1989 und 1990 kommen Kenntnis und Wissen der Geschichte in allen ihren Facetten und territorialen Ausformungen eine besondere Bedeutung zu.
Dem Herausgeber ist bewußt, daß in der Reihe scheinbar Widersprüchliches zusammengefaßt wird: ostdeutsche Geschichte mit deutscher Geschichte im Osten, die vielfach treffender als Geschichte der Deutschen im Osten bezeichnet werden müßte, Geschichte innerhalb der alten Reichsgrenzen, wie beispielsweise die Geschichte der böhmischen Länder, mit der Geschichte der baltischen Länder, die schon zu einem früheren Zeitpunkt in andersstaatliche – dänisch-polnisch-schwedisch-russische – Bezüge gestellt waren. Sie alle sind jedoch in weiten Abschnitten nur in der Einheit der deutschen Geschichte erklärbar – wie auch umgekehrt – und finden von hier aus ihren Zusammenhang.
Die »Historische Landeskunde – Deutsche Geschichte im Osten« wird mit Unterstützung des Bundesministeriums des Innern gedruckt, wofür die Kulturstiftung Dank sagt.

Der Herausgeber

Historisch-geographische Grundlagen

Lage und Oberflächengestalt

Unter dem Begriff »Pommern« wird im folgenden der Raum an der südlichen Ostsee zwischen dem Saaler Bodden im Westen und dem Zarnowitzer See im Osten einschließlich der Insel Rügen verstanden. Die Luftlinie zwischen beiden Gewässern beträgt rund 365 Kilometer. Die südwestliche Begrenzung Pommerns westlich der Oder ist in einer Linie zu sehen, die etwa durch die Städte Damgarten (seit 1950 mit Ribnitz vereinigt), Demmin, Friedland, Pasewalk und Gartz an der Oder gebildet wird. Östlich der Oder erstreckt sich Pommern auf einer Länge von 65 km bis in die Nähe des 53. Breitengrades, dann bis südlich der Seenkette zwischen Enzig-See und Dolgen-See. Die Städte Rummelsburg, Bütow und Lauenburg stellen die Eckpunkte des pommerschen Ostens dar.
Die Oberflächengestalt und seine Böden verdankt Pommern der letzten Eiszeit und dem anschließenden Alluvium. Man nimmt an, daß das Pleistozän für Pommern 14 000 Jahre vor Chr. endete. Die aus Skandinavien gekommenen Gletscher ließen das mitgebrachte Gestein, das während des Transports zum größeren Teil zerrieben worden war, als Lehm, Ton, Sand, Kies oder in Form von Findlingen zurück, deren größter auf dem Kirchhof von Gr. Tychow, Kr. Belgard, liegt. Eine verschieden starke Schicht dieser Ablagerungen bildet fast ausnahmslos die Erdoberfläche. Als bedeutendster Endmoränengürtel ist der Pommersche Höhenrücken zu nennen; die Grundmoränen, durchzogen von Urstromtälern, überwiegen jedoch in Pommern. Eine Ausnahme in der Bildung der Oberfläche Pommerns stellt der im Jura entstandene, bis 1967 wirtschaftlich verwertete Kalk bei Zarnglaff und Schwanteshagen im Landkreis Cammin dar. Ebenfalls aus dem Mesozoikum stammen die bekannten Kreidefelsen von Jasmund und Arkona sowie die Kreidevorkommen von Lebbin auf Wollin und von Finkenwalde bei Stettin.
Die heutige pommersche Küste entstand im wesentlichen 2000 Jahre v. Chr., nachdem in den vorangegangenen drei Jahrtausenden der Meeresspiegel so stark gestiegen war, daß große Landmassen überflutet wurden. Der westliche Teil der Küste ist von Bodden, den überfluteten breiten Grundmoränenwannen, geprägt. Die Inseln Usedom und Wollin, umgeben von den drei deltaartigen Ausflüssen der Oder, haben zwar eine Ausgleichsküste, dahinter jedoch mit dem Achterwasser ebenso wie in dem südlich von ihnen befindlichen Stettiner Haff trotz entgegenstehender Bezeichnung zwei Bodden. Östlich der Dievenow erstreckt sich eine rund 250 Kilometer lange, hafenfeindliche Ausgleichsküste mit etlichen Strandseen.

Die landschaftliche Schönheit Pommerns offenbart sich dem Betrachter bei gleichzeitigem Blick auf Meer und Land, sei es auf Hochufer, auf Dünenkette und Moor, sei es auf eine Nehrung. Im hinterpommerschen Landesinneren erfreut sich das Auge am Wechsel von Ackerland und Wald, von kleinkuppigen Hügeln und Seen. Die besondere Lieblichkeit dieses Bildes im Mittelteil des Pommerschen Höhenrückens mit dem 18,6 Quadratkilometer großen Dratzig-See und seinen über 200 Meter hohen Bergen führte dazu, diesen Landstrich Pommerns als »Pommersche Schweiz« zu bezeichnen.

Die Qualität der Böden ist in Pommern sehr verschieden. In Vorpommern bis zum Peenestrom und zur Zarow sind rund 70 % der Fläche als mittlere bis schwere Böden einzustufen, die zum größeren Teil sandigen Lehm und lehmigen Sand, zum kleineren Teil Ton als Grundlage haben. Daran schließen sich bis zur unteren Oder die Talsandflächen der Ueckermünder Heide an, die mit mehr als 400 km² das größte zusammenhängende Waldgebiet Pommerns darstellt. Die beiden das Stettiner Haff gegen die Ostsee abschließenden Inseln Usedom und Wollin bestehen fast zur Hälfte aus Sandböden und zu einem weiteren Drittel aus Moorböden. Die rechts der unteren Oder und ihres östlichen Mündungsarms liegenden Kreise Naugard und Cammin sind ebenfalls durch eine größere Anzahl sandiger und mooriger Böden gekennzeichnet. Ertragreiche Ackerböden beiderseits des Odertals südlich von Stettin bieten dagegen die Oder-Randow-Platte und das Greifenhagener Hügelland. Letzteres geht nach Osten in den Pyritzer Weizacker über. Wie der Name, der 1574 erstmalig bezeugt ist, schon zum Ausdruck bringt, ist der Pyritzer Weizacker, dessen Fläche mehrere hundert Quadratkilometer umfaßt, eine sehr fruchtbare Gegend; er ist der beste Boden Pommerns. Eine vergleichbare Bodenqualität findet man in Mecklenburg gar nicht und ostwärts erst im Danziger Werder. Die Weizacker-Bauern – der Weizacker war fast ausschließlich bäuerlicher Besitz – waren sich jahrhundertelang ihres Wohlstands bewußt: Festhalten am überlieferten Brauchtum und ein reich ausgebautes Schulwesen im 19. und 20. Jahrhundert belegen dies eindrucksvoll.

Das weitere Hinterpommern, also ungefähr zwischen dem 15. und dem 18. Längengrad, teilt sich im großen und ganzen in mehrere Zonen unterschiedlicher Bodenqualität. Die Küstenzone wird von einer Dünenkette gebildet, aus der die 500 m lange und 42 m hohe Lonskedüne auf der Leba-Nehrung als größte Wanderdüne Pommerns mit einem jährlichen Vorrücken um 12 m hervorragt, und von zahlreichen moorigen Böden und Strandseen, die hauptsächlich in dem östlichen Teil des Küstenstreifens zu finden sind. Als die drei größten Strandseen sind der Leba-See, der Garder See und der Jamunder See zu nennen, wobei der Leba-See mit 75,3 km² überhaupt der flächengrößte See Pommerns ist. An die Küstenzone schließt sich ein durchschnittlich 30 km breiter Gürtel fruchtbarer Grundmoränen an, der bis zum Urstromtal der Leba reicht und von dem der Grabow geteilt wird. Die Greifenberger und Körliner Lehmplatten sind die ergiebigsten Böden dieses Bereichs, so daß die Kreise Greifenberg und Kolberg-Körlin die höchsten Bodenwerte Pommerns östlich des 15. Längengrads aufweisen. Allerdings reichen sie nicht an die entsprechenden Bodenwerte Rügens und der anderen Kreise im westlichen Vorpommern heran, erst recht nicht an die des Kreises Pyritz. Die dritte Zone bildet der mehrere Kilometer breite Sandstreifen, der durch das pommersche Urstromtal bedingt ist. Er erweitert sich an der Lupow, Stolpe, Wipper, Radue und Persante beckenartig. Südlich davon erhebt sich der Pommersche Höhenrücken mit seinen kuppigen, bodengünstigen Grundmoränen und insbesondere den Endmoränen; deren höchste Punkte sind: der Schimmritzberg mit 256 m im Kreis Bütow und der Steinberg mit 234 m zwischen Bublitz und Rummelsburg, Pommerns größte Berge. Das Landschaftsbild wird weiterhin von einer Vielzahl von Seen, meistens Rinnenseen, bestimmt. Den Naturschönheiten dieser vierten ostpommerschen Zone steht die schlechte Bodenqualität gegenüber. Leichte und leichteste Böden überwiegen bei weitem. Die Kreise Dramburg, Rummelsburg und Bütow bilden den Schluß dieser Reihe.

Das Flußnetz Pommerns ist ausschließlich auf die Ostsee ausgerichtet. Die Oder wurde nach viele hundert Kilometer langem Lauf in ihren letzten 63 km – z. T. durch den Dammschen See – der größte und wichtigste Wasserweg Pommerns, bevor sie die in Pommern fast nur in zwei Armen nach Norden strömenden Wasser in das Stettiner Haff entläßt. Von dort fließt das Oderwasser durch den Peenestrom, die Swine und die Dievenow in die Ostsee. Die Oder teilte Pommern in das westlich von ihr liegende Vorpommern und Hinterpommern, das sich rechts der Oder erstreckte. In das Stettiner Haff, und zwar in seinen westlichen Teil, das Kleine Haff, mündet ebenfalls die aus der Uckermark kommende Uecker, die 38 km in Süd-Nord-Richtung in Pommern zurücklegt. Als rechter Nebenfluß fließt ihr die Randow 10 km südlich des Kleinen Haffes zu. Wenige Kilometer westlich der Ueckermündung mündet die aus dem Südwesten kommende Zarow in das Kleine Haff. Der größte Fluß Vorpommerns ist die Peene. Ihre Quellen liegen nördlich und nordöstlich der Müritz in der Mecklenburgischen Seenplatte. Nach Durchquerung des Kummerower Sees richtet die Peene ihren allgemeinen Lauf nach Nordosten, nimmt währenddessen bei Demmin die von Nordwesten kommende Trebel und als rechten Nebenfluß die Tollense auf und strebt dann nach Osten dem westlichen Oderausfluß zu, der nach diesem Zufluß Peenestrom genannt wird. Die Recknitz entspringt in der Umgegend von Güstrow und ist in ihrem 20 km langen, nach Nordwesten in den Saaler Bodden zielenden Unterlauf pommersch-mecklenburgischer Grenzfluß.

Der Pommersche Höhenrücken ist das Quellgebiet fast aller nennenswerten hinterpommerschen Flüsse. Der längste mit 190 km ist die stark mäandrierende Rega, an deren Ufern allein sechs Städte erbaut wurden. In die Rega mündet die Molstow. Die Persante, deren größter rechter Nebenfluß die Radue ist, legt von ihrer Quelle westlich von Neustettin bis zur Mündung bei Kolberg 165 km zurück.

Das schmaler werdende östliche Hinterpommern wird von vier Küstenflüssen, die sich in ihrem Südost-Nordwest-Lauf mit mehr oder weniger großen Schleifen sehr ähneln, gewissermaßen in vier Scheiben zerschnitten. Die vier Flüsse sind die Wipper, der die 70 km lange Grabow unmittelbar vor ihrer Mündung bei Rügenwalde zufließt, die Stolpe, die Lupow und die Leba. Auf dem Pommerschen Höhenrücken liegen auch die Quellen der Brahe, der Küddow und der Drage, die pommersche Gebiete nach Süden entwässern und ihre Wasser der Weichsel bzw. der Netze zuführen. Schließlich sind noch zu erwähnen die Ihna, die bei Nörenberg entspringt, sich zunächst nach Süden, dann aber nach Westen wendet, im Mittelalter die Schiffe Stargards und Gollnows trug und nach einem Lauf von 128 Kilometern nördlich des Dammschen Sees in die Oder mündet, und die Plöne, die aus der Nähe des neumärkischen Berlinchens kommt, durch den Madü-See fließt und bei Altdamm den Weg in den Dammschen See findet.

Wenn man vergleichsweise in Pommern auch bei weitem nicht so viele Seen wie in Ostpreußen zählen konnte, so gehörten sie doch zum pommerschen Landschaftsbild und prägen es sogar in mehreren Regionen. Zu nennen sind insbesondere das Küstengebiet des östlichen Hinterpommern mit seinen Strandseen und der Pommersche Höhenrücken mit den vielen Landseen. Die Seen bieten dem Menschen Nahrung und Erholung, sind aber auch Verkehrshindernis. Von den vielhundert pommerschen Seen seien die zehn flächengrößten in der nachfolgenden Tabelle aufgeführt:

Name und Lage	Höhe über NN in m	Fläche in km²	Größte Tiefe in m	Mittlere Tiefe in m
1. Leba-See (Strandsee)	0,3	75,30	5,6	2,2
2. Dammscher See (bei Stettin)	0,1	54,00	8	3
3. Madü-See (sö. von Stettin)	14	36,00	42	19
4. Garder See (Strandsee)	1	25,00	2,8	1,5
5. Kummerower See pommerscher Anteil (pommersch-mecklenburgischer Grenzsee)	0,3	ca. 25,00	?	?
6. Jamunder See (Strandsee)	0,1	22,90	3	1,9
7. Dratzig-See (auf dem Pommerschen Höhenrücken)	128	18,62	83	20
8. Vilm-See (auf dem Pommerschen Höhenrücken)	133	18,30	6	2,7
9. Buckower See (Strandsee)	0,1	18,00	2,5	1,6
10. Großer Lübbe-See (auf dem Pommerschen Höhenrücken)	96	14,85	46	14

Das Stettiner Haff besitzt eine Fläche von 903 km², die größte Tiefe mißt 9 m und die mittlere 3,8 m. Der Leba-See ist der größte Strandsee Mitteleuropas. Er zählt zu den mitteleuropäischen Seen mit der ausgedehntesten Oberfläche, darin nur durch den Bodensee, den Spirding-See und den Mauersee, die Müritz und den Chiemsee übertroffen. Eine andere Reihenfolge ergibt sich, wenn man die jeweils im See enthaltene Wassermenge zugrunde legt. Mit 726 Millionen Kubikmeter Wasser nimmt der Madü-See weit vor dem Dratzig-See mit 357 Millionen Kubikmetern den Spitzenplatz ein. Es folgen der Große Lübbe-See mit 203 und der Leba-See mit 160 Millionen Kubikmeter Wasser.

Für keine an der südlichen Ostsee gelegene deutsche Landschaft spielten Inseln eine so wichtige Rolle wie für Pommern. Auf ihnen und durch ihre Bewohner wurden Politik, Wirtschaft, Religion, Literatur, Wissenschaft, Kunst und Kultur zu Höhepunkten geführt, die weit über die Landesgrenzen ausstrahlten. Die nachfolgende Tabelle enthält alle Inseln Pommerns, die mehr als einen Quadratkilometer umfassen.

Name	Fläche in km²	Lage
1. Rügen	926,4	
2. Usedom	445,0	
3. Wollin	247,8	
4. Ummanz	19,7	Westlich von Rügen
5. Hiddensee	18,6	Westlich von Rügen
6. Gristow	9,0	In der Erweiterung der Dievenow zum Camminer Bodden
7. Groß Kirr	3,5	Zwischen Bodstedter und Barther Bodden
8. Großer Kricks	3,5	Im Bereich der südlichen Swine
9. Koos	1,5	Im Süden des Greifswalder Boddens
10. Pulitz	1,2	Im Kleinen Jasmunder Bodden (Rügen)
11. Großer Werder	1,2	Östlich der Halbinsel Zingst
12. Görmitz	1,1	Im Westen des Achterwassers (Usedom)

Klima

In klimatischer Hinsicht ist Pommern ein zweifaches Übergangsgebiet. Zum einen liegt es in West-Ost-Richtung zwischen dem atlantischen Klima mit seinem kühlen Sommer, milden Winter und häufigen Niederschlag und dem Kontinentalklima Osteuropas mit warmem Sommer, kaltem Winter und geringerem Niederschlag. Zum anderen, wenn auch in schwächerem Maße, sind die klimatischen Verhältnisse Pommerns in Nord-Süd-Richtung durch den Gegensatz zwischen Ostsee und mitteleuropäischer Landmasse bestimmt; wegen der stärkeren wechselseitigen Durchdringung von Wasser und Land ist der Einfluß der Ostsee im westlichen und mittleren Pommern größer als im östlichen Teil.
Ein wichtiges Element des Klimas ist die Temperatur. Westlich der Linie Kolberg–Naugard–Kallies mißt man als mittlere Jahrestemperatur zwischen 7,5° und 8,5°, östlich dieser Linie fällt die Temperatur sogleich und erreicht an der Ostgrenze des Kreises Rummelsburg mit 6,3° den niedrigsten Wert. Die mittlere Temperatur liegt im Januar zwischen –0,4° in Greifswald und –2,9° östlich von Rummelsburg, im Juli zwischen 18,3° in Stettin und 16,2° bei Rummelsburg. Das ganze Küstengebiet hat in der Regel weniger als zehn Sommertage, also Tage mit dem Spitzenwert von 25 Grad,

das übrige Land bietet erheblich mehr sommerliche Wärmetage. An Frosttagen – Tagen, an denen die Temperatur unter null Grad sinkt – und an Eistagen – an ihnen steigt die Temperatur nicht über null Grad – zeigt sich eine stärkere Regionalisierung Pommerns. Auf dem Darß und dem Zingst und in dem Küstenstreifen zwischen unterer Recknitz und dem nördlichen Strelasund gibt es im Jahr durchschnittlich weniger als 80 Frosttage und keine Eistage. Auf Rügen, Usedom, Wollin und dem festländischen Pommern bis zu einer Linie Nörenberg–Kolberg sowie im weiteren hinterpommerschen Küstengebiet stellt man die mittlere jährliche Anzahl von 80 bis 100 Frosttagen fest, im südöstlichen Hinterpommern mehr als 140 Frost- und Eistage, in Lauenburg z. B. 114 Frost- und 32 Eistage.

Auch in der durchschnittlichen jährlichen Niederschlagsmenge bestehen deutliche Unterschiede. Am niederschlagsreichsten ist die Nordseite des Pommerschen Höhenrückens, östlich der Persante wurden zwischen 700 und 750 mm, in Pollnow sogar 794 mm gemessen. Beiderseits der Oder bei Gartz findet man mit 473–492 mm, am Südende des Madü-Sees mit 462–465 mm und in Thießow, dem südlichsten Ort der rügenschen Halbinsel Mönchgut, mit 458 mm die geringsten Niederschläge Pommerns. Auf der rügenschen Halbinsel Jasmund, zwischen Stralsund und Greifswald, auf den Inseln Usedom und Wollin und an der östlichen hinterpommerschen Küste schwanken die Werte um 600 mm. Der erste Schnee fällt in Hinterpommern in der Regel in der ersten Novemberwoche, in Vorpommern erst zwei Wochen später. Den letzten Schneefall erwartet man in der ersten April-Hälfte. Bei diesen Angaben ist jedoch eine große Schwankungsbreite anzusetzen. Februar, März und April sind in Pommern deutlich Trockenmonate, der Juli, bedingt durch starke Gewittergüsse, ist meistens der niederschlagsreichste Monat; an der hinterpommerschen Küste ist dies der August.

Die Luftfeuchtigkeit weist in ganz Pommern einen hohen Jahresdurchschnitt auf, nämlich mehr als 80 %. Kolberg rühmt sich der längsten – gemessenen – Sonnenscheindauer, durchschnittlich an jedem Junitag fast neun Stunden.

Der Wind weht in Pommern meist aus West, Nordwest und Südwest; Ostwind tritt verstärkt im Frühjahr auf. Abweichungen von dieser Gesamtlage sind nur in Köslin, wo infolge des Gollens Winde aus Südost vorherrschen, in der Umgegend der Buchheide mit ähnlichen Erscheinungen und bei den großen Waldgebieten festzustellen. Winde aus westlichen Richtungen bringen den meisten Regen, sie verursachen ebenfalls Sturmfluten an der Küste, an der – wie überhaupt in der Ostsee – die Gezeiten nur schwach ausgeprägt sind.

Von Interesse sind hier schließlich phänologische Daten, also Angaben über das Pflanzenwachstum, auf das sich die Gesamtheit der meteorologischen Elemente auswirkt. Am frühesten zieht der Frühling, als dessen Anfang der Beginn der Apfelblüte gesehen wird, im Peeneraum, südlich des Stettiner Haffs und im Pyritzer Weizacker ein, und zwar oft bereits im April. In etwa zwei Wochen erfaßt er dann ganz Pommern, als letztes Rügen und das Gebiet rechts der Wipper. Auf dem Pommerschen Höhenrücken dauert der Frühling nur 24 Tage, im Peenetal jedoch 35 Tage. Der Frühsommer, dessen Anfang der Beginn der Winterroggenblüte darstellt, setzt außer in den frühlingsbegünstigten Gegenden auch zwischen Dievenow und Kreiherbach/Molstow

Hinterpommersche Schneelandschaft

Ende Mai ein. Er breitet sich innerhalb von zwei Wochen über ganz Pommern aus. Seine Dauer ist wie die des Frühlings auf dem Pommerschen Höhenrücken am kürzesten, nämlich knapp fünf Wochen, in und um Stralsund mit 50 Tagen am längsten. Roggenreife und beginnende Roggenernte bedeuten Hochsommeranfang. Hier sind die Verhältnisse in Pommern stark verändert, zuweilen umgekehrt: Im größten Teil des südlichen Pommern bis ungefähr zur Höhe des Stettiner Haffs fällt der Hochsommeranfang im allgemeinen in die zweite Hälfte des Juli, in dem anderen Teil beginnt der Hochsommer etwa eine Woche später.

Ur- und Frühgeschichte

Mit Sicherheit haben in der mittleren Steinzeit, die mit Hans Jürgen Eggers etwa von 10 000 bis 4 000 v. Chr. zu datieren ist, Menschen in Pommern gelebt. Wenige Funde wie Feuersteine und aus dem Hirschgeweih hergestellte Gerätschaften belegen dies. Erheblich zahlreicher sind Funde aus der jüngeren Steinzeit, den folgenden zwei Jahrtausenden. Viele Äxte und Beile aus Feuerstein und anderem Gestein sind überliefert. Der Mensch dieser Epoche zähmte Schaf, Rind und Schwein, kultivierte Weizen,

Gerste und Hirse, wohnte in festen Holzhäusern und stellte Tongefäße und Bernsteinschmuck her. Die dauerhaftesten größten Bauleistungen des Jungsteinzeitmenschen sind die Megalithgräber, die volkstümlich Hünengräber genannt werden, von denen in Pommern heute nur noch wenige existieren.

Zu Beginn des zweiten vorchristlichen Jahrtausends war in Pommern wie fast überall in Europa die bäuerliche Wirtschaftsweise üblich. Aus dem Süden gelangte die Kenntnis der Bronzeverarbeitung nach Pommern. In diesem Zeitraum entstand durch Verschmelzung der Streitaxtleute, die in Pommern auch als Oderschnurkeramiker bezeichnet werden, mit den Trägern der Megalithgräber-Kultur in Dänemark, Südschweden und dem norddeutschen Küstengebiet des westlichen Ostseebeckens bis zur unteren Oder der nordische Kulturkreis, der dann im ersten Jahrtausend v. Chr. als germanisch faßbar ist.

In den ersten zwei Jahrhunderten n. Chr. existierte auf der Gemarkung des späteren Dorfes Lübsow, drei Kilometer östlich des späteren Greifenberg, ein zumindest regionaler burgundischer Herrschaftsmittelpunkt, der für Pommern der einzig nachweisbare Fürstenplatz ist. Zwischen 1908 und 1925 ist man hier allein auf fünf Gräber gestoßen, die wegen ihrer reichen und überaus wertvollen Ausstattung nur als Fürstengräber zu klassifizieren sind. Sie enthielten mehrere Dutzend Gegenstände aus Bronze, Silber, Gold und Ton, Glasschalen und bemalte Glasbecher, Spiegel, Trinkhörner und Perlen. Die metallenen Grabbeigaben waren römischen, markomannischen und – was besonders hervorzuheben ist – landeseigenen Ursprungs. Aufgrund der gefundenen Silberbecher kann man mit ziemlicher Sicherheit auf eine germanische Edelschmiede, die einzige bisher bekannte, im späteren Lübsow schließen.

Im 5. und 6. Jahrhundert verließen die germanischen Völkerschaften Pommern, ohne daß man diesen Aufbruch in seinen Einzelheiten oder gar dessen Ursachen verläßlich erkennen kann. Damit endete in diesem Raum im Zeitalter der Völkerwanderung die germanische Siedlungsepoche. Wohl noch im 6. Jahrhundert ergriffen dann Slawen, als deren Urheimat das Gebiet zwischen Karpaten, oberer Weichsel und mittlerem Dnjepr angesehen wird und die sich seit dem 5./6. Jahrhundert nach Süden, Westen und Nordosten ausdehnten, von dem Land Besitz.

Die an der Ostseeküste zwischen Oder und Weichsel siedelnden Slawen wurden später »Pomerani«, die latinisierte Form des slawischen »po morjane«, »die am Meere Wohnenden«, genannt. Sie gaben dem Land »po more«, »Land am Meer«, den Namen. Die Südgrenze des pomoranischen Siedlungslandes bildeten die Netze und die Warthe, die die Pomoranen – man könnte sie mit gleichem Recht Pomeranen nennen – von den Polen schieden. Westlich der Oder und der Dievenow lebten mehrere slawische Stämme, die zu den Lutizen im weiteren Sinne gehörten. Bei der ersten Erwähnung der Pommern bzw. Pomoranen, die die Altaicher Annalen zum Jahre 1046 vornehmen, wird Zemuzil, der pomoranische Herzog, gleichberechtigt neben den Herzögen der Polen und Böhmen genannt, als diese drei Fürsten in Merseburg vor Kaiser Heinrich III. erscheinen.

Ein Datum spielt in der beschreibenden und kartographierenden Darstellung der Frühgeschichte Pommerns, insbesondere bei kurzen Abrissen und Zeittafeln, eine erheblich größere Rolle, als ihm in Wirklichkeit zukommt: die Zuordnung eines

Germanischer (links) und römischer (rechts) Silberbecher aus den germanischen Fürstengräbern von Lübsow, Kr. Greifenberg, 2. Jahrhundert n. Chr.

Bistums Kolberg zur neugeschaffenen polnischen Kirchenprovinz Gnesen im Jahre 1000. Kaiser Otto III. hatte im Jahre 1000 in Gnesen ein Erzbistum errichtet und ihm außer den Bistümern Breslau und Krakau auch ein Bistum Kolberg unterstellt. Voraussetzung der Eingliederung des Bistums Kolberg in die polnische Kirchenprovinz war die Eroberung Pommerns durch den polnischen Fürsten Mieszko etwa ein Jahrzehnt vorher. Das kurz vor dem kaiserlichen Gnesen-Aufenthalt gegründete Bistum Kolberg ist bereits wenige Jahre danach eingegangen. Von Missionserfolgen ist nichts überliefert. Ebenso konnten die Pomoranen schon in den ersten zwei Jahrzehnten des 11. Jahrhunderts die kurzzeitige polnische Herrschaft wieder abschütteln.

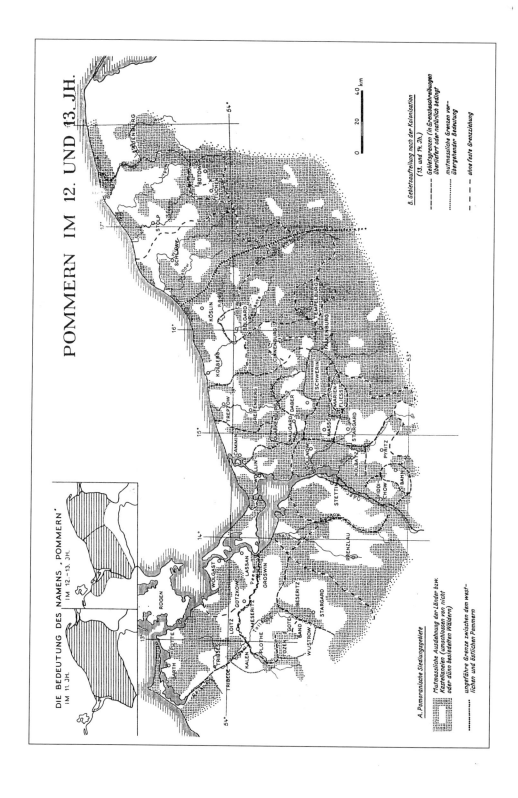

Allgemeine Geschichte

Die Einführung des Christentums

Das pommersche Herzogtum entstand im ersten Viertel des 12. Jahrhunderts, als sich die Pomoranen dauernder polnischer Expansionsbestrebungen erwehren mußten. Sein Herrschaftsbereich umfaßte das Gebiet zwischen dem Gollen, der Küddow, Netze, Warthe, Oder unter Einschluß von Stettin und Wollin. Als erster Vertreter des pommerschen Herzogsgeschlechts tritt Wartislaw I. hervor
Pommern war im 12. Jahrhundert, wie in der Zeit zuvor, von ausgedehnten menschenarmen Wäldern bedeckt. Der weitaus überwiegende Teil der Bevölkerung lebte in einem etwa 40 km breiten Streifen an der Ostseeküste und längs der Oder. In diesem Saum befanden sich mit Pyritz, Stargard, Stettin, Wollin, Cammin, Kolberg pomoranische Großsiedlungen, denen das Prädikat Stadt zuerkannt werden könnte, wenn man das rechtspolitisch-administrative Moment unberücksichtigt läßt, das für die deutsche Stadt im Zusammenhang der Ostsiedlung von großer Bedeutung ist. Die genannten Orte, die sich schon durch Umfang und Anzahl ihrer Einwohner auszeichneten, waren die politischen, administrativen, militärischen, wirtschaftlichen und religiösen Zentren des Landes. In ihnen sind Elemente der Selbstverwaltung deutlich erkennbar. Mehrfach werden Erste und Vornehme genannt, die einen starken Einfluß auf die Geschicke der Großsiedlungen besaßen. Auch Volksversammlungen, in denen man über besonders wichtige Fragen beriet, sind nachweisbar.
Im Gegensatz zu den späteren deutschen Städten erstreckten sich jedoch Ansätze der pomoranischen Selbstverwaltung auch auf die jeweilige ländliche Umgegend, und das Militärwesen blieb allein in der Entscheidungsbefugnis des Herzogs. Der Landesherr besaß in den »Städten« jeweils eine Burg – deshalb spricht man in der Forschung auch von der slawischen »Burgstadt« – mit einem Kommandanten als seinem ständigen Vertreter. Dieser zog die Abgaben an den Herzog ein. Er hatte weiterhin den herzoglichen Besitz zu verwalten. Im Verteidigungsfall besaß er den militärischen Oberbefehl über die Einwohnerschaft, die vermutlich auch zum Bau und Unterhalt der Burg verpflichtet war. Die herzogliche Burg bildete den Mittelpunkt eines »Landes« (terra, provincia), ihre Herrschaftsbefugnisse erstreckten sich also nicht nur auf die bebaute Siedlungsfläche der Stadt, sondern ebenso auf das umliegende Land.
Auch die anderen siedlungsverdichteten, mehr oder weniger waldfreien Räume des pomoranischen Herzogtums bildeten jeweils ein »Land« (terra) mit einer Burg als herzoglichem Machtinstrument. Doch nicht alle Burgen, von denen im Jahre 1945 mehr als 250 in der alten Provinz Pommern nachgewiesen waren und deren Wälle

vielfach noch im Gelände erkennbar sind, waren Mittelpunkt eines »Landes«, manche ergaben sich aus lokalen Notwendigkeiten.

Dieses Pommern war in seinen Siedlungsgebieten im ersten Viertel des 12. Jahrhunderts immer wieder das Ziel polnischer Vorstöße. Sofort nach seinem Regierungsantritt nahm Bolesław III., Herzog von Polen, mit aller Energie die nach Norden gerichtete Eroberungspolitik seiner Vorgänger auf, und ihm gelang schon im ersten Regierungsjahr (1102) die Einnahme der starken Feste Belgard an der Persante, was im gesamten Pommern großes Aufsehen erregte. Die Eroberung Stettins führte 1120 zum Friedensschluß zwischen Polen und Pomoranen. Herzog Wartislaw I. von Pommern mußte die Oberhoheit des polnischen Herzogs anerkennen und sich verpflichten, Polen einen jährlichen Tribut zu zahlen und im Kriegsfalle Waffenhilfe zu leisten. Weiterhin mußte Wartislaw die Christianisierung seiner Untertanen zusagen.

Die Missionierung der unterworfenen Pomoranen stieß auf unerwartete Schwierigkeiten; denn Herzog Bolesław III. fand niemanden in seiner Kirche, der diese Aufgabe übernahm. Es fehlten die Voraussetzungen für eine auswärtige Mission. Der Versuch des spanischen Eremiten Bernhard, im Auftrage Bolesławs III. die Pomoranen zum Christentum zu bekehren, scheiterte schnell und gründlich. Um dennoch sein Ziel zu erreichen, wandte sich Bolesław im Jahre 1123 an den einflußreichen Bischof von Bamberg, Otto, der dreieinhalb Jahrzehnte zuvor als Kaplan an den polnischen Hof gekommen war, so daß man sich dort jetzt seiner erinnerte, und der unter Kaiser Heinrich IV. zeitweilig auch Kanzler des Deutschen Reiches gewesen war. Durch Zustimmung und Unterrichtung von Papst und Kaiser Heinrich V. sicherte der Bamberger Oberhirte seine Pommern-Mission rechtlich und politisch gut ab.

Im Sommer 1124 brach Bischof Otto mit einer Reihe von Priestern und weltlichem Gefolge auf und gelangte über Prag und Breslau nach Gnesen. Dort gab ihm Bolesław drei Hofkapläne sowie militärischen Schutz zur Unterstützung mit und vervollständigte die Reiseausrüstung.

Bei Zantoch, der an der Mündung der Netze in die Warthe gelegenen wichtigen pomoranischen Grenzfeste, betrat Otto von Bamberg Anfang Juni 1124 das Gebiet seines Missionslandes. Hier wurde er von Herzog Wartislaw I. von Pommern empfangen. Den ersten großen Missionserfolg erzielte Otto in Pyritz, das er als ersten größeren Ort aufsuchte; dann wandte er sich nach Cammin, dem Hauptsitz des Pommernherzogs, wo er sein Bekehrungswerk erfolgreich fortsetzen konnte. Keinen Erfolg hatte Otto in Wollin, der alten und angesehenen Stadt. Hier wollte man sich in der Religionsfrage nach der Entscheidung der Stettiner richten. Auch in Stettin, dem bedeutendsten Platz Pommerns, erfuhr Otto unüberwindbaren Widerstand. Erst die Herabsetzung der »Stettiner Tribute«, die eine Delegation Bischof Ottos beim polnischen Herzog erzielte, gab den Weg für die Annahme des Christentums durch eine Stettiner Volksversammlung frei. Die heidnischen Tempel wurden zerstört. Als Beweis seiner erfolgreichen Missionstätigkeit schickte Otto symbolisch das Bild eines heidnischen dreiköpfigen Triglaw nach Rom. Während er in Pyritz und Cammin je eine Kirche bzw. einen Altar hatte erbauen lassen und dort je einen Priester zurückgelassen hatte, ließ er in Stettin zwei Kirchen errichten. Gegen Ende seines rund zwei Monate währenden Stettiner Aufenthaltes suchte Bischof Otto die kleinen Plätze Garz auf Usedom und

Sog. Wartislaw-Stein bei Stolpe a. d. Peene aus dem 12. Jahrhundert

Lebbin auf Wollin auf, um sein Bekehrungswerk fortzusetzen. Im allgemeinen stellten sich den Missionaren nach dem Erfolg in Stettin keine Hindernisse mehr in den Weg. Die Annahme des Christentums vollzog sich nun auch in Wollin ohne Schwierigkeiten. Hier wurden ebenfalls zwei Kirchen errichtet, von denen eine für den Otto begleitenden zukünftigen Bischof von Pommern, Kaplan Adalbert, vorgesehen war. Bischof Otto reiste von Wollin über Cammin nach Cloden, einem an der Rega gelegenen, nicht näher lokalisierbaren Ort, von dort nach Kolberg und Belgard und verbreitete in allen drei Siedlungen die christliche Lehre. Im Februar des Jahres 1125 trat Otto von Bamberg von Belgard aus seinen Rückweg über Gnesen und Prag an und erreichte am Ostersonntag wohlbehalten und hochgefeiert seinen Bischofssitz.

Die Bilanz der Missionsreise des Bamberger Bischofs sah tatsächlich sehr positiv aus. Die religiösen Zentren des pomoranischen Heidentums waren vernichtet. Zwei der drei Biographen Bischof Ottos sprechen von mehr als 20 000 Taufen. In neun Orten, unter denen sich die wichtigsten Städte Pommerns befanden, waren elf Kirchen entstanden oder zumindest im Bau. Mindestens ebenso viele erfahrene und missionsfreudige Priester übten im pommerschen Herzogtum ihr geistliches Amt aus, nur eines war nicht erreicht, die Gründung eines pommerschen Bistums.

In der Zeit unmittelbar nach der Missionsreise Bischof Ottos 1124/25 gelang es dem Pommernherzog Wartislaw I., seinen Machtbereich weiter nach Westen – tiefer in das Gebiet der Lutizen – auszudehnen. Im Jahre 1128 umfaßte das Herzogtum Pommern im Westen Demmin und das Land zwischen Peene und Greifswalder Bodden. Für das neuerworbene Gebiet seiner Herrschaft bestand gewiß kein Abhängigkeitsverhältnis Wartislaws I. zu Bolesław, vielmehr wird Herzog Wartislaw für diese Territorialerwerbungen die Oberhoheit des deutschen Königs anerkannt haben, zumal der 1125 inthronisierte König Lothar von Süpplinburg an diesen Gebieten seit jeher sein Interesse bekundet hatte. Die Religionspolitik des Pommernherzogs mußte jedoch nach der Missionsreise Ottos von Bamberg einen Rückschlag hinnehmen. Trotz aller Bemühungen und Erfolge der Missionare war es nicht gelungen, das Christentum in Pommern tief zu verankern. Die Änderung der Religionsverhältnisse war großenteils nur oberflächlich vollzogen worden. Es setzte bald eine religiöse Reaktion ein, die das Christentum – insbesondere in Stettin – bedrohte.

Diese beiden Umstände – territoriale Expansion und religiöse Reaktion – erforderten eine zweite Missionsreise Ottos von Bamberg nach Pommern. Die durch die Reise zu erwartenden politischen Folgen bewirkten eine Absprache zwischen Otto von Bamberg und König Lothar sowie den königlichen Schutz dieses zweiten Missionsunternehmens. Zu Ostern des Jahres 1128 brach Otto auf und zog über Magdeburg nach Demmin, wo er vom Pommernherzog empfangen wurde. Das erste Ziel Bischof Ottos war der Ort Usedom, wohin Herzog Wartislaw I. die Großen des von ihm neuerworbenen Landesteils geladen hatte. Auf diesem Usedomer Landtag im Juni 1128 wurde die Annahme des Christentums beschlossen und die Taufe der Versammelten sofort vollzogen. Daran erinnert noch heute das Kreuz auf dem Usedomer Schloßberg. Weitere Stätten der Mission waren Wolgast und Gützkow. Bevor Otto von Bamberg die zweite Aufgabe seiner Pommern-Fahrt, die Bekämpfung der heidnischen Reaktion, erfüllen konnte, sah er sich zu einer Reise zum polnischen Herzog genötigt, um gegen

Ruine der im 12. Jahrhundert errichteten dreischiffigen Kirche des Benediktinerklosters Stolpe a. d. Peene, ältestes Kloster Pommerns

einen die Mission gefährdenden Feldzug zu intervenieren, den Bolesław gegen den sich immer mehr nach Westen orientierenden Pommernherzog zu führen beabsichtigte. Die Vermittlungsaktion des Bamberger Bischofs hatte Erfolg. Danach besuchte Otto Stettin und Wollin und verhalf dort dem Christentum zum endgültigen Sieg. Nach Aufenthalt in Cammin mußte Bischof Otto auf Verlangen des vermutlich wegen der Vermittlungsaktion erzürnten deutschen Königs den Rückweg antreten.
Trotz ihres vorzeitigen Endes war die zweite Missionsreise erfolgreich. Die Christianisierung Pommerns war in den Anfängen gesichert. Von einem festen Fundament aus konnte der noch notwendige Aus- und Aufbau der kirchlichen Organisation in Pommern vorgenommen werden, wenn der entsprechende Wille vorhanden war. Diese pommersche Kirche war trotz ihrer slawischen Laien auf die deutsche Kirche ausgerichtet. Es gab in ihr fast nur deutsche Geistliche, unterstützt und geleitet wurde sie vom Bamberger Bischof. Seit den Forschungen von Jürgen Petersohn ist erwiesen, daß Kultformen, die der Bamberger Kirche eigen waren, und die Bamberger Liturgie auf die Kirche Pommerns übertragen worden sind, so daß das bamberg-pommersche Verhältnis jahrhundertelang in starker Intensität existierte.
Auf dem Reichstag zu Merseburg im August 1135, als Lothar III. den Höhepunkt seiner Macht erreicht hatte, ist der politische Status des pommerschen Herzogtums

geklärt worden. Nachdem Herzog Bolesław III. einen Tribut von 6 000 Pfund für die letzten zwölf Jahre an Kaiser Lothar gezahlt hatte, belehnte dieser ihn mit der östlichen Hälfte des pommerschen Herzogtums. Bolesław III. erkannte damit die Lehnsoberhoheit des Kaisers über das rechtsoderische Pommern an. Der pommersche Herzog war dadurch auch für den Ostteil seines Landes in ein Rechtsverhältnis zum Kaiser getreten: Er war hier zum Aftervasallen des Kaisers geworden. Die für den Westteil des pommerschen Herzogtums praktisch bereits bestehende Aftervasallität des Pommernherzogs ist in Merseburg wahrscheinlich sanktioniert worden. Für den Ostteil hatte diese Regelung nicht lange Bestand. 1138 starb Herzog Bolesław III. von Polen, sein Land wurde in Teilfürstentümer aufgeteilt, und die polnische Macht war so geschwächt, daß sie die Oberhoheit über Pommern verlor.

Zwischen Pomoranen und Lutizen einerseits und Dänen und Norwegern andererseits bestanden in jener Zeit unfreundliche Beziehungen. Diese gipfelten in der pomoranischen Plünderungsfahrt zur norwegischen Stadt Konghelle am Götaelf im Jahre 1135 sowie der Zerstörung der Burg Arkona durch die Dänen im darauffolgenden Jahr. Die Pommern raubten in Konghelle einen wertvollen Schrein, später Cordula-Schrein genannt, der bis 1945 das wertvollste Stück des Camminer Domschatzes bildete. Die Dänen zerstörten mit Arkona das wichtigste Heiligtum der heidnischen Lutizen und wollten diesen ohne feste staatlich verfaßte Organisation in Vorpommern und Mecklenburg lebenden slawischen Stamm christianisieren. Doch als die Dänen Arkona verlassen hatten, wandte man sich dort vom Christentum sofort wieder ab.

Auf den beiden Missionsreisen Ottos von Bamberg war es nicht zur Errichtung eines pommerschen Bistums gekommen. Dies gelang erst 1140. Grund des Schwebezustandes, in dem die pommersche Kirche verharren mußte, war die ungeklärte Frage der Zuordnung des künftigen Pommernbistums. Sowohl das Erzbistum Gnesen als auch das Erzbistum Magdeburg erhoben Anspruch darauf. Die kirchenleitenden Aufgaben für Pommern nahm während dieser Zeit der Ungewißheit Bischof Otto von Bamberg bis zu seinem Tod im Jahre 1139 wahr. Bischof Ottos Nachfolger Egilbert wurden zwar noch ausdrücklich die christlichen Pommern von Papst Innozenz II. unterstellt, aber es bahnte sich inzwischen doch das Ende des Provisoriums an. Im Oktober 1140 wurde der schon seit langem hierfür vorgesehene Priester Adalbert zum Bischof der Pommern geweiht und ihm am 14. Oktober 1140 das Gründungsprivileg seiner Diözese ausgestellt. Als Bischofssitz wurde erwartungsgemäß Wollin bestimmt. Die Frage, welchem Metropolitanverband das neue Bistum angehören sollte, blieb jedoch unentschieden. Als wirtschaftliche Grundlage erhielt das neue Bistum außer dem Zehnten im wesentlichen Einkünfte und finanzielle Rechte an den Burgen, Märkten, Schenken und Zöllen des Herzogs. Grund und Boden wurden dem Bistum nicht verliehen. Es nahm also im Herzogtum keine Sonderstellung ein.

In der allgemeinen Aufbruchsstimmung vor dem zweiten Kreuzzug entstand in Sachsen die Idee, den Kreuzzug gegen die benachbarten heidnischen Slawen zu richten. Dieser Gedanke fand vielfache Zustimmung. Im Verlauf des Wendenkreuzzuges von 1147 kam es auf pommerschem Boden zur vergeblichen Belagerung von Demmin und zum Versuch, Stettin zu erobern. Nachdem die Stettiner als Zeichen ihres christlichen

Glaubens Kreuze gezeigt hatten, brachen die Kreuzfahrer die Militäraktion ab und traten in Verhandlungen mit Bischof Adalbert von Wollin, die dieser im Auftrage des Herzogs führte. Die vom Wendenkreuzzug betroffenen Gegenden Pommerns waren in diesem Falle Opfer wirtschaftlicher und kirchenpolitischer Motive geworden, die sich hinter dem Missionsgedanken versteckten.

Im Zusammenhang mit dem das Christentum diskreditierenden Wendenkreuzzug leitete Bischof Adalbert eine neue, für das gesamte Land segensreiche Entwicklung ein. Mit Unterstützung des Herzogs Ratibor von Pommern gründete Bischof Adalbert in Stolpe an der Peene vermutlich 1153 das erste Kloster in Pommern. Es war ein Benediktinerkloster, dessen erster Konvent aus dem Kloster Johannes der Täufer in Bergen bei Magdeburg kam. Herzog Ratibor I. und seine Gemahlin Pribislawa gründeten kurz danach das Prämonstratenserkloster Grobe, unmittelbar südlich von Usedom. Die ersten Mönche dieser Niederlassung stammten wohl größtenteils aus dem Prämonstratenserstift St. Marien in Magdeburg.

Dänemark, Sachsen, Brandenburg und das Reich im Ringen um Pommern

In den sechziger und siebziger Jahren des 12. Jahrhunderts waren es vor allem zwei Personen von europäischem Rang, die mit den ihnen zur Verfügung stehenden starken Machtmitteln nachhaltig auf die Geschicke Pommerns Einfluß nahmen: Heinrich der Löwe, Herzog von Sachsen und Bayern, und Waldemar I., König von Dänemark. Zu dieser Zeit regierten im pommerschen Herzogtum Bogislaw I. und Kasimir I., die Söhne Herzog Wartislaws I.

Heinrich der Löwe und König Waldemar I. von Dänemark traten im Kampf gegen die Slawen an der südlichen Ostseeküste oft als Rivalen, aber auch als Verbündete auf. Im Ergebnis ihres ersten gemeinsamen größeren Krieges waren die in Mecklenburg lebenden Obodriten Heinrich dem Löwen unterworfen, das Obodritenland wurde in die sächsischen Herrschaftsstrukturen eingegliedert und die Oberhoheit des Dänenkönigs durch die Ranen auf Rügen anerkannt. Nachdem König Waldemar I. zwei Jahre später im Alleingang dem pommerschen Wolgast seine Oberhoheit aufgezwungen hatte, zog Heinrich der Löwe 1163 ebenfalls nach dort sowie auf die Insel Rügen und unterstellte diese Territorien seiner Herrschaft, so daß ihm rügische Fürsten im Juli 1163 anläßlich der Weihe des Lübecker Domes huldigten. Doch die Ranen wechselten sehr schnell ihren Lehnsherrn. Um der drohenden Rache König Waldemars I. zu entgehen, kehrten sie in das alte Lehnsverhältnis zurück.

Aufgrund der offen zutage getretenen Rivalität zwischen dem Sachsenherzog und dem Dänenkönig versuchten die unterjochten Obodriten, unterstützt von den beiden Pommernherzögen, in einem großen Aufstand gegen die sächsische Herrschaft im Februar 1164 ihre Freiheit wiederzuerlangen. Der Aufstand glückte zunächst. Mit Ausnahme zweier Burgen brachten die aufständischen Obodriten das ganze Land wieder in ihre Hand, doch bewirkte diese Erhebung unbeabsichtigt auch die Beendigung des gespannten Verhältnisses zwischen Sachsenherzog und Dänenkönig. Ihre Reaktion auf den slawischen Aufstand bestand in einem großen Kriegsunternehmen gegen die Obodriten und die Pommernherzöge. Heinrich der Löwe zog mit einer großen Streitmacht im Sommer 1164 durch das Obodritenland. Der erste Teil des Heeres, der unter dem Kommando des Grafen Adolf II. von Holstein und Reinhold von Dithmarschen stand, gelangte auf seinem Marsch nach Demmin bei Verchen am Nordende des Kummerower Sees auf das Gebiet des pommerschen Herzogtums. Hier kam es Anfang Juli zu der entscheidenden Schlacht mit dem obodritischen Heer unter der Führung des Obodritenfürsten Pribislaw und dem pommerschen Aufgebot unter dem Befehl der beiden Pommernherzöge. Die Sachsen siegten, aber auch sie hatten viele Opfer zu beklagen, zu denen die beiden Grafen von Holstein und von Dithmarschen zählten. Heinrich der Löwe besetzte nun das von den Pommern aufgegebene Demmin und Gützkow und zog peeneabwärts nach Stolpe, wo er mit König Waldemar I. von Dänemark zusammentraf.

Hier kam es zum allgemeinen Friedensschluß, die Pommernherzöge waren kriegsmüde geworden, die dänische Oberhoheit über Wolgast – die über Rügen galt als selbstverständlich – wurde nun von allen anerkannt. Während das Obodritenland jetzt wieder zweifelsfrei der Herrschaft Herzog Heinrichs unterstand, brachte der Friedensschluß ihm durch die Unterwerfung der Pommernherzöge eine erhebliche Erweiterung seines politischen Machtbereichs nach Osten. Die Herzöge Bogislaw I. und Kasimir I. mußten den Sachsenherzog als ihren Lehnsherrn anerkennen. Die lehnsherrliche Oberhoheit Heinrichs des Löwen erstreckte sich seitdem über die jeweiligen Gebiete der beiden Pommernherzöge über den Peene-Fluß hinaus nach Südosten, wahrscheinlich bis an das Flüßchen Zarow. Mit der Begründung der sächsischen Lehnsherrschaft war eine politische Regelung getroffen worden, die für die nächsten anderthalb Jahrzehnte Bestand und darüber hinaus nicht unbeträchtliche, langfristige Auswirkungen haben sollte. Die zeitweiligen Störungen des sächsisch-pommerschen Verhältnisses durch Feldzüge des Lehnsherrn gegen Demmin in den Jahren 1166 und 1177 beeinträchtigten die Beziehungen zwischen Lehnsmannen und Lehnsherrn im Grunde wenig.

Während das pommersch-sächsische Verhältnis eine tragfähige Grundlage gefunden hatte, gab es diese für das rügisch-dänische noch nicht. Bei jeder sich bietenden Gelegenheit hatten sich die heidnischen Inselbewohner der dänischen oder auch deutschen Oberhoheit entledigt. So nutzten sie auch die politischen Schwierigkeiten, die König Waldemar I. in Norwegen entstanden waren, 1167 zu einem erneuten Abfall und verheerten die dänischen Küsten. Aber schon im Sommer des nächsten Jahres führte Waldemar I. zusammen mit Bischof Absalon von Roskilde, seinem politischen Ratgeber und Admiral, eine starke Flotte nach Arkona mit seiner Tempelburg, dem wichtigsten heidnischen Heiligtum seit der Zerstörung Rethras mit einer weit über die Ranen hinausreichenden Bedeutung. Vor Arkona trafen zur selben Zeit auf Geheiß Heinrichs des Löwen auch Schiffe der beiden Pommernherzöge und des Obodritenfürsten Pribislaw zur Unterstützung der Dänen ein. Dieser gewaltigen Streitmacht gelang es, nach längerer Belagerung Mitte Juni 1168 in die Tempelburg Arkona einzudringen. Die Ranen kapitulierten. Sie mußten nun die Zerstörung des Tempels und des Standbildes des vierköpfigen Swantewit hinnehmen. Weiter mußten sich die Ranen verpflichten, das Christentum anzunehmen, die dänische Oberhoheit anzuerkennen, Tribut zu zahlen und 40 Geiseln zu stellen. Bischof Absalon brach nach diesem Sieg sofort zur Burg Garz auf, wo kein Widerstand geleistet wurde, der Fürst von Rügen, Tetzlaff, sein Bruder Jaromar und andere Große der Insel vielmehr die Friedensbedingungen von Arkona annahmen. Danach begann Bischof Absalon mit der Missionierung der Einheimischen und dem Aufbau einer dauerhaften, dänisch geprägten geistlichen Versorgung der Inselbevölkerung, so daß Papst Alexander III. Rügen schon 1169 dem Bistum Roskilde zuteilte.

Mit der Abkehr der Ranen vom alten Glauben war im südlichen Ostseeraum die letzte Bastion des heidnischen Götterglaubens für immer gefallen, wenn ganz Pommern auch noch nicht durchweg christliches Land war.

Während das Fürstentum Rügen durch die endgültige Annahme des Christentums und Eingliederung in den dänischen Machtbereich vor weiteren Verwüstungen durch den mächtigen Dänenkönig bewahrt war, hatten die wichtigeren Städte und weite Gebiete des pommerschen Herzogtums auch in den folgenden Jahren schwer unter den wiederholten Kriegsfahrten König Waldemars I. von Dänemark zu leiden. So fuhr er in den Jahren 1170, 1173 und 1177 mit seiner Flotte jeweils durch die Swine ins Haff, eroberte Wollin und verheerte die Umgebung von Cammin, ohne dieses selbst anzugreifen. Usedom, Gützkow, Lebbin und selbst Stettin waren weitere wichtige dänische Angriffsziele. 1171 besetzte Waldemar die Insel Dänholm und drang in die Gegend von Tribsees vor, und 1178 richtete sich der dänische Angriff gegen Wolgast, das nur durch Zahlung einer hohen Geldsumme und die Annahme anderer Friedensbedingungen durch die Pommernherzöge vor einer Zerstörung bewahrt werden konnte. Im Gefolge dieser Kriegszüge entstanden die Zisterzienserklöster Dargun und Kolbatz, beide von Mönchen des Klosters Esrom auf Seeland besetzt.

Die Entmachtung Heinrichs des Löwen hatte auch für das Herzogtum Pommern erhebliche Folgen. Im August 1181 erschien Herzog Bogislaw I. – zuvor hatte sein Bruder, Herzog Kasimir I., den Schlachtentod gefunden – im Lager Kaiser Friedrichs I., der sich anschickte, Lübeck, den letzten festen Platz Heinrichs des Löwen, einzunehmen. So konnte der Kaiser nun die politischen Verhältnisse auch Pommerns neu ordnen. In einer feierlichen Zeremonie belehnte der Kaiser den bisherigen pommerschen Lehnsmann des Sachsenherzogs, Bogislaw I., mit dem pommerschen Herzogtum, titulierte ihn als Herzog von Slawien und ließ sich von ihm Tribut zahlen. Damit war die Vasallität des Pommernherzogs zu einem deutschen Reichsfürsten in die Lehnsabhängigkeit vom Kaiser selbst geändert worden. Das bedeutete eine politische Rangerhöhung Bogislaws I., aber nicht seine Erhebung in den Reichsfürstenstand. Zwischen Pommern und dem Reich war ein unmittelbares Rechtsverhältnis begründet worden. Das Herzogtum Pommern war ebenso wie Dänemark und Polen ein eigenständiges Land geworden, das die Lehnshoheit des Kaisers in ähnlicher Weise wie das nordische Reich und wie der südöstliche Nachbar anerkannte.

Doch lange konnte das Herzogtum Pommern die erzielte Position nicht behaupten. Da König Knut VI. von Dänemark, der seinem Vater 1182 auf dem Thron gefolgt war, trotz wiederholter Aufforderungen in seiner Absicht verharrte, Kaiser Friedrich I. nicht zu huldigen, veranlaßte Friedrich Barbarossa den Pommernherzog, gegen den widerspenstigen Dänenkönig vorzugehen. Herzog Bogislaw entschloß sich zu einem Angriff auf einen Lehnsmann des Dänenkönigs, Fürst Jaromar I. von Rügen, mit dem er seit längerem verfeindet war. Bogislaw I. rüstete eine gewaltige Flotte von 500 Schiffen aus und versammelte diese bei der kleinen Insel Koos. Am 21. Mai 1184, einem Pfingstmontag, kam es im Greifswalder Bodden zur großen Schlacht zwischen der pommerschen Armada und einer kleineren dänischen Flotte unter dem Befehl Bischof Absalons von Roskilde, der auf Bitten Fürst Jaromars I. diesem zur Hilfe geeilt war. Die Seeschlacht endete mit einer vernichtenden Niederlage des Pommernherzogs. Auf See gab es fortan keine größeren kriegerischen Unternehmungen der Pommern mehr; die dänischen Küsten konnten von den Pommern nicht mehr heimgesucht werden.

Nach diesem epochalen Seesieg war der Dänenkönig offensichtlich entschlossen, Bogislaw I. gänzlich zu unterwerfen. Nach zwei weiteren Kriegszügen der Dänen im selben Jahr und einem erneuten Angriff im Frühjahr 1185 gegen Gebiete beiderseits der Peene und gegen den Dievenow-Raum kam es zu dem von Herzog Bogislaw I. schon seit längerem angestrebten Friedensschluß. Allerdings waren die dänischen Friedensbedingungen hart: Herzog Bogislaw I. mußte nicht nur König Knut VI. huldigen, sondern auch eine große Geldsumme und jährlich Tribut zahlen.

Mit dieser Anerkennung der dänischen Lehnshoheit endete Pommerns unmittelbares Rechtsverhältnis zum Deutschen Reich bereits vier Jahre nach seinem Beginn. Friedrich Barbarossa sah seine Aufgaben vorrangig in der Italien-Politik und ließ seinem pommerschen Lehnsmann keine Hilfe angedeihen. Bogislaw I. mußte sich der Hegemonie beugen, die Knut VI., fortan mit dem Titel »König der Dänen und Wenden« versehen, in den Küstenländern der westlichen Ostsee errichtete. Ostern 1186 trug Bogislaw seinem Lehnsherrn in Roskilde das Schwert in feierlichem Aufzug voran.

Über die sich anbahnende Veränderung in der Bevölkerungsstruktur Pommerns gibt es aus den siebziger und achtziger Jahren des 12. Jahrhundert mehrere Zeugnisse. Einen besonders deutlichen Beleg stellt die Urkunde des pommerschen Bischofs Siegfried dar, mit der dieser dem Bamberger Kloster Michelsberg das Patronat über die Stettiner Jakobikirche bestätigte. In Stettin hatte in den achtziger Jahren Beringer, einem vornehmen Bamberger Geschlecht entstammend, aber schon lange in der pommerschen Stadt lebend, aus eigenen Mitteln eine Kirche errichtet, die Bischof Siegfried 1187 dem Apostel Jakobus weihte. Diese Weihe, verbunden mit der Patronatsübergabe an das Kloster Michelsberg, in dem der Pommernapostel seine letzte Ruhestätte gefunden hatte, wurde in Anwesenheit der politischen Prominenz Pommerns, zweier Abgesandter des Bamberger Klosters und einer großen Volksmenge von Deutschen und Slawen, wie es ausdrücklich heißt, vollzogen. Die Jakobikirche bildete den geistlichen, geistigen und räumlichen Mittelpunkt einer planmäßig angelegten deutschen Marktsiedlung, als deren Vertreter der Kirchenstifter Beringer anzusehen ist. Nur wenige Jahre nach ihrer Errichtung wird die Jakobikirche 1191 ausdrücklich als Kirche der Deutschen (ecclesia Teutonicorum) bezeichnet.

Ein deutsches Dorf (villa Teutunicorum) ist schon 1173 urkundlich nachweisbar; es handelt sich um das spätere, ca. 15 km südöstlich von Stettin gelegene Hohenkrug, dem

Kloster Kolbatz gehörend. Ein weiterer, um 1180 ebenfalls als Kolbatzer Klosterbesitz genannter deutscher Ort ist Schönfeld, zwischen Pyritz und Stargard gelegen. Wahrscheinlich ist auch das heutige Neuendorf, Kr. Anklam, eine deutsche Siedlung aus jener frühen Zeit.

Seit Gründung des pommerschen Bistums war Wollin Bischofssitz. Doch in den sechziger Jahren verlegte ihn Bischof Konrad I. in das Prämonstratenserkloster Grobe bei Usedom, die dortige Stiftskirche diente als Bischofskirche. Wesentliche Ursache der Sitzverlegung ist wohl der Wunsch Bischof Konrads gewesen, die Unterstützung des Grober Kanonikerkapitels in kirchenleitenden Aufgaben zu finden, da es in Wollin kein Domkapitel gab. Doch auch das »Bistum Usedom«, wie die pommersche Diözese in zeitgenössischen Quellen bezeichnet wird, war nicht von bleibender Dauer. Wahrscheinlich um nicht zu sehr in den Bann des Magdeburger Erzbischofs, der Pommern seiner Kirchenprovinz eingliedern wollte und in den Grober Prämonstratensern eifrige Anhänger besaß, zu geraten, erkor Bischof Konrad I. um 1175 Cammin als seine Residenz; Cammin blieb bis zur Reformation Bischofsstadt.

Die Übersiedlung des Bischofs nach Cammin war mit zwei anderen wichtigen Vorgängen verbunden, die wesentlich zum Abschluß der Anfangsphase des Pommernbistums beitrugen. Zum einen begann Bischof Konrad I. mit dem Bau einer Kathedrale dort, wo der heutige Dom steht. Zum anderen konnte er Herzog Kasimir I. zur Begründung eines Domkapitels an der Bischofskirche veranlassen. Kasimir I. verlieh dem Camminer Domkapitel das Recht der freien Bischofs-, Prälaten- und Domherrenwahl, wie sie in Köln üblich war, schenkte der Kirche den Camminer Domplatz und befreite diesen sowie alle Besitzungen des Domkapitels von weltlicher Herrschaft.

Mit dieser Privilegierung hatten Bischof und Domkapitel gegenüber der weltlichen Gewalt, den Herzögen, eine außerordentlich günstige Rechtsposition erlangt. Sie war mit der kirchlichen Alleinzuständigkeit in der Besetzung des Camminer Bischofsstuhls und dem Fehlen jeglichen herzoglichen Rechts weitaus günstiger als die Stellung jeder Nachbardiözese und der Reichskirche. Der Grund dieses spannungsfreien Verhältnisses zwischen weltlicher und geistlicher Macht in Pommern lag sicherlich in den durch die Geschichte unbelasteten Beziehungen und in der Tatsache, daß die Kirche verstreut liegende Besitzungen, herzogliche Gefälle und andere Einkünfte besaß, jedoch kein zusammenhängendes größeres Gebiet beherrschte.

Nach der endgültigen Festlegung des Bischofssitzes und der Klärung des Verhältnisses zwischen Bistum und Herzogshaus wurde endlich auch die Einordnung in die Hierarchie der Weltkirche dauerhaft geregelt. Mit Urkunde vom 24. Februar 1188 unterstellte sich Papst Clemens III. das Camminer Bistum. Der pommerschen Kirche war es damit nach einem mehr als 60jährigen Kampf gelungen, sich weder dem Erzbischof von Gnesen noch dem von Magdeburg unterordnen zu müssen. Die Exemtion der Camminer Kirche hat in der Reichskirche nichts Vergleichbares.

Ihr erfolgreiches Selbständigkeitsstreben mußte die Camminer Diözese allerdings mit einem nur langsamen Ausbau ihrer geistlichen Entwicklung bezahlen. Erst im letzten Drittel des 12. Jahrhunderts kam es zum Aufbau einer zusammenhängenden Pfarreiorganisation, die um 1200 aus rund 25 Kirchen mit vielleicht 75 Weltpriestern bestand. Diese Geistlichen stammten fast ausschließlich aus dem Reich. Erst im Jahre 1182 wird ein pommerscher Priester slawischen Namens erwähnt; es war also nicht zur Ausbildung eines pommerschen Klerus gekommen.

Bogislaw I., seit Jahrzehnten als Herzog von Pommern – lange im Zusammenwirken mit Herzog Kasimir I., seinem jüngeren Bruder, seit 1180 allein – Mitgestalter pommerscher Politik und Erdulder auswärtiger Übermacht, starb am 18. März 1187. Für seine beiden minderjährigen Söhne, Bogislaw II. und Kasimir II., übernahm Wartislaw II. Swantiboriz, vermutlich als der Familienälteste, die Regentschaft. Die Unterwerfung Pommerns unter die dänische Oberhoheit zeigte sich zwei Jahre später, als der Dänenkönig die Vormundschaft über die beiden jungen Herzöge dem von ihm lehnsabhängigen Fürsten Jaromar I. von Rügen übertrug. Einen weitergehenden und bleibenden Einfluß auf das festländische Pommern hat die dänische Oberhoheit jedoch nicht gewonnen – im Gegensatz zum Fürstentum Rügen. So bildete auch der rügische Sakralraum eindeutig einen Teil des dänischen Kultgebietes. Sein Zentrum war das 1193 von Fürst Jaromar I. von Rügen gestiftete Zisterzienser-Nonnenkloster Bergen, das von Roskilde aus besetzt worden war.

Bedroht war die dänische Oberhoheit über Pommern nur durch die Askanier, die südlichen Nachbarn der Pommern. Markgraf Otto II. von Brandenburg überzog Vorpommern 1198 und 1199 mit Krieg, in dessen Verlauf die Darguner Mönche flüchteten und an der Ryck-Mündung das Kloster Eldena errichteten. Markgraf Otto konnte sich jedoch auf Dauer gegen die Dänen nicht behaupten. Auch der von Markgraf Albrecht II. 1214 unternommene Versuch, Pommern den Dänen zu entreißen, scheiterte trotz der Eroberung Stettins und Pasewalks. Pommern war in diesen anderthalb Jahrzehnten in den Strudel des Machtkampfes zwischen Staufern und Welfen im Reich geraten und wurde von ihren Vorkämpfern je nach Interessenlage als Belohnung für Unterstützung der eigenen Sache ausgelobt. Das Ende des staufisch-welfischen Thronstreites bewirkte auch die Einstellung aller brandenburgischen Versuche, die dänische Oberhoheit über Pommern zu beseitigen; denn König Friedrich II. verbündete sich trotz seiner unmittelbar zuvor erzielten politischen Erfolge in Deutschland mit König Waldemar II. von Dänemark gegen seine norddeutschen Gegner und überließ ihm mit Zustimmung der Reichsfürsten im Dezember 1214 alle dänischen Erwerbungen nördlich der Elde und Elbe und im Slawenland, also auch das Herzogtum Pommern. Dieser formelle Verzicht des Reiches auf Pommern stellte den absoluten Tiefpunkt des Verhältnisses zwischen dem Reich und Pommern dar. Während in den vorangegangenen drei Jahrzehnten von den Staufern lediglich das Faktum der dänischen Oberhoheit über Pommern hingenommen worden war, verschaffte der junge Friedrich II. ohne erkennbare Notwendigkeit dem dänischen König einen Rechtstitel auf dieses Land, das immerhin einige Jahre lang in einer unmittelbaren lehnsrechtlichen Beziehung zu Friedrich Barbarossa gestanden hatte. Mit einer am 14. Mai 1216 ausgestellten Urkunde bestätigte Papst Innozenz III. König Waldemar II. von Dänemark den Territorialverzicht Kaiser Friedrichs II., und Papst Honorius III. wiederholte diese Bestätigung am Anfang seines Pontifikats mit einer Urkunde vom 31. Januar 1217.

Vier Jahrzehnte – bis in die zwanziger Jahre des 13. Jahrhunderts – dauerte die dänische Lehnsherrschaft über Pommern. Ihr Ende fand sie im allgemeinen Niedergang Dänemarks, der mit der Gefangennahme König Waldemars II. von Dänemark durch dessen Lehnsmann Graf Heinrich von Schwerin am 7. Mai 1223 auf der Insel Lyoe im Kleinen Belt eingeleitet wurde. Erst zweieinhalb Jahre später erwirkte der Dänenkönig seine Freilassung, allerdings nur durch den Verzicht, den er dem Reich gegenüber aussprach, auf alle Gebiete südlich der Eider und an der südlichen Ostseeküste außer dem Fürstentum Rügen.

Somit waren nun das pommersche Herzogtum und die Ratiboriden-Herrschaft aus der dänischen Lehnshoheit entlassen, doch nach Wiedererlangung seiner Freiheit erkannte Waldemar II. den Freilassungsvertrag nicht mehr an. Eine Entscheidung über die Stellung Dänemarks im Ostseeraum fiel erst auf dem Schlachtfeld. Truppen norddeutscher Fürsten und Städte besiegten am 22. Juli 1227 bei Bornhöved den Dänenkönig. Mit diesem Sieg war das Herzogtum Pommern der dänischen Lehnsherrschaft endgültig entzogen. Tatsächlich war es jedoch seit 1223 frei und niemandem unterstellt. Aber derselbe Friedrich II. von Hohenstaufen, der 1214 formell die Einbindung des pommerschen Herzogtums in das Deutsche Reich aufgegeben hatte, nutzte die überraschend gebotene Chance, die Zugehörigkeit Pommerns zum Reich zu betonen, ohne allerdings das Verhältnis zu klären.

Die Zeit der deutschen Einwanderung

Im Dezember 1231 belehnte Kaiser Friedrich II. auf dem Reichstag zu Ravenna die Markgrafen Johann I. und Otto III. von Brandenburg mit dem »Ducatus Pomeraniae«. Die pommerschen Herzöge verloren mit dieser kaiserlichen Entscheidung ihre erst vor wenigen Jahren gewonnene faktische Selbständigkeit. Ihnen wurde der Status von Vasallen deutscher Reichsfürsten, eben der Markgrafen von Brandenburg, zugewiesen. Sie waren also nur Aftervasallen Kaiser Friedrichs II. geworden. Mit dieser Unterordnung der Pommernherzöge unter die brandenburgischen Markgrafen hatte der Kaiser eine Entscheidung getroffen, die mehr als ein Jahrhundert Bestand hatte und deren Nachwirkungen in der Geschichte der brandenburgisch-pommerschen Beziehungen dauerhaft erkennbar sind.

In den beiden Herrschaftsbereichen des pommerschen Herzogtums findet man zu jener Zeit mit Herzog Wartislaw III. und insbesondere Herzog Barnim I. zwei Vertreter des Greifengeschlechts von besonderer Bedeutung für die pommersche Geschichte. Wartislaw III., der ältere der beiden Vettern, gebot nach mehrjähriger Regentschaft seiner Mutter seit etwa 1225 über das Teilherzogtum, das sich zwischen Greifswalder Bodden und Mecklenburgischer Seenplatte erstreckte und die Inseln Usedom und Wollin sowie das nordwestliche Hinterpommern fast vollständig zwischen dem Unterlauf der Stepenitz, dem Oberlauf der Drage und dem Unterlauf der Persante umfaßte. Herzog Barnim I. übernahm die Regierungsgeschäfte im Jahre 1233, nachdem seine Mutter mehr als 13 Jahre für ihn die Regentschaft geführt hatte. Barnims Teilherzogtum erstreckte sich westlich der Oder bis zur Westgrenze der Uckermark und zum unteren Peenefluß, östlich der Oder bis zum Unterlauf der Drage, zur Stepenitz und zur unteren und mittleren Mietzel. Weiterhin gehörten das Land Treptow, soweit es

westlich der Rega lag, und der östlich der Persante gelegene Teil des Landes Kolberg zum Herrschaftsbereich Barnims I.
Barnim I. hat sehr wahrscheinlich als erster der beiden Pommernherzöge sein Verhältnis zu den brandenburgischen Nachbarn geregelt. Nachdem er 1233 die alleinige Regierungsverantwortung übernommen hatte, weilte er Ende Dezember 1234 und Anfang März 1236 am Hof der Markgrafen von Brandenburg in Spandau und hat ihnen dort wohl gehuldigt. Von Herzog Wartislaw III. wissen wir, daß er sich in jener Zeit nur schwer seiner auswärtigen Gegner erwehren konnte. Er mußte den Verlust Circipaniens, also des Landes zwischen Kummerower See und oberer und mittlerer Recknitz, an die mecklenburgischen Fürsten hinnehmen. Die in sein Land eingefallenen Dänen konnte er aus Demmin, seiner Hauptburg, nur mit lübischer Hilfe vertreiben. So nimmt es nicht wunder, daß er sein Verhältnis zu den brandenburgischen Markgrafen nur auf eine schmale, schwache Grundlage stellen konnte. Dies geschah am 20. Juni 1236 in Kremmen, einem 14 km westlich von Oranienburg, also tief im Brandenburgischen gelegenen Ort. Der expansionistischen Politik der Markgrafen von Brandenburg mußte Wartislaw III. zum einen dadurch Tribut zollen, daß er die Länder Stargard, Beseritz und Wustrow, die insgesamt den Nordteil des späteren Mecklenburg-Strelitz ausmachten, an diese abtrat. Zum anderen nahm Wartislaw sein Teilherzogtum von den brandenburgischen Markgrafen zu Lehen und realisierte damit für seinen Herrschaftsbereich die kaiserlichen Verfügungen von Ravenna aus dem Jahre 1231; lediglich Wartislaws Besitzungen, die zum »ducatum Saxonie« gehörten, womit wahrscheinlich seine nördlich der Peene gelegenen Territorien gemeint sind, waren von der brandenburgischen Lehnsherrschaft ausgenommen. Ausdrücklich wurde in dem Kremmener Vertrag festgehalten, daß die Markgrafen bei einem erbenlosen Tod Wartislaws ein Heimanfallsrecht besäßen.
Zu jener Zeit entstanden für Herzog Barnim I. an der Südgrenze rechts der Oder neue Gefahren. Nachdem 1234 Herzog Heinrich I. von Schlesien durch den Erwerb der Burg Zantoch und des Landes an der unteren Warthe zum Nachbarn Barnims geworden war, dehnte er seinen Herrschaftsbereich weiter nach Norden aus und geriet so mit ihm und dem Bischof von Cammin in Konflikt. Aber erst nach dem Tode des mächtigen schlesischen Piastenherzogs im Jahre 1238 wagte Barnim einen Gegenstoß, der mit der Eroberung der Burg Zantoch ein voller Erfolg wurde. Doch konnte Herzog Heinrich II. von Schlesien schon im Jahr darauf Zantoch zurückerobern. Barnim setzte seine militärischen Anstrengungen um die Burg Zantoch bis 1247 fort, konnte diese jedoch nicht dauerhaft in seinen Besitz bringen. Er erbaute im Laufe der Auseinandersetzungen gegenüber von Zantoch eine neue Burg, die die größtenteils wieder- und zum kleineren Teil neugewonnenen Gebiete am Südrand seines Herrschaftsbereichs schützen sollte.
Im Jahre 1250 fand in Hohen-Landin, 11 km westlich von Schwedt gelegen, zwischen den brandenburgischen Markgrafen – Johann I. und Otto III. – und den Pommernherzögen – Barnim I. und Wartislaw III. – eine Zusammenkunft statt, die für die Beziehungen der beiden Fürstenhäuser und damit der beiden Länder zueinander von erheblicher Bedeutung war. Ein wichtiger Teil der Übereinkunft bestand darin, daß Barnim I. die Uckermark an die brandenburgischen Markgrafen abtrat. In den Urkun-

den über die Hohen-Landiner Vereinbarungen wird zwar davon gesprochen, Barnim habe von dem Markgrafen Burg und Land Wolgast erhalten und dafür die Uckermark hergegeben, doch sind die Rechts- und Besitzverhältnisse in und um Wolgast zu unklar, um in dem behaupteten Gebietstausch einen wirklichen Ländertausch zu erblicken. Die eigentliche Gegenleistung der Markgrafen für die Überlassung der Uckermark bestand vielmehr darin, daß sie die beiden Pommernherzöge, die bereits jeweils für ihr Teilherzogtum Lehnsleute der Askanier waren, jetzt zur gesamten Hand belehnten. Diese erneute Belehnung der Pommernherzöge bedeutete die Anerkennung der Zusammengehörigkeit der beiden pommerschen Teilherzogtümer und damit der Erbberechtigung der beiden Linien des pommerschen Herzogshauses untereinander durch die brandenburgischen Lehnsherren. Gegenüber den Einzelbelehnungen Wartislaws III. und Barnims I. rund anderthalb Jahrzehnte zuvor war diese Gesamtbelehnung aus pommerscher Sicht zweifellos ein deutlicher Fortschritt; sie war es um so mehr, als Wartislaw III. zur Zeit der Hohen-Landiner Regelungen im Alter von ungefähr 40 Jahren ohne Leibeserben war, so daß bei seinem Tode die Nachfolge der Markgrafen in seinem Teilherzogtum in der Tat zu befürchten war. Diese Möglichkeit der Angliederung der einen Hälfte des Herzogtums Pommern an die Mark Brandenburg war durch die Gesamtbelehnung der Pommernherzöge jetzt ausgeschlossen.

1250 konnten die Markgrafen östlich der Oder festen Fuß fassen und wurden auch dort Nachbarn Herzog Barnims I. Territorialforderungen an ihren pommerschen Lehnsmann führten 1255 zum Krieg, der zugunsten der Markgrafen endete. Barnim mußte die Gebiete südlich des Flüßchens Rörike und des Loth-Weges, den erst wenige Jahre zuvor eroberten Nordteil der alten Kastellanei Zantoch und die östlich anschließenden Gebiete nördlich der Netze an die Markgrafen abtreten.

Als Herzog Wartislaw III. 1264 kinderlos starb, fiel sein Herrschaftsbereich an seinen Vetter, Herzog Barnim I. Der ducatus Pomeranie war jetzt wieder vereinigt und erstreckte sich vom Kummerower See bis zum Gollen, von der Dievenow-Mündung bis zur Rörike. Die von pommerscher Seite erwirkte Belehnung zur gesamten Hand in Hohen-Landin 14 Jahre zuvor hatte sich nun zugunsten ihres damaligen hauptsächlichen Betreibers, Herzog Barnims I., ausgewirkt.

Ein erneuter brandenburgisch-pommerscher Waffengang fand in der ersten Hälfte und Mitte der siebziger Jahre statt. Auch er endete mit Landgewinn der Markgrafen. Diese konnten die Grenze zwischen den Ihnaarmen bis in die Gegend von Dölitz vorschieben und bei Soldin nach Norden verlegen. Bald danach – am 1. Juni 1278 – gab jedoch Markgraf Konrad I. von Brandenburg Barnim I. das eroberte Land zwischen den Ihnaarmen zu Lehen. Für dieses Entgegenkommen des Askaniers verpflichtete sich Barnim, ihn gegen Zahlung von 1500 Mark mit 150 Rittern im Kriegsfalle zu unterstützen.

Nach Darstellung der äußeren Beziehungen des Herzogtums Pommern jetzt ein Blick auf die inneren Verhältnisse.

In den dreißiger Jahren des 13. Jahrhunderts beginnt ein Zeitabschnitt, der Pommern völlig umgestaltete und sein Gesicht bis 1945 nachhaltig prägte. Wie manche andere Landschaft östlich der Elbe-Saale-Linie erfuhr Pommern jetzt durch die deutsche Ostsiedlung besiedlungsgeschichtlich und strukturell eine grundlegende Veränderung.

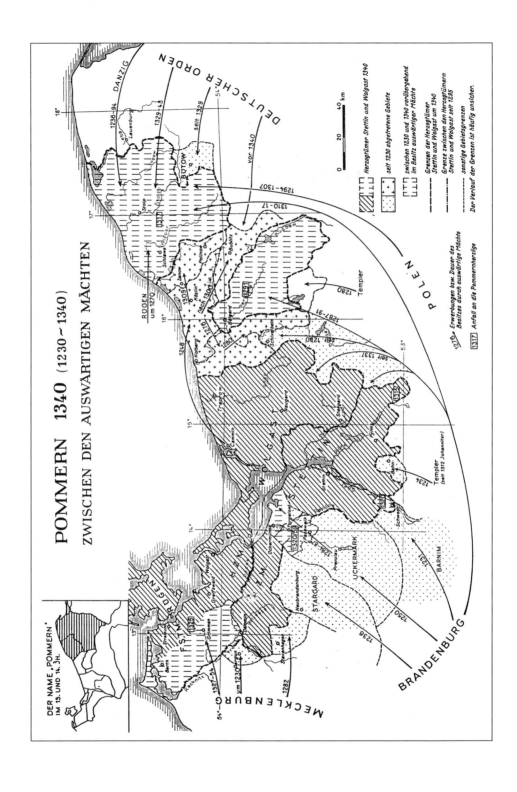

Die Kirche von Garden, Kr. Greifenhagen. Granitquaderbau aus der Mitte des 13. Jahrhunderts

Wie lange die Phase der mittelalterlichen deutschen Siedlung in Pommern gedauert hat, wird in der Forschung verschieden beurteilt. Fest steht, daß im 12., 13. und 14. Jahrhundert – über einen Zeitraum von mehr als 250 Jahren – Deutsche nach Pommern einwanderten. Die Intensität der Einwanderung und Siedlung verlief in diesem langen Zeitraum jedoch sehr unterschiedlich. Allein die West-Ost-Ausdehnung Pommerns über mehr als 350 km und die Existenz mehrerer politischer Einheiten bedingten ein nach Ort und Zeit unterschiedliches Ausmaß. Ebenso wie die Niederlassung von deutschen Bauern, Bürgern und Rittern, deren Gesamtzahl man für Ende des ersten Drittels des 13. Jahrhunderts mit gutem Grund auf höchstens 1 000 Personen geschätzt hat, und die Zuwanderung von deutschen Priestern und Mönchen von Otto von Bambergs Zeiten bis Anfang des vierten Jahrzehnts des 13. Jahrhunderts den Charakter Pommerns als eines slawischen Landes nicht verändert hat, hat dies die deutsche Einwanderung weder im 14. Jahrhundert noch in den letzten beiden Jahrzehnten des 13. Jahrhunderts bewirkt. Dies geschah in dem knappen Halbjahrhundert zwischen 1231 und 1278. Gewiß war auch noch am Ende des 13. Jahrhunderts der Anteil der im Altslawentum verharrenden Bevölkerung sehr groß, doch lag bereits in allen Bereichen die Initiative bei den Neusiedlern. Um 1278 prägten die deutschen Einwanderer das Gesicht Pommerns.

Ein wesentlicher Teil der deutschen Siedlung in Pommern betraf den bäuerlichen Bereich. Aus Nordniedersachsen und Westfalen zogen viele Bauern nach Osten und gelangten über Mecklenburg nach Pommern, wo sie sich in Vorpommern nordwestlich der Zarow, auf Rügen, Usedom und Wollin und in einem anfänglich ca. 40 km breiten, später sich verjüngenden Streifen an der hinterpommerschen Küste bis zur Stolpemündung niederließen. Die Ostwanderer aus Südniedersachsen und Ostfalen nahmen über die Altmark und das Erzbistum Magdeburg ihren Weg nach Pommern und fanden im Odermündungsgebiet sowie in der Uckermark und im späteren Mecklenburg-Strelitz, die beide von den pommerschen Herzögen im 13. Jahrhundert an die Markgrafen von Brandenburg abgetreten werden mußten, ihre neue Heimat.

Diese hier lediglich verallgemeinernd wiedergegebenden Aussagen über Herkunft und Wanderungswege der deutschen Siedler verdankt man in erster Linie der deutschen Mundartforschung, die neben der räumlichen Verteilung der Mundart die Orts-, Flur- und Personennamen in Pommern untersucht hat. Die von Westen Einwandernden brachten ihr altsächsisches Haus, auch Niedersachsenhaus genannt, und einen etwas aufgelockerten Kirchbau aus Granitquadern mit, die von Süden Kommenden das märkische Dielenhaus und für ihre Kirchen einen reinen Granitquaderbau.

Mit der Anlage eines neuen Dorfes wurde vom jeweiligen Grundherrn ein Lokator betraut, dem ein abgegrenztes Gebiet zugewiesen worden war. Der Lokator übernahm dann die Aufgabe, deutsche Siedler zu gewinnen. Die Bedingungen der Ansiedlung waren sehr günstig. Jeder Siedler erhielt einen Hof mit einer Hufe, die 47 bis 50 Hektar umfaßte; manchmal gehörten auch zwei oder mehr Hufen zur Hofausstattung. Diesen Besitz bekam der Bauer zu Erbrecht. Für die ersten Jahre wurde ihm Abgabenfreiheit gewährt, dann mußte er einen Zins an seinen Grundherrn zahlen. Außerdem mußte der Neusiedler den Kirchenzehnt entrichten und für den ihm gewährten Schutz und die Landesverteidigung Dienste leisten. Gegenüber den bäuerlichen Verhältnissen in Altdeutschland waren die Zustände in den östlichen Gebieten für den unternehmungsfreudigen Landmann verlockend. Der Lokator erhielt für seine unternehmerische Tätigkeit mehr Land als die Neusiedler, wohl auch einen Teil der Abgaben der Bauern, und er wurde meistens der Schulze des neuen Dorfes. Der Schulze hatte insbesondere die Abgaben der Bauern einzuziehen und übte die niedere Gerichtsbarkeit aus. In den Hagendörfern wurde die Dorfobrigkeit Hagenmeister genannt. Grundherren der Bauern waren die Klöster, die Orden, der Herzog selber, die Adligen und die Städte.

Ein anderer, nicht unwesentlicher, wenn auch weniger Personen umfassender Teil der deutschen Besiedlung Pommerns betraf den Adel. Im niederen deutschen Adel sah man vielfach die Chance zum Aufstieg, wenn man nach Osten zog. So waren es hauptsächlich Ministeriale, also Dienstleute von Herzögen und Grafen, die vom vierten Jahrzehnt des 13. Jahrhunderts an nach Pommern einwanderten. Die Adligen fungierten meistens als Unternehmer der bäuerlichen Siedlungen und legten so vielfach den Grund für die späteren Rittergüter und großen Güter. Die Möglichkeit des ständischen Aufstiegs in die Reihen des Landadels nutzten im 13. Jahrhundert in Pommern auch Bauernsöhne und Angehörige reichgewordener Bürgerfamilien.

Die Öffnung der einheimischen slawischen Fürstenhäuser gegenüber den Neusiedlern führte dazu, daß das deutsche Lehnsrecht eingeführt wurde. Auch wurde die Landes-

Stralsund in seiner mittelalterlichen Ausdehnung

verteidigung alsbald von den eingewanderten Adelsgeschlechtern wahrgenommen. Zu ihnen gehörten, um nur einige zu nennen, in Vorpommern die Behr, Maltzahn, Osten, Heydebreck, Schwerin, beiderseits der Oder und in Hinterpommern die Eberstein, Schöning, Wedel, Flemming. Um 1300 gab es in Pommern einige hundert deutsche adlige Familien, also mehr als 1 000 Personen. Der slawische Adel reagierte auf die veränderten Verhältnisse uneinheitlich: Ein Teil wich nach Osten aus; entscheidend war jedoch seine Haltung zu den neuen Rechtsformen. Diejenigen slawischen Adelsgeschlechter, die an den alten Verhältnissen und Vorstellungen unbeirrt festhielten, sanken in den Bauernstand ab, auch wenn sie ostwärts gewandert waren. Der andere Teil, der die neuen Verhältnisse akzeptierte, konnte seinen Status erhalten. So gibt es eine Reihe von pommerschen Adelsgeschlechtern slawischen Ursprungs, wie beispielsweise die Bonin, Borcke, Kameke, Kleist, Puttkamer, Zitzewitz.
Im Prozeß der deutschen Besiedlung Pommerns nahmen die Städtegründungen einen wichtigen Platz ein. In dem knappen halben Jahrhundert von 1231, als die Markgrafen von Brandenburg Lehnsherren der pommerschen Herzöge wurden, bis zum Jahre 1278, also der Hauptperiode der deutschen Einwanderung, entstanden von 72 Städten, die es 1938 auf dem Boden des historischen Pommerns gab, allein 32. Wenn man alle Stadtrechtsverleihungen datieren könnte, würde sich diese Zahl wahrscheinlich erhö-

hen. Zu den mindestens 32 Städten der Hauptimmigrationszeit gehören alle Orte, die als Stadt im Mittelalter und in der Neuzeit von größerer Bedeutung waren. Die einzigen Ausnahmen bildeten Stolp, das wie etwa 22 weitere, recht unbedeutend gebliebene Orte erst im 14. Jahrhundert Stadtrecht erhielt, und das neuzeitliche Swinemünde. Insgesamt gab es um 1400 in Pommern 63 Städte, so daß in den darauffolgenden 5 $^1/_3$ Jahrhunderten nur neun Orte auf Dauer hinzukamen.

Beinahe schlagartig treten in den pommerschen Urkunden die ersten Erwähnungen deutscher Städte auf. Gleich drei Städte werden im Jahre 1234 genannt. Am 31. Oktober jenes Jahres verlieh Fürst Wizlaw I. von Rügen Stralsund lübisches Recht. Wenige Wochen später ist die Existenz der Stadt Bahn, die vielleicht schon vor 1234 von dem Templerorden gegründet worden war, urkundlich belegt. Zur selben Zeit – am 27. Dezember 1234 – gründete Herzog Barnim I., der mit Recht der »Städtegründer Pommerns« genannt wird, seine erste Stadt, Prenzlau, die allerdings nur kurze Zeit zu Pommern gehörte, da die Uckermark 1250 an Brandenburg abgetreten werden mußte. Der junge Pommernherzog hatte den Entschluß gefaßt, in seinem Teilherzogtum ebenso wie in den Nachbarländern freie Städte (civitates liberae), also deutsche Städte, zu gründen, und begann sehr bald nach Antritt seiner selbständigen Regierung mit der Verwirklichung dieses Plans beim slawischen Marktort Prenzlau, worin er, wie Barnim ausdrücklich betont, durch seine Edlen unterstützt wurde. Er beauftragte acht Unternehmer – mindestens ein Unternehmer stammte aus Stendal, das bereits seit 1151 Magdeburger Stadtrecht hatte – mit der Anlage der Stadt, gab dieser gegen einen Zins und andere Geldleistungen 300 Hufen und wirtschaftliche Privilegien, übertrug dem Unternehmerkonsortium 80 Hufen und bestimmte einen der Unternehmer zum zukünftigen Schultheißen in Prenzlau. Schließlich gewährte der Herzog der Stadt das Magdeburger Recht.

Der zweite Ort, der von Herzog Barnim Stadtrecht erhielt, war Stettin. Dieser im 12. Jahrhundert bedeutendste Platz Pommerns wies schon 1187 eine größere deutsche, systematisch angelegte Siedlung auf. Deren geistlichen und topographischen Mittelpunkt stellte die in jenem Jahr geweihte Jakobikirche dar. 1237 lebten in der alten slawischen befestigten Großsiedlung zwischen der Burg, an deren Stelle sich später das Herzogsschloß erhob, und der Oder auch Deutsche, und zwar vermutlich in nicht geringer Zahl. Barnim ordnete jetzt in der slawischen Großsiedlung die Überführung der Gerichtsbarkeit in deutsche Hände an und verfügte die pfarrkirchliche Trennung der Bevölkerung: Die Deutschen wurden der Jakobikirche, die Pomoranen der Petrikirche zugewiesen. Wahrscheinlich erfolgte in den nächsten Jahren ein verstärkter Auszug der Slawen aus ihrer alten Stadt; ihre neuen Lebensstätten fanden sie in einiger Entfernung oderaufwärts und -abwärts in den beiden Wieken, die aus der slawischen Abwanderung bereits vor 1237 entstanden waren. Fünfeinhalb Jahre nach seinen Eingriffen in das Stettiner Rechts- und Kirchenleben – am 3. April 1243 – verlieh Barnim Stettin das Magdeburger Stadtrecht in einer besonderen Form und bestimmte es für sein Teilherzogtum zum »Oberhof« in Fragen des Magdeburger Stadtrechts.

Danach erteilte Herzog Barnim einer Reihe von Orten Stadtrecht: Pyritz (spätestens 1248), Gartz/O. (1249), Anklam (um 1250), Stargard (spätestens 1253), Greifenhagen

Archivtür in der Stralsunder Nikolaikirche aus der ersten Hälfte des 14. Jahrhunderts

(1254), Pölitz (1260), Altdamm (spätestens 1260), Ueckermünde (1259–1265), Gollnow (1268), Cammin (1274), Lassan (vor 1278), Treptow/R. (1277, vielleicht zusammen mit seinem Sohn Bogislaw IV.). Zusammen mit seinem Vetter Herzog Wartislaw III. bewidmete er Wolgast (1250–1259), Wollin (vor 1264) und das später mecklenburgische Stavenhagen mit Stadtrecht. Bei Pasewalk und Penkun ist die Quellenlage zu dürftig, um eine Stadtrechtsverleihung Barnims feststellen zu können.

Herzog Wartislaw III. verlieh Treptow/T. (1240–1245), Demmin (1236–1249), Greifswald (spätestens 1250), Greifenberg (1262) und zusammen mit Bischof Hermann von Cammin Kolberg (1255) lübisches Stadtrecht. Bei Köslin (1266), Massow (1278), Bublitz (1340) und Körlin (vor 1385) ist der Camminer Bischof alleiniger Stadtrechtsverleiher. Stolp (1309), Dramburg (1297) und Kallies (1303) erhielten von den Askaniern ihr Stadtrecht, Lauenburg (1341) und Bütow (1346) vom Deutschen Orden. Auch Adlige wie Detlev von Gadebusch (Loitz 1242), Dubislaw von Woedtke (Plathe 1277), die Borcke (Regenwalde 1282, Labes vor 1295, Wangerin 1410) und die Wedel (Falkenburg 1333, Polzin 1335, Freienwalde 1338) traten als Stadtgründer auf. Überwiegend wurde den neuen deutschen Städten lübisches Recht verliehen, erheblich geringer war die Anzahl der Städte mit Magdeburger Stadtrecht in Form des Stettiner Stadtrechts. Daneben folgten Freienwalde, Dramburg und Falkenburg dem brandenburgischen, Lauenburg und Bütow dem Kulmer Stadtrecht. Das brandenburgische und das Kulmer Stadtrecht waren ebenso wie das Stettiner Stadtrecht Modifikationen des Magdeburger Rechts. Das Stadtrecht war das wesentliche Charakteristikum der deutschen Stadt. Während die pomoranische Großsiedlung kein besonderes Recht besaß, war die deutsche Stadt eine autonome Rechtsinstitution mit einer Vorzugsstellung gegenüber dem platten Land. Zwischen beiden Stadtarten bestand deshalb eine absolute Diskontinuität. Die Rechtsstadt war im Pommern des 13. Jahrhunderts ein Novum.

In anderen Bereichen gab es zwischen der pomoranischen und der deutschen Stadt Ähnlichkeiten. Von großem Interesse ist die Frage der topographischen Kontinuität beider Stadtarten. Auch hier mag die Politik Barnims I. kennzeichnend sein. Rund ein Drittel der von Barnims Politik berührten 24 Städte entstand an Plätzen, an denen es keine slawischen Städte und damit keine Kontinuität gab. In fast allen anderen Fällen siedelten die Deutschen in geringem Abstand von den Slawen. Dennoch wird man auch hier von einer Siedlungskontinuität sprechen, was auch die Übernahme des slawischen Ortsnamens durch die deutschen Neusiedler auf ihr Gemeinwesen nahelegt. In Wollin und Stettin ist eine vollkommene Siedlungskontinuität zu beobachten, da sich die neue deutsche Stadt ganz oder teilweise auf dem Gebiet der alten pomoranischen erhob. Die Pomoranen lebten in beiden Fällen fortan in Siedlungen neben der deutschen Stadt.

Zusammenfassend kann man also die Frage einer topographischen Kontinuität zwischen slawischer und neuer deutscher Stadt in den von der Politik Barnims I. erfaßten Städten bejahen, wenn auch eine pomoranische Großsiedlung nicht Voraussetzung einer deutschen Stadtanlage sein mußte; nur in sehr wenigen Fällen mußten die pomoranischen Einwohner den deutschen Siedlern weichen, üblich war das friedliche Nebeneinander.

Ordensburg Bütow

Pommern im Zeichen der erstarkenden Städte

Nach dem Tode Herzog Barnims I. Mitte November 1278 übernahm sein ältester, aus der zweiten Ehe stammender Sohn, Herzog Bogislaw IV., die Regierung. Da Barnims Söhne aus seiner dritten Ehe – mit Mechtild von Brandenburg –, Barnim II. und der 1279 nachgeborene Otto I., nach weitergeltendem slawischen Fürstenerbrecht mit ihrem Stiefbruder Bogislaw IV. gleichberechtigte Nachfolger ihres Vaters waren, jedoch noch unmündig bzw. ungeboren waren, regierte Herzog Bogislaw IV. auch in ihrem Namen.
Mit seinen südlichen Nachbarn und Lehnsherren, den brandenburgischen Markgrafen, geriet Herzog Bogislaw IV. bald in Konflikt. Als diese nämlich 1283 das Erzbistum Magdeburg in ihre Hand brachten und so ihre Machtstellung in Norddeutschland erheblich erweiterten, bildete Lübeck eine große Koalition von norddeutschen Fürsten und Städten gegen die Brandenburger. In Rostock schlossen Herzog Johann von Sachsen-Lauenburg, Herzog Bogislaw IV., Fürst Wizlaw II. von Rügen, die mecklenburgischen Herren, ihre Lehnsleute sowie die Städte in ihren Territorien, insbesondere Lübeck, Wismar, Rostock, Stralsund, Greifswald, Stettin, Demmin und Anklam, am 13. Juni 1283 ein Landfriedensbündnis auf zehn Jahre, dem auch Herzog Otto von Braunschweig-Lüneburg beitrat. Lübeck hatte damit den von König Rudolf von Habsburg favorisierten Gedanken des Landfriedens aufgegriffen und sich nutzbar gemacht; es war der erste Landfriede im Ostseeraum. Das Bündnis von Städten, Adligen und Fürsten war in seiner Art einmalig, seine räumliche Ausdehnung beacht-

lich. Dennoch löste das Bündnis den sofortigen militärischen Einfall Brandenburgs in Pommern aus. Der Pommernherzog geriet in arge Bedrängnis, und das Eingreifen König Rudolfs I. führte am 13. August 1284 zum Friedensvertrag von Vierraden zwischen den Markgrafen einerseits und Herzog Bogislaw IV. und Fürst Wizlaw II. andererseits. Im Vierradener Vertrag verpflichtete sich Bogislaw IV. zur Zahlung von 4 000 Mark reinen Silbers innerhalb von zwei Jahren an die Markgrafen. Es bleibt festzuhalten, daß sich die Hoffnung der Markgrafen, mit dem Mittel der Pfändung die brandenburgisch-pommersche Grenze nach Norden zu verschieben, letzten Endes nicht erfüllte. Das Rostocker Landfriedensbündnis von 1283 offenbarte jedoch die wachsende Macht der pommerschen Städte. Diese erschienen als Stand neben dem Adel. Die Städte unterlagen nicht mehr ihrer Kriegsfolgepflicht gegenüber dem Landesherrn, sondern entschieden selber über den Einsatz ihres militärischen Potentials. Der Pommernherzog mußte das Bündnisrecht seiner Städte und deren Widerstandsrecht anerkennen.

Nach 37jährigem erfolgreichen Wirken als pommerscher Oberhirte und Herr der Camminer Stiftslande starb 1289 Bischof Hermann von Cammin. Wegen der starken weltlichen Stellung, die das Bistum im Herzogtum einnahm, war es nur zu verständlich, daß es Herzog Bogislaw IV. nicht gleichgültig war, wer neuer Inhaber des Bischofsamtes wurde. Er favorisierte deshalb seinen Schwager Jaromar, den zweiten Sohn des Fürsten Wizlaw II. von Rügen. Jaromar war höchstens 22 Jahre alt, hatte nur die niederen Weihen empfangen und war Rektor an der Stralsunder Nikolaikirche. Er hatte also bei weitem noch nicht das für das Bischofsamt kanonische Mindestalter von 30 Lebensjahren erreicht und war nie Priester gewesen. Trotz dieser kirchenrechtlichen Hindernisse entsprach das Camminer Domkapitel dem herzoglichen Wunsch und wählte Jaromar zum Bischof. Von Papst Nikolaus IV. wurde er daraufhin am 7. Oktober 1289 unter Vorbehalt mit dem Camminer Bistum ausgestattet. Es war vorgesehen, daß der Schweriner und der Lübecker Bischof ihn nach Vollendung des 27. Lebensjahres weihten. Als Bischof bezeichnete sich Jaromar deswegen nur als Gewählter und Bestätigter (electus confirmatus), in den geistlichen Angelegenheiten war er auf Weihbischöfe angewiesen. Bischof Jaromar erfüllte die politischen Erwartungen Herzog Bogislaws IV. insofern, als er ihm nicht feindselig gegenübertrat, doch ließ er sich seine Stiftslande von den brandenburgischen Markgrafen bestätigen. Bereits nach wenigen Jahren – Ende 1293 oder 1294 – starb er jedoch.

Nachdem Barnim II. und Otto I., die jüngeren Söhne Barnims I., spätestens 1294 mündig geworden waren und seitdem mitregierten, mehrten sich die Schwierigkeiten, die sich aus der notwendigen Zusammenarbeit der drei Brüder ergaben. Man plante deswegen die Teilung des Landes. Der frühe Tod des erblosen Barnim II. am 28. Mai 1295 erschwerte die Bemühungen um die Landesteilung gewiß nicht.

Pommern wurde in die Herzogtümer Stettin und Wolgast geteilt. Das Herzogtum Stettin umfaßte westlich der Oder die Gebiete südlich des Peeneflusses mit Ausnahme der Städte Demmin und Anklam sowie die Landschaften und Städte südlich des Stettiner Haffs, östlich der Oder die Territorien südwestlich des Gubenbachs und der Ihna ohne die Stadt Stargard. Zum Herzogtum Wolgast gehörten die Städte Demmin und Anklam, die Grafschaft Gützkow, der von Greifswald, Wolgast und Lassan bestimmte Teil Vorpommerns, die Inseln Usedom und Wollin und in Hinterpommern das Gebiet nördlich und nordöstlich des Gubenbachs und der Ihna bis zur Ostsee und einer von dem Kreiher-Bach und der Molstow gebildeten Linie einschließlich der schon erwähnten Stadt Stargard und als Exklave das Land Belgard beiderseits der oberen und mittleren Persante. Das Herzogtum Stettin wurde Herzog Otto I. zugewiesen, dessen Linie bis zum Aussterben im Jahre 1464 hier regierte. Herzog Bogislaw IV. erhielt das Herzogtum Wolgast. Das Herzogtum Stettin war zwar flächenmäßig das kleinere von beiden, aber sicher das volkreichere. Seine Städte gebrauchten ausschließlich das Stettiner Stadtrecht. Im Herzogtum Wolgast war dieses Stadtrecht fast gar nicht zu finden, in ihm waren die Städte lübischen Rechts vereinigt. In dieser Aufteilung zeigt sich ganz besonders der bestimmende Einfluß der Städte auf die Landesteilung. Die Teilung des Herzogtums Pommern in die Herzogtümer Stettin und Wolgast wurde jedoch nicht vollständig vollzogen. Die Herzöge beider Linien sollten die Territorien zur gesamten Hand besitzen, also Eigentums- und Erbrecht auch am jeweils anderen Herzogtum. Keiner der beiden Herzöge durfte ohne Zustimmung des anderen etwas von seinem Land verkaufen, verpfänden oder vertauschen. Obendrein waren das Stettiner Haff, alle Flüsse und Häfen gemeinsamer Besitz. Das gemeinsame Band um beide Herzogtümer fand auch darin seinen Ausdruck, daß die Vasallen beiden Herzögen den Lehnseid leisten und die Städte beiden Herrschern huldigen sollten.

Im ostpommerschen Herzogtum starb mit Herzog Mestwin II. Ende 1294 das einheimische Geschlecht der Samboriden aus. Diese Dynastie hatte über das Gebiet zwischen Leba und Weichsel, später zwischen dem Gollen und der Weichsel, mit Danzig als Hauptburg geherrscht. Im 12. Jahrhundert war diese politische Einheit, die ebenso wie die um Stettin wegen der zwischen Oder und Weichsel lebenden Pomoranen »Pommern« genannt wurde, entstanden. Jahrzehntelanger Streitpunkt zwischen den beiden Herzogtümern Pommern war die sogenannte Ratiboridenherrschaft, die sich zwischen dem Gollen und der Leba erstreckt hatte. Nach Süden hatte sich der ostpommersche Herrschaftsbereich, der auch als Pommerellen bezeichnet wird, bis in die Höhe der Küddow- und Brahe-Nebenflüsse Dobrinka und Kamionka ausgedehnt. Herzog Przemysław von Großpolen, der von Mestwin II. zu seinem Nachfolger bestimmt worden war, übernahm 1294 im pommerellischen Herzogtum die Herrschaft. Sie währte jedoch nur bis Anfang 1296, da Przemysław, inzwischen zum König von Polen gekrönt, ermordet wurde. Aus den nun ausbrechenden, mehr als ein Jahrzehnt währenden Kämpfen um das pommerellische Herzogtum gingen weder die Polen noch die Askanier als Sieger hervor, sondern der Deutsche Orden, der sich erst spät in die Auseinandersetzungen eingeschaltet hatte. Im Vertrag von Soldin vom 13. September 1309 verzichtete Markgraf Waldemar von Brandenburg zugunsten des Deutschen Ordens gegen eine hohe Geldentschädigung auf das Gebiet des pommerellischen Herzogtums östlich der Leba, behielt jedoch die westlich der Leba gelegenen Territorien des früheren Samboriden-Herzogtums, die er zum großen Teil an die Swenzonen, ein schon unter Mestwin II. aufgestiegenes Geschlecht, lehnsmäßig weitergab.

Die Teilung des westlichen Herzogtums Pommern in die beiden Herzogtümer Stettin und Wolgast 1295 bedeutete grundsätzlich eine Schwächung der gesamtpommerschen Position; sie barg in sich die Möglichkeit eines politischen und militärischen indirekten

Gegeneinanders der beiden Linien des Herzoghauses. So griff bereits 1298 Herzog Bogislaw IV. von Wolgast zusammen mit Polen die Markgrafen an und verwüstete deren Gebiet um Arnswalde und Bernstein, während Herzog Otto I. von Stettin zu den Askaniern gute Beziehungen unterhielt, die sich nun aber auch trübten.
Der Sohn und Nachfolger Herzog Bogislaws IV. von Wolgast, Wartislaw IV., stellte sowohl zu seinem Onkel, Otto I., als auch zu den brandenburgischen Markgrafen ein positives Verhältnis her. Dazu gehörte auch ein Treffen mit Markgraf Waldemar von Brandenburg, Fürst Wizlaw III. und König Erich VI. von Dänemark im April 1310 in Tribsees, um über Maßnahmen gegen die erstarkenden Hansestädte, auf pommerschem Boden insbesondere Stralsund und Greifswald, zu beraten. Bereits im Dezember desselben Jahres traf diese Fürstenrunde, erweitert um Herzog Otto I. von Stettin und andere Fürsten, im dänischen Middelfart erneut zusammen. Dieses Mal ging es gegen das mächtige Rostock. Beide pommersche Herzöge, der Fürst von Rügen und Bischof Heinrich von Cammin, also alle pommerschen Herrscher, nahmen dann im Juni 1311 an dem von König Erich VI. von Dänemark inszenierten und von vielen norddeutschen Landesherren besuchten Fürstentag vor Rostock teil, auf dem der Kampf gegen Rostock und Wismar beschlossen wurde. Vermutlich hat Otto I. mit dem dänischen König einen Dienstvertrag geschlossen und sich persönlich an dem Krieg gegen die beiden Städte beteiligt.
Wenige Jahre später kam es zwischen Stralsund und Fürst Wizlaw III. von Rügen zum offenen Konflikt. Vorausgegangen war ein auf drei Jahre befristetes Bündnis, das Stralsund mit dem Markgrafen Waldemar abgeschlossen hatte und dem auch die Herzöge von Stettin und Wolgast beigetreten waren. Auf der anderen Seite hatte Fürst Wizlaw III. die mecklenburgischen und andere Fürsten in dem Vertrag von Grevesmühlen von Anfang 1314 für sich gewonnen. Als sich dann Stralsund unter den Schutz des Markgrafen von Brandenburg stellte, brach der Kampf zwischen Stadt und Fürst aus. Die Auseinandersetzungen mit wechselnden Konstellationen entschieden überraschend die Stralsunder Bürger am 21. Juni 1316 durch einen großen Sieg zu ihren Gunsten. In einer Reihe von Verträgen, die in den Jahren bis 1318 abgeschlossen wurden, söhnten sich schließlich die verschiedenen Kriegsparteien aus. Stralsund ging aus diesem Konflikt eindeutig als Sieger hervor. Sein Landesherr, Fürst Wizlaw III. von Rügen, bestätigte alle alten Privilegien, und der Dänenkönig stellte zu Stralsund ebenfalls freundliche Beziehungen her. Nach einer schriftlichen Überlieferung soll die prächtige Schauwand des Stralsunder Rathauses, einer der schönsten Profanbauten niederdeutscher Backsteingotik, vom Lösegeld gebaut worden sein, das Stralsund von einem seiner Gegner erhalten hatte. Nach dem kunstgeschichtlichen Befund gehört sie jedoch in eine spätere Zeit.
Als im August 1319 Markgraf Waldemar von Brandenburg starb und die Mark ohne Regierung war, da sein Nachfolger, Markgraf Heinrich, noch minderjährig war, beendeten die beiden Pommernherzöge sofort ihren Streit, um die Möglichkeit, jetzt Teile der Mark zu erobern, wahrzunehmen. Wartislaw IV. von Wolgast drang in die Neumark ein und konnte sie für sich gewinnen; bereits im September wurde er von den neumärkischen Städten zum Vormund des Markgrafen Heinrich gewählt. Dagegen führte Wartislaws Einfall in die Uckermark zu keinem Erfolg, da sich ihrer schon Fürst

Heinrich von Mecklenburg bemächtigt hatte. Diese mecklenburgische Expansion löste den völligen und am 2. März 1320 auch förmlich bekundeten Anschluß Herzog Ottos I. von Stettin an die Politik seines Wolgaster Neffen aus. Nur wenige Wochen, nachdem Markgraf Heinrich 1320 von König Ludwig für mündig erklärt worden war und erste hoffnungsvolle Anstrengungen zur Machtübernahme in der Uckermark unternommen hatte, starb er. Mit ihm waren die brandenburgischen Askanier ausgestorben.

Der Kampf um die königliche Belehnung

Die Mark Brandenburg war nach dem Tod Markgraf Heinrichs herrenlos, und die Pommernherzöge waren ihres Lehnsherrn entledigt. Sie waren entschlossen, die ohne ihr Zutun erlangte Unabhängigkeit nicht wieder zu verlieren, und setzten ihre auf die Uckermark gerichtete Eroberungspolitik fort. Dieser Politik diente auch der am 27. Juli 1320 in Frankfurt/Oder geschlossene Vertrag Wartislaws IV. mit Herzog Heinrich I. von Schlesien, Herr zu Fürstenberg und Jauer; Anfang Juli hatten sich Wartislaw IV. und Bischof Konrad IV. von Cammin mit dem Deutschen Orden bereits gegen Polen verbündet. In ihrem Kampf um die pommersche Eigenstaatlichkeit machten die beiden Pommernherzöge einen merkwürdig anmutenden, aber häufiger zu beobachtenden klugen Schachzug: Sie nahmen am 16. August 1320 im neumärkischen Königsberg ihre Länder vom Bischof von Cammin zu Lehen und bestimmten das Bistum Cammin bei einem erbenlosen Tod zum Eigentümer ihrer Herrschaftsbereiche. Dies war natürlich nur ein formaler Akt, der an den Herrschaftsverhältnissen nichts änderte, aber er erschwerte eine lehnsrechtliche Übertragung Pommerns auf jeden künftigen Herrn der Mark Brandenburg. Für die Bischöfe von Cammin bedeutete die Lehnsauftragung der beiden pommerschen Herzogtümer den Höhepunkt ihrer staatlichen Selbständigkeit.

Spiritus rector der Neuordnung des Lehnsverhältnisses war sehr wahrscheinlich Barnim III., der damals ungefähr 22 Jahre alte Sohn Herzog Ottos I. von Stettin. Barnim III. war der Vertreter des pommerschen Herzogshauses mit dem ausgeprägtesten Sinn für die Eigenstaatlichkeit seines Landes und dessen Einbindung in das Reich im Mittelalter. Für diese Ziele brachte er von allen Angehörigen seines Geschlechts im Herrscheramt wohl den härtesten Willen auf und errang im Laufe seiner 24jährigen selbständigen Regierung und der ebenso langen verantwortlichen Leitung der Pommern-Stettiner Außenpolitik zu Zeiten seines Vaters herausragende Erfolge. Die Urkunde über die Belehnung Ottos I. durch den Camminer Bischof nennt Vater und Sohn gleichberechtigt als Aussteller; sie ist die erste einer langen Reihe von Urkunden, die von Vater und Sohn gegeben wurden, und markiert den Beginn der Mitregentschaft Herzog Barnims III.

Neben den Pommernherzögen verfolgte auch Ludwig IV. der Bayer im Reich eigene Pläne mit Pommern. Anfangs sah er wohl eine Belehnung der Pommernherzöge durch sich vor, denn er versprach Wartislaw IV. von Pommern-Wolgast ausdrücklich in einer Ende 1320 ausgestellten Urkunde, ihn nicht in nächster Zeit einem anderen Fürsten

unterzuordnen. Nachdem im Reich der Thronstreit 1322 zugunsten von Ludwig entschieden war, fiel im Frühjahr 1323 die Entscheidung über die Mark Brandenburg und die mit ihr verbundene Frage der lehnsrechtlichen Position der pommerschen Herzogtümer innerhalb des Reiches. König Ludwig übertrug nun in voller Abkehr von der bisherigen Haltung seinem gleichnamigen, erst achtjährigen ältesten Sohn die Mark zusammen mit den Herzogtümern Stettin und Demmin, wie es in der königlichen Lehnsurkunde heißt. Die pommersche, eine reichsunmittelbare Position erstrebende Politik hatte also einen schweren Rückschlag erlitten.
Die wittelsbach-pommersche Frontstellung erstreckte sich auch auf das Bistum Cammin, nachdem dessen Oberhirte Konrad IV. im Sommer 1324 gestorben war. Da sich das Domkapitel auf keinen Nachfolger einigen konnte, bestimmte Papst Johannes XXII. in seinem hemmungslosen Kampf gegen Ludwig den Bayern aufgrund seines Reservationsrechtes für das Camminer Bistum am 14. November 1324 den Dominikaner und früheren Trierer Domherrn Arnold von Eltz zum pommerschen Bischof. Dieses Eingreifen des Papstes löste heftige Reaktionen des starken Wittelsbacher Flügels des Camminer Domkapitels und erheblichen Widerstand im Camminer Stiftsland gegen Arnold von Eltz aus, so daß dieser erst nach einigen Jahren in seine Diözese kommen konnte. Es gelang ihm dann bald, eine allgemeine Aussöhnung herbeizuführen und Anerkennung zu finden.
Das Jahr 1325 brachte dem Herzogtum Pommern in seiner Gesamtheit eine erhebliche territoriale Ausweitung nach Westen. Im November starb Fürst Wizlaw III. von Rügen; Jaromar, sein einziger Sohn, war ihm ein knappes halbes Jahr im Tod vorausgegangen, so daß mit Wizlaw III., der sich als Minnesänger einen Namen gemacht hatte, das ursprünglich ranische, also slawische, inzwischen aber eingedeutschte Fürstengeschlecht männlicherseits ausstarb. Der einzige rechtmäßige Erbe des rügischen Fürstentums war Herzog Wartislaw IV. von Wolgast, ein Neffe des letzten Rügenfürsten. Der Übergang des ehemaligen rügischen Fürstentums in das pommersche Herzogtum Wolgast schien trotz vermeintlicher Erbansprüche, die von mecklenburgischer Seite erhoben wurden, reibungslos vonstatten gegangen zu sein, da starb allzufrüh Wartislaw IV. am 1. August 1326. Zu diesem Zeitpunkt waren seine Söhne noch minderjährig. Da ihre Vormünder, Otto I. von Stettin und Barnim III., von den diplomatischen und kriegerischen Auseinandersetzungen mit den Wittelsbachern um ihr Stettiner Teilherzogtum stark beansprucht waren, wozu noch der Camminer Bischofsstreit gekommen war, glaubten Heinrich III. von Mecklenburg und die Herren von Werle, den Pommern das rügische Erbe mit Waffengewalt streitig machen zu können. Die Hauptlast des rügischen Erbfolgekrieges trugen auf pommerscher Seite die wolgastischen Städte Greifswald, Anklam und Demmin sowie das ehemals rügische Stralsund. Der Einsatz dieser Städte, insbesondere Stralsunds und Greifswalds, das seine und der anderen Städte Verdienste in der Descriptio Gryphiswaldensis, des ersten auf uns gekommenen pommerschen größeren historiographischen Werkes, hat dokumentieren lassen, führte im Juni 1328 zum Frieden zwischen den Mecklenburgern und den Pommern, der in Brudersdorf, einem unweit von Demmin gelegenen Ort, abgeschlossen wurde. In dem Friedensvertrag verzichteten die Mecklenburger auf das Fürstentum Rügen, allerdings nur gegen die Zahlung von 3 100 Mark Silber innerhalb

eines Zeitraums von zwölf Jahren, während deren ihnen die Länder Tribsees, Grimmen und Barth verpfändet wurden.
Die andauernden Bemühungen Ludwigs IV., der seit 1328 die Kaiserkrone trug, die Pommern der brandenburgischen Lehnshoheit zu unterwerfen, veranlaßten Otto I. und Barnim III., den Camminer Domherrn Dietrich Zachelvitz im September 1330 nach Avignon zu Papst Johannes XXII., dem erbitterten Feind des Kaisers, zu schicken, um für sich und die unter ihrer Vormundschaft stehenden Wolgaster Verwandten eine päpstliche Belehnung mit ihren Landen zu erwirken. Wahrscheinlich ist dieser Schritt, der eine Steigerung der Lehnsauftragung des pommerschen Herzogtums an das Bistum Cammin vom Jahre 1320 darstellte, auf Anregung Bischof Arnolds von Cammin zurückzuführen. Die avignonische Mission des Camminer Domherrn endete erfolgreich; denn am 13. März 1331 stellte der Papst den gewünschten Lehnsbrief aus. Das Herzogtum Pommern in seinen beiden Teilen besaß nun als päpstliches Lehnsherzogtum in rechtlicher Hinsicht eine nur wenig eingeschränkte Unabhängigkeit. Es stand außerhalb des Reiches.
Eigentliches Ziel der Außenpolitik, insbesondere Herzog Barnims III., war jedoch die Anerkennung Pommerns als eines unmittelbaren Reichslehens. Die Lehnsauftragung Pommerns an den Papst war deswegen als Mittel zum Zweck, als Kampfansage oder zumindest als Warnung an Ludwig den Bayern aufzufassen, endlich die pommersche Forderung auf Direktbelehnung zu erfüllen. Dies wurde offenbar auch von Kaiser Ludwig so verstanden, denn er bekundete im August 1331, daß er die Herzöge Otto I. und Barnim III. belehnen wolle, wenn sie sich zu ihm begeben würden. Doch dazu kam es nicht. Vielmehr brach zwischen den Pommern und den Brandenburgern erneut Krieg aus, der erst im Juni 1333 endete.
Schließlich gelang es den Stettiner Herzögen, im März 1337 mit dem mächtigen Gegner Kaiser Ludwigs, König Johann von Böhmen, in Posen ein Bündnis abzuschließen. Dies ermöglichte ihnen eine selbstbewußtere Fortsetzung ihrer Politik gegenüber Ludwig IV., die bereits ein Jahr später zu einem großen Erfolg führen sollte.
Auf dem Reichstag zu Frankfurt am Main hob Ludwig IV. am 14. August 1338 die pommersche Lehnsabhängigkeit von den brandenburgischen Markgrafen auf und belehnte die Stettiner Herzöge Otto I. und Barnim III. mit ihren Ländern. Markgraf Ludwig von Brandenburg verzichtete auf seine Lehnsherrschaft über das Teilherzogtum Pommern-Stettin, aber die beiden Pommernfürsten mußten zugestehen, daß ihr Stettiner Teilherzogtum bei einem erbenlosen Tod an die brandenburgischen Wittelsbacher fallen sollte. Die Beendigung der pommersch-brandenburgischen Auseinandersetzungen wurde in einer sehr umfangreichen deutschsprachigen Urkunde Ottos I. und Barnims III. sowie einer Gegenurkunde Markgraf Ludwigs von Brandenburg festgehalten.
Diese Direktbelehnung pommerscher Herzöge durch den Kaiser, die Reichsunmittelbarkeit des Stettiner Herzogtums, der Aufstieg der Herzöge der Stettiner Linie des Greifengeschlechts in den Reichsfürstenstand waren zweifellos ein großer Erfolg. Er war jedoch mit Nachteilen für die Wolgaster Linie des pommerschen Herzoghauses erkauft. Da die Stettiner Herzöge allein an dem Frankfurter Reichstag teilgenommen hatten, wurde das Wolgaster Teilherzogtum bei der Neuordnung der pommerschen

Lehnsverhältnisse nicht berücksichtigt, was allen Beteiligten bewußt gewesen sein wird. Denn unmittelbar nach der Belehnung der Stettiner Herzöge forderte der Kaiser die Wolgaster herzoglichen Brüder auf, sich von den brandenburgischen Markgrafen belehnen zu lassen. Durch die Zusicherung des Erbanfalls Pommern-Stettins an die Mark Brandenburg wurden die Wolgaster Rechte ebenfalls durch Otto I. und Barnim III. verletzt.

Die auf dem Reichstag zu Frankfurt am Main praktizierten und in etlichen Urkunden dokumentierten Regelungen des Verhältnisses zwischen den Wittelsbachern und den Stettiner Herzögen waren ein sorgfältig austariertes Werk beider Parteien, das nach dem Grundsatz des Gebens und Nehmens entstanden war. Der Vorteil Ludwigs IV. bestand darin, die Stettiner Herzöge in seinen Auseinandersetzungen mit dem Papst in Avignon an sich gebunden und das gefährliche pommersch-böhmische Bündnis zumindest gelockert zu haben.

Die Mißachtung der Rechte der Wolgaster Linie, die in dem Teilungsvertrag von 1295 festgelegt worden waren und einen Teil des gesamtpommerschen Selbstverständnisses darstellten, durch die eigenmächtige Zusicherung der brandenburgischen Eventualsukzession im Stettiner Teilherzogtum brachte Otto I. und Barnim III. jedoch unerwartete Schwierigkeiten. Das Versprechen der Stettiner Herzöge, ihre Vasallen und Städte würden den brandenburgischen Markgrafen wegen deren Erbberechtigung huldigen, löste den Widerstand insbesondere der Städte Stettin, Greifenhagen und Gollnow aus. Diese erklärten am 16. Juni 1339 bei einer Zusammenkunft ihrer Vertreter mit Herzog Bogislaw V. von Pommern-Wolgast und dessen noch minderjährigen Brüdern in Wollin in aller Deutlichkeit, daß sie in einem etwaigen Erbfall nur die Wolgaster Herzöge als rechtmäßige Herren anerkennen würden, worauf die Wolgaster Herzöge die drei Städte in ihren Schutz nahmen und alle Privilegien und Zollfreiheit bestätigten. Wenig später wiederholten die drei sich widersetzenden Städte ihren Standpunkt in gleichlautenden Erklärungen an die wolgastischen Städte Stralsund, Greifswald und Demmin und erreichten, daß diese gemeinsam mit Anklam sich für die erneuten Zusagen Bogislaws V. und seiner Brüder verbürgten. Die Stettiner Herzöge reagierten darauf, indem sie der kleinen Oderstadt Gartz 1340 das Recht verliehen, Stettiner Pfennige zu schlagen. Der Streit zwischen den Herzögen und Städten steigerte sich Anfang 1341 erheblich, als Stettin und Greifenhagen den Wolgaster Herzögen sogar huldigten und diese als ihre alleinigen Herren anerkannten, sich also von ihren Landesherren lossagten. Barnim III. nahm darauf das Privileg der Stettiner Schöffen zurück, landesweit Recht und Urteil zu finden, und stattete statt dessen die Stadt Gartz damit aus. 1344 schienen Stettin und Barnim III. ihre Auseinandersetzungen beendet zu haben, doch wahrscheinlich ohne echte Friedensbereitschaft Barnims III., der seit dem Tode Ottos I., seines Vaters, Ende Dezember 1344 allein regierte.

Schon in der zweiten Hälfte des Jahres 1345 provozierte Barnim III. die Stadt mit dem Baubeginn eines festen Hauses auf dem Gelände der alten Burg, die sein Großvater, Barnim I., entsprechend dem Wunsch der Stettiner 1249 abgerissen hatte. Im August 1346 hatte die Stettiner Bürgerschaft die Machtprobe, über die im einzelnen kaum etwas bekannt ist, verloren. Es blieb den Stettinern nichts anderes übrig, als nun selbst und obendrein in der kurzen Zeit von nur 13 Monaten das herzogliche Steinhaus zu

erbauen. Dieses recht stattliche Gebäude war die erste Bausubstanz des noch heute stehenden Schlosses. Außerdem mußten die Stettiner eine steinerne Kapelle bauen und um sie herum einen Kirchhof fertigstellen. Die Kapelle wurde schon 1346 geweiht, und zwar Otto von Bamberg. Aus dieser Kapelle wurde schließlich die Schloßkirche. Weiterhin wurde der Stadt auferlegt, zwei Drittel der Einkünfte des Stadtgerichts, die bisher dem Rat verpfändet waren, wieder an den Herzog abzuführen, während das letzte Drittel der Schultheiß als herzogliches Lehen erhalten sollte.
Die Durchsetzung des herzoglichen Willens stellte eine tiefe Demütigung für die Bürgerschaft Stettins dar und bedeutete die entscheidende Niederlage des städtischen Strebens nach einem größtmöglichen Maß an Selbstverwaltung und Befreiung von landesfürstlicher Bevormundung. In Stralsund hatte im Vergleich dazu ein Menschenalter zuvor die Stadtgemeinde diesen Kampf gegen Wizlaw III. gewonnen. Die Unterordnung Stettins unter die herzogliche Gewalt konnte auch in der Folgezeit nicht mehr rückgängig gemacht werden.
Bald danach stand wieder die große Politik im Mittelpunkt des Denkens und Handelns Herzog Barnims III. Der Kampf zwischen König Karl IV. und der wittelsbachschen Partei um die Führung im Reich war noch nicht beendet, als sich Barnim III. Anfang Juni 1348 an den Hof Karls IV. begab, der auf einer Fahrt durch Mähren in Znaim Halt eingelegt hatte. Diese Reise brachte für Pommern den erfolgreichen Abschluß eines vom Greifengeschlecht unterschiedlich verfolgten Bemühens um eine unmittelbare rechtliche Beziehung zum deutschen König. Es gelang nun ohne große Schwierigkeiten, eine alle Beteiligten zufriedenstellende, dauerhafte Lösung für ganz Pommern zu finden und zu verwirklichen.
Nach kurzen Verhandlungen belehnte König Karl IV. Herzog Barnim III. von Pommern-Stettin mit seinem Teilherzogtum, nahm ihn und sein Gebiet in den Schutz des Reiches, betonte die Reichsunmittelbarkeit des Stettiner Herzogtums und gab Barnim und seinen Nachfolgern das Erbfolgerecht für das Wolgaster Teilherzogtum, falls die dortige Linie aussterben sollte. Weiterhin billigte Karl IV. die vorgesehenen Regelungen der Besitzverhältnisse von Barnims III. Gemahlin in deren etwaigem Witwenstand. Über diese Rechtsakte stellte Karl IV. am 12. Juni in Znaim drei Urkunden in lateinischer Sprache und – diesen jeweils entsprechend – drei Urkunden in deutscher Sprache aus. In einer siebenten Urkunde vom selben Tag belehnte der König Barnim III. und die Herzöge Bogislaw V., Barnim IV. und Wartislaw V. von Pommern-Wolgast mit dem Herzogtum Pommern, dem Fürstentum Rügen und den Pertinenzien des Amtes des Reichsjägermeisters zur gesamten Hand. Obendrein stellte Karl IV. sehr wahrscheinlich eine Urkunde über das der Wolgaster Linie zustehende Erbfolgerecht für Pommern-Stettin aus. Beide letztgenannten königlichen Aussagen – die Gesamtbelehnung und das Wolgaster Erbfolgerecht – waren infolge der Abwesenheit der Wolgaster Herzöge nur Zusicherungen des Königs, die zu ihrer Rechtsgültigkeit der Gegenleistung der Wolgaster Herzöge bedurften. Diese erfolgte im Oktober 1348, als jene in Stettin in Gegenwart Bischof Johanns von Cammin Barnim III. den Treueid auf Karl IV. leisteten und auch eine persönliche Huldigung des Königs versprachen.
Gegenüber den Regelungen von 1338 bedeuteten die Vorgänge von Znaim den – wenn auch nur stillschweigenden – Wegfall der brandenburgischen Eventualsukzession im

Teilherzogtum Pommern-Stettin, die Ausweitung der Reichsunmittelbarkeit auch auf das Teilherzogtum Pommern-Wolgast und die Anerkennung seiner Herzöge als Reichsfürsten, die Wiederherstellung des rechtlichen Zusammenhalts der beiden Teile des Herzogtums Pommern mit dem gegenseitigen Erbfolgerecht der beiden Linien des Greifenhauses und schließlich die Bestätigung der Zugehörigkeit des Fürstentums Rügen zu Pommern und zum Reich. Der Dokumentation zumindest des Anspruchs des Reiches auf Rügen diente vermutlich die Verleihung des sonst nicht bekannten Amtes des Reichsjägermeisters, als dessen Zubehör das festländische Rügen angegeben wurde. Die Gründe des Entgegenkommens Karls IV. gegenüber den Pommernfürsten lagen in seiner Absicht, die Wittelsbacher, deren Herrschaft über die Mark Brandenburg noch ungebrochen war, einzukreisen; deshalb erhielten auch die mecklenburgischen Landesherren Albrecht II. und Johann im selben Jahr wie die Pommern von Karl IV. die Reichsfürstenwürde. Die Verleihung der Rechte an das Greifengeschlecht fiel Karl IV. um so leichter, als ein wichtiger Teil von ihnen zu Lasten der Wittelsbacher ging, ihn selber aber weniger berührte. Die Einbeziehung der Wolgaster Linie des Greifengeschlechts in die königliche Politik gegen die Wittelsbacher wirkte sich auf Pommern auch insofern günstig aus, als sie die Entwicklung der sich politisch voneinander entfernenden beiden Teilherzogtümer behinderte und zum Abbau der Gegensätze und Spannungen zwischen der Stettiner und Wolgaster Linie beitrug.

Herzogshaus und Stralsund auf dem Höhepunkt ihrer Macht

Die kriegerischen Verwicklungen, in die die Pommernherzöge im Gefolge des Auftretens des falschen Waldemar, eines angeblichen brandenburgischen Markgrafen, im Jahre 1348 gerieten, führten 1354 zum Gewinn eines uckermärkischen Gebietsstreifens mit Brüssow, Gramzow, Angermünde und Schwedt für Barnim III. und zur Huldigung Pasewalks an die Wolgaster Herzöge. Diese standen aber seit 1340 insbesondere zu den mecklenburgischen Nachbarn in schlechten Beziehungen, da sie die Herrschaft über die an die Mecklenburger verpfändeten Städte und Länder Barth, Grimmen und Tribsees mangels des Lösegelds nicht antreten konnten. Der wolgastisch-mecklenburgische Streit um diese zum ehemals festländischen Rügen gehörenden Gebiete mündete 1351 in einen Krieg. In der Schlacht bei Loitz besiegten die Pommern-Wolgaster die Mecklenburger, und der Friede von Stralsund von 1354 schlug die bislang umstrittenen Territorien und Städte endgültig dem pommerschen Teilherzogtum zu.

Das Verhältnis zwischen Staat und Kirche in Pommern erfuhr in jener Zeit eine grundlegende Veränderung. Herzog Bogislaw V. von Pommern-Wolgast setzte im Juni 1356 den Abschluß eines Vertrages mit Bischof Johann I. von Cammin, aus dem Herzogshaus Sachsen-Lauenburg stammend, durch, der die Beziehungen zwischen Herzog und Bischof neu gestaltete. Bischof Johann I. und sein Kapitel mußten auf das dem Bistum seit eindreiviertel Jahrhunderten zustehende Recht, Bischof und Prälaten frei zu wählen, verzichten; ebensowenig durfte von nun an ein von fremder Seite für Cammin bestimmter Bischof oder Prälat ohne herzogliche Zustimmung akzeptiert

Reliefbüste Elisabeths von Pommern, der Gemahlin Kaiser Karls IV., von Peter Parler auf der Triforiumsgalerie des Prager Doms (um 1375)

werden. Durch die Übernahme der Schutzherrschaft des Herzogs über Bischof, Kapitel und Kirche wurde die bereits erlangte Unabhängigkeit des Camminer Bistums von der herzoglichen Macht beseitigt.

Auf dem Wawel, der polnischen Königsburg in Krakau, wurde im Frühjahr 1363 eine glanzvolle Hochzeit gefeiert. Der Bräutigam war der 47jährige, bereits dreimal verwitwete Kaiser Karl IV., die Braut die junge, wahrscheinlich 16 Jahre alte pommersche Herzogstochter Elisabeth, die Tochter Herzog Bogislaws V. von Pommern-Wolgast und dessen Gemahlin Elisabeth, einer Tochter des polnischen Königs Kasimir III. Nach dem Tode ihrer Mutter war sie zur weiteren Erziehung zu ihrem Großvater an den polnischen Königshof geschickt worden. Die Heirat mit Elisabeth gehörte zu Karls IV. politischem Kalkül. Mit Elisabeth ehelichte Kaiser Karl zwar vorrangig die Enkelin des polnischen Königs, den er auf diese Art aus dem Lager seiner Gegner herausführte, aber doch auch die Tochter eines von ihm selber zum Reichsfürsten erhobenen pommerschen Herzogs, von dem er in seinem Kampf gegen die Wittelsbacher in der Mark Brandenburg Hilfe erwarten durfte.

Für die pommersche Fürstentochter bedeutete die Eheschließung mit Karl IV. die Verbindung nicht nur mit dem zu dieser Zeit politisch bei weitem mächtigsten deutschen Territorialherrn, überhaupt mit einem der bedeutendsten deutschen Herrscher des Spätmittelalters, sondern auch mit der höchsten weltlichen Autorität des Abendlandes. Auf dem zweiten Italienzug Karls IV. wurde Elisabeth, die sehr bald nach ihrer Übersiedlung nach Prag 1363 zur Königin von Böhmen erhoben worden war, am 1. November 1368 von Papst Urban V. in Rom zur Kaiserin gekrönt. Die dort verwendete Krone ist mit ziemlicher Sicherheit die sich in der Schatzkammer der Münchener Residenz befindende, wohl zu Elisabeths Krönung angefertigte »böhmische« oder »pfälzische« Frauenkrone. Mit der Kaiserkrönung hatte Elisabeth, von der eine um 1375 geschaffene Reliefbüste von Peter Parler existiert, die höchste Würde erlangt, die überhaupt in ihrem Kulturkreis zu vergeben war. Sie ist der einzige Sproß des pommerschen Herzogshauses, der den Aufstieg in diesen höchsten Status der ständischen Hierarchie vollziehen konnte.

Aus Elisabeths Ehe mit Karl IV. gingen vier Söhne, von denen zwei sehr früh starben, und zwei Töchter hervor: Anna, 1366 geboren, wurde 1382 mit König Richard II. von England vermählt, Sigismund, 1368 geboren, war der spätere Kaiser und deutsche König, seine Linie verband sich mit den Habsburgern. Elisabeth verstarb 1393.

Bereits für die zweite Hälfte des 13. Jahrhunderts sind Handelsbeziehungen des pommerschen Kaufmanns im gesamten Ostseeraum und darüber hinaus nachweisbar. In erster Linie sind hier die Kaufleute aus Stralsund, Greifswald und Stettin zu nennen. Diese und etliche andere pommersche Städte gehörten zu dem »wendischen« Quartier der Hanse, nachdem sich diese aus einer Gemeinschaft deutscher Kaufleute an fremden Handelsplätzen zu einem Bund von ausländischen Fürsten privilegierter deutscher Städte entwickelt hatte.

Der dänische König Waldemar IV. Atterdag konnte infolge weitgehender Auflösung des dänischen Reiches und des bereits lange währenden Niedergangs der dänischen Macht 1340 nur eine schwache Herrschaft antreten und setzte deswegen zunächst die bisherige Politik eines guten Einvernehmens mit den Hansestädten fort. Es gelang Waldemar IV. jedoch in den ersten zwei Jahrzehnten seiner Herrschaft, ein starkes dänisches Reich wiederherzustellen. Als er 1360 das jahrhundertelang zu Dänemark gehörende, aber damals an Schweden verkaufte Schonen zusammen mit den Nachbarlandschaften Bleckinge und Halland zurückgewonnen und damit die bedeutenden Handelsplätze Falsterbo und Skanoer im äußersten Südwesten Schonens in seine Hand gebracht hatte, änderte er seine Politik gegenüber der Hanse. Sein Ziel war es jetzt, den hansischen Kaufmann durch Versagung der Privilegienbestätigung vom wichtigen

Stralsund, Südseite des Alten Marktes: Nikolaikirche, ältestes und bedeutendstes Gotteshaus der Stadt, und Rathaus mit seiner nach 1370 erbauten repräsentativen Schaufassade

Schonen-Handel zu verdrängen oder seine Geschäfte weitgehend einzuschränken. Nur durch die Zahlung des hohen Betrages von 4000 Mark gelang es den wendischen Hansestädten, den Dänenkönig zur Bestätigung ihrer alten Rechte auf Schonen zu bewegen. Doch dieser setzte seine gleichermaßen gegen Schweden und die Hanse gerichtete Politik 1361 mit der Eroberung Gotlands und damit der für den West-Ost-Handel fast unentbehrlichen Hansestadt Visby fort. Die aufsehenerregende Kriegstat Waldemar Atterdags führte im September 1361 zu einem Kriegsbündnis zwischen den wendischen Hansestädten, zu denen außer Stralsund, Greifswald und Stettin auch Anklam und Kolberg zählten, und den Königen von Schweden und Norwegen. Die

Flotte der Hanse erlitt im Juli 1362 vor Helsingborg durch Waldemar Atterdag eine schwere Niederlage, so daß für mehrere Jahre die Waffen ruhten und man eine Lösung der Probleme am Verhandlungstisch suchte, wofür sich auch die pommerschen Herzöge und der Bischof von Cammin einsetzten.

Die am 19. November 1367 vollzogene Kölner Konföderation der wichtigeren Hansestädte aus allen Quartieren zwischen Livland und dem Niederrhein bedeutete jedoch die Wiederaufnahme der Kriegshandlungen zwischen der Hanse und dem dänischen Königreich. Als einzige pommersche Stadt war Stralsund auf dem Kölner Hansetag vertreten. Die Stadt am Strelasund ist als das nach Lübeck damals wichtigste und bedeutendste Mitglied der Hanse anzusehen, deren Bundesversammlung, auch Hansetag genannt, seit 1362 allein elfmal in Stralsund tagte. Seit 1364 leitete Bürgermeister Bertram Wulflam die Geschicke der Stadt; er gehörte zu den einflußreichsten Männern der Hanse. Nach der Kölner Konföderation konnte Stralsund von den pommerschen Städten nur Stettin, Stargard und Kolberg als Teilnehmer des neuen Waffengangs mit Dänemark gewinnen.

Diesmal war das Kriegsglück auf seiten der Hanse. Sie eroberte Kopenhagen, zerstörte das dortige königliche Schloß und nahm Helsingör und andere Burgen ein. Der mit der Hanse verbündete Schwedenkönig besetzte mit Ausnahme Helsingborgs das wichtige Schonen. Nach dem Fall Helsingborgs baten dänische Abgesandte auf dem Hansetag, der wiederum in Stralsund stattfand, um Frieden. Die sich anschließenden Verhandlungen führten zum Stralsunder Frieden, dessen beide Urkunden am 24. Mai 1370 von den dänischen Emissären und den Repräsentanten von 23 Städten, unter ihnen die von Greifswald, Kolberg, Stargard, Stettin und natürlich Stralsund, im dortigen Rathaus besiegelt wurden.

Im Friedensvertrag räumte Dänemark den Hansestädten wieder die alten Vorrechte im ganzen Land ein, also insbesondere in Schonen. Die schonischen Sundschlösser Helsingborg, Malmö, Skanör und Falsterbo sowie Warberg in Halland mußten für 15 Jahre der Hanse übergeben werden, die für diese Plätze den Stralsunder Bürger Wulf Wulflam als Vogt einsetzte. Schließlich mußten die Dänen der Hanse ein entscheidendes Mitspracherecht bei jedem Thronwechsel in ihrem Lande zuerkennen, das allerdings nie angewandt wurde. Der Friede von Stralsund stellt den Höhepunkt der hansischen Macht und gleichzeitig eines der wichtigsten Ereignisse in der Geschichte Stralsunds dar. Die Beteiligung des hansischen Kaufmanns am Schonenhandel bis zu dessen Niedergang am Ende des 15. Jahrhunderts war jetzt gesichert. Die Hansestädte bestimmten nun auch in Pommern die Grundzüge der Politik mit, denn sie waren Zentren der Macht und damit auch Entscheidungsträger geworden. Den Krieg gegen den dänischen König und sein Reich hatten die Hansestädte geführt, nicht die pommerschen Herzöge. Kriegführung und Friedensschluß offenbarten für Pommern eine Machtverlagerung zugunsten der Hansestädte.

Das vielgeteilte Land

Zum Rückgang der herzoglichen Macht in Pommern trug auch die gleichzeitig einsetzende dynastische Zersplitterung bei. Als erster der drei regierenden herzoglichen Brüder der Wolgaster Linie starb im August 1365 Barnim IV. Seine beiden Söhne, Wartislaw VI. und Bogislaw VI., forderten sogleich von ihren Onkeln die Beteiligung an der Herrschaft. In diesem Streit, der sich bis zu kriegerischen Auseinandersetzungen steigerte, griffen auch mecklenburgische Fürsten ein. Erst 1372 wurde eine Lösung gefunden. Der Stargarder Vertrag spaltete das Teilherzogtum Wolgast in einen West- und einen Ostteil. Letzterer umfaßte die Insel Wollin, das westliche Hinterpommern zwischen Stepenitz und Kreiher-Bach, bis zur Neumark sich erstreckend, weiterhin ein Gebiet beiderseits der mittleren und oberen Persante mit Südost-Ausdehnung über Neustettin hinaus und schließlich das östliche Hinterpommern zwischen Grabow und Leba. Den Westteil bildeten die Inseln Usedom und Rügen sowie das festländische Vorpommern zwischen Peene und Darßer und Zingster Ostseeküste. Die Swine fungierte also als Grenze zwischen beiden Teilherrschaften, so daß die östliche Region auch als Land »jenseits der Swine« benannt wurde, wenn man nicht die Bezeichnung Herzogtum Pommern oder – unter Berücksichtigung des ostpommerschen Hauptortes – Herzogtum Stolp wählte. Dieses Herzogtum übernahm Bogislaw V., wobei anzunehmen ist, daß er hier auch schon vor der Teilung den Schwerpunkt seiner Regierungstätigkeit ausübte. Die jungen Herzöge Wartislaw VI. und Bogislaw VI. erhielten den Westteil des Wolgaster Teilherzogtums. Ein Distrikt um Pasewalk und Torgelow blieb gemeinsamer Herrschaftsbereich der Herzöge der Wolgaster Linie. Herzog Wartislaw V., der nachgeborene Bruder Bogislaws V., ging bei der Teilung leer aus. Er ist wahrscheinlich mit Grundbesitz, den man im Lande Neustettin vermutet, abgefunden worden.

Im Stettiner Teilherzogtum kam es nach dem Tode Barnims III. am 24. August 1368 unter seinen Söhnen, Kasimir III., Swantibor I. und Bogislaw VII., überraschenderweise nicht zur Landesteilung. Die drei jungen Fürsten hatten gleich nach Regierungsantritt einen kriegerischen Angriff des Markgrafen von Brandenburg zu bestehen, der ihnen die Uckermark entreißen wollte. Der brandenburgisch-pommersche Krieg verwüstete weite Teile der Ucker- und der Neumark und dauerte, unterbrochen von Perioden der Waffenruhe, bis zum November 1372. Die Uckermark blieb schließlich bei Pommern. Jeden territorialen Verlust vermieden zu haben, verdankten die Stettiner Herzöge wahrscheinlich dem Kaiser, der einen Vertragsbruch des Markgrafen ihm gegenüber mit zwei Feldzügen ahndete. An deren Ende stand der Fürstenwalder Vertrag vom 18. August 1373, in dem Markgraf Otto die Mark Brandenburg an Karl IV. abtrat – allerdings gegen eine Entschädigung in der außerordentlichen Höhe von 200 000 Goldgulden.

In Vorausahnung dieses kaiserlichen politischen Erfolges und in der Befürchtung, Kaiser Karl würde als brandenburgischer Markgraf wie alle seine Vorgänger in dieser Position die reichsunmittelbare Stellung der Pommernherzöge bekämpfen, hatten die Stettiner und Wolgaster Herzöge bereits am 29. Oktober 1372 ein Bündnis abgeschlossen, dem sich ein halbes Jahr später der Stolper Herzog Bogislaw V. auf einer

Zusammenkunft der pommerschen Herzöge in Kaseburg anschloß. In dieser elementaren, die mittelalterliche Geschichte Pommerns wie ein roter Faden durchziehenden Frage des Verhältnisses zwischen Pommern und dem Reich waren sich also alle Pommernherzöge einig und konnten sich hierin unter Zurückstellung aller sonstigen Interessenverschiedenheiten und -gegensätze sogar auch zu einheitlichem Vorgehen entschließen. Sie waren sich der Notwendigkeit bewußt, daß nur ein Zusammenstehen aller Linien ihres Hauses und die Bündelung ihrer schwachen militärischen Kräfte ihnen eine Möglichkeit der Abwehr etwaiger alter Ansprüche zu gewähren vermochten. Denn wie gering die Macht der Fürsten war, ersieht man nicht nur daran, daß die größeren Städte ihre eigene Politik trieben, sondern auch an der herrschenden Unsicherheit im Lande. Wegelagerer, darunter auch Adlige, und andere Gewalttäter bestimmten außerhalb der durch ihre Mauern und Tore geschützten Städte das Bild. Die pommerschen Herzöge waren in jenen Jahrzehnten nicht in der Lage, ihre landesherrliche Aufgabe zu erfüllen, das Recht zu wahren.

Die aus dem politischen Selbsterhaltungswillen geborene Koalition aller pommerschen Herzöge gegen Karl IV. hatte entweder bis zur Zeit nach dem Fürstenwalder Vertrag ihren Sinn bereits erfüllt oder war überflüssig gewesen, denn die reichsfürstliche Stellung der Herzöge wurde nicht angetastet. Vielmehr beteiligte Karl den jungen Stettiner Herzog Swantibor I. zuweilen an Rechtsgeschäften und setzte ihn oft als königlichen Hofrichter ein. Im Mai 1374 erzielte Karl IV. in Prenzlau sogar den Abschluß eines Landfriedens auf drei Jahre zwischen ihm, seinen Söhnen als den neuen Markgrafen von Brandenburg, den mecklenburgischen und pommerschen Herzögen, den Herren von Werle und dem Bischof von Cammin. In politischer Hinsicht bedeutete der Prenzlauer Landfrieden die Besiegelung des Erwerbs der Mark Brandenburg durch Karl IV., in friedensrechtlicher Hinsicht das allerdings einzige spätmittelalterliche Geltendmachen der königlichen Friedenshoheit. Seine Politik der Landfriedenseinung führte Karl IV. 1377 schließlich sogar nach Pommern. Dieser Aufenthalt Karls IV. war das einzige Mal, daß sich ein römischer Kaiser in das Herzogtum Pommern begab. Nicht zuletzt diese Tatsache zeigt an, daß Pommern nicht gerade im Mittelpunkt der deutschen Politik stand.

Gleichzeitig verringerte sich die herzogliche Macht in Pommern weiter; Wartislaw VI. und Bogislaw VI. von Pommern-Wolgast, die bereits 1372 im Stargarder Vertrag die Teilung in ihr Herzogtum und das von Pommern-Stolp durchgesetzt hatten, vertrugen sich nicht und teilten deswegen im Dezember 1376 ihren Herrschaftsanteil. Wartislaw, der ältere Bruder, erhielt Rügen und den nordwestlichen Teil Vorpommerns bis zur Peene einschließlich von Loitz und bis zu den Weichbildern von Gützkow und Greifswald. Dieser Herrschaftsbereich wurde nach der Residenzstadt Barth benannt. Bogislaw gebot über das kleine Gebiet westlich und nördlich der Peene mit den Städten Greifswald, Wolgast, Lassan und der Grafschaft Gützkow, einem in den Jahren zuvor an die Herzöge heimgefallenen Lehen, sowie über die Insel Usedom. Als Pfandbesitz gehörte Bogislaw VI. das Pasewalk-Torgelower Gebiet, und zwar sicher in seinem gesamten Umfang, da die Stolper Linie ihren dortigen Anteil an ihn veräußert hatte und man nichts von irgendwelchen Rechten Wartislaws VI. erfährt. Bogislaws VI. Landesteil trug – ebenfalls nach seiner Residenz – die alte Bezeichnung Pommern-Wolgast, obwohl man ein Jahrzehnt zuvor darunter noch ein um ein Mehrfaches größeres Gebiet verstanden hatte.

Ebenso wie die herzogliche Macht war in jenen Jahrzehnten die Herrschaft des Camminer Bischofs von wenig gestalterischer Kraft. Zahllose Streitigkeiten, Fehden, Gewalttaten gab es sowohl in den Camminer Stiftslanden als auch im kirchlichen Bereich auf pommerschem Boden, gehörte er nun zum Camminer Bistum oder wie der westliche Teil Vorpommerns zum Schweriner Bistum. Oft genug schlossen sich die Camminer Bischöfe herzoglichen Landfriedensbündnissen und entsprechenden Bemühungen Kaiser Karls IV. an. Die bischöfliche Verschuldung war erschreckend hoch, und sie nahm zu. Die ständige Geldnot des nicht besonders reich ausgestatteten Camminer Bistums war gewiß eine der Hauptursachen der unerfreulichen Zustände. Zum anderen trug Herzog Bogislaw VIII., dritter Sohn Herzog Bogislaws V. und Angehöriger des geistlichen Standes, viel Streit und Gewalt in das Bistum Cammin. 1385 zwar ordnungsgemäß zum Bischof von Cammin gewählt, aber keinen Widerstand gegen die päpstliche Erhebung des königlichen Kanzlers zum Camminer Bischof leistend, ließ sich Bogislaw VIII. für die weltlichen Angelegenheiten der Stiftslande am 24. August 1387 vom Camminer Domkapitel zum Schirmvogt wählen. Da der Camminer Bischof nur für kurze Zeit in sein Bistum kam, blieb Bogislaws VIII. Stellung bis zum Amtsantritt eines neuen Bischofs im Jahre 1394 unangetastet. Danach zog sich der Herzog von der weltlichen Leitung des Stifts zurück, gab aber einige von ihm eingelöste bischöfliche Schlösser nicht heraus. Der Kampf zwischen Bistum und Bogislaw VIII., der aus dem geistlichen Stand austrat und eine Familie gründete, wurde mit scharfen Maßnahmen des Kirchenrechts und militärischen Mitteln geführt. Im Februar 1418 starb Bogislaw, aber seine Familie setzte den Streit fort.

Unter den Persönlichkeiten, die von 1385 bis zur Beendigung des abendländischen Schismas auf dem Konstanzer Konzil das Camminer Bischofsamt innehatten und von denen keiner aus Pommern stammte, herrschte im allgemeinen wegen der von Gewalt und Unrecht geprägten Verhältnisse in der pommerschen Kirche keine Freude an diesem Amt: Man wartete lange mit dem Antritt der Reise nach Pommern, ließ sich vielfach vertreten, strebte aus dem Amt fort. Tiefpunkte des kirchlichen Lebens waren die Ermordung des zum Camminer Bischof gewählten Propstes Willekini 1385, die Hinrichtung eines betrügerischen Priesters in Pasewalk 1367 und ganz besonders der aufsehenerregende Stralsunder »Pfaffenbrand« des Jahres 1407. Dort hatte der zuständige Archidiakon Konrad Bonow zusammen mit Adligen die Stadt wegen angeblich zu geringer Abgaben überfallen, geplündert und gebrandschatzt, und als Rache hatten die Stralsunder Bürger drei ihrer Geistlichen unter der Beschuldigung, daß diese die Gewalttat billigten, ins Feuer geworfen. Symptomatisch für die Zeit war, daß den Stralsundern zwar vielerlei Strafen auferlegt wurden, der Archidiakon aber nicht nur nicht belangt wurde, sondern sogar Generalvikar des Bistums Cammin und einflußreicher Berater der Wolgaster Linie des Herzogshauses wurde. So nimmt es nicht wunder, daß die Waldenser auch im Bistum Cammin Anhänger gewannen. Trotz inquisitorischer Maßnahmen im letzten Jahrzehnt des 14. Jahrhunderts konnten die Spuren der ketzerischen Ansichten nicht völlig beseitigt werden.

In die Niederungen der Geschichte Pommerns und insbesondere seines verzweigten

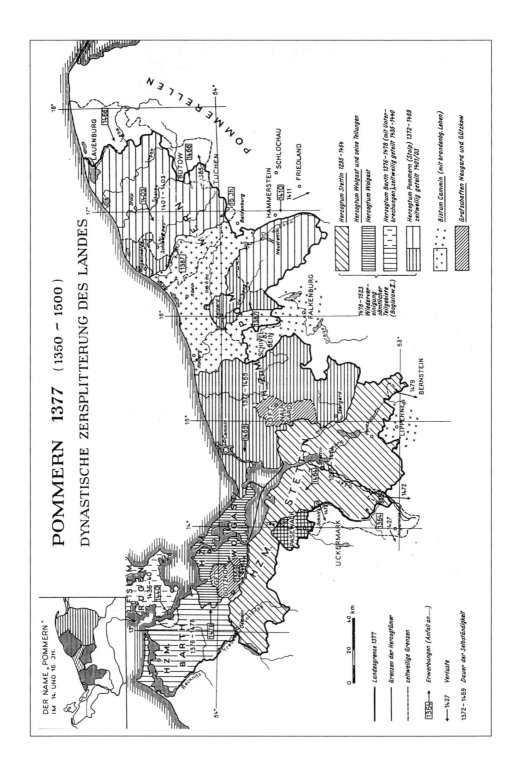

Herrscherhauses im letzten Viertel des 14. Jahrhunderts fiel nur in einer Hinsicht ein Hoffnungsstrahl. Es lebte noch die erste aus Pommern stammende Persönlichkeit von Rang, Kaiserin Elisabeth, als sich ihrem Halbneffen Bogislaw, dem Sohn ihres Halbbruders Herzog Wartislaw VII. von Pommern-Stolp, die Aussicht eröffnete, ein wichtiger Mitgestalter der europäischen Geschichte zu werden. Königin Margarete I. von Dänemark und Norwegen setzte es nach dem frühen Tode ihres Sohnes Olaf, des einzigen Kindes, 1388 durch, daß ihr Großneffe Bogislaw von Pommern-Stolp ihre Nachfolge antreten sollte. Bogislaw war über seine Mutter mit Königin Margarete I. verwandt und ein Urenkel des 1375 verstorbenen Königs Waldemar IV. von Dänemark. Der erst sechsjährige pommersche Fürstensohn wurde bald nach diesen Entscheidungen an den Hof seiner Großtante geholt und erhielt anstelle seines Geburtsnamens den Namen Erich, unter dem er einige Jahre später zum Nachfolger Margaretes auch in Schweden, das diese 1389 für sich gewonnen hatte, bestellt wurde. 1397 wurde Erich in Kalmar als erster Unionskönig von Dänemark, Norwegen und Schweden gekrönt, während Margarete I., die die Kalmarer Union betrieben hatte, die Herrschaft in den drei skandinavischen Reichen weiter bis zu ihrem Tode im Oktober 1412 ausübte.

Das letzte Jahrzehnt des 14. Jahrhunderts war auf der Ostsee durch das Auftreten der Vitalienbrüder geprägt. Sie legten den Handel fast völlig lahm und waren jahrelang der Schrecken der Ostsee. Eine wesentliche Voraussetzung ihres unheilvollen Wirkens war der Schutz, den pommersche Herzöge, die sich sogar an der Piraterie – hier ist insbesondere Herzog Barnim VI. von Pommern-Barth zu nennen – beteiligten, ihnen in Schlupfwinkeln an der Küste gewährten. Erst das energische Vorgehen des Deutschen Ordens, Königin Margaretes I. und der Hansestädte außerhalb Pommerns beendete die Seeräuberei.

Die beiden östlichen bzw. südöstlichen Nachbarn des Herzogtums Pommern-Stolp waren der Ordensstaat und das polnische Königreich. Die Beziehungen der hinterpommerschen Linie des Greifengeschlechts zu beiden Mächten bedingten einander, da diese sich feindlich gegenüberstanden. Die polnischen Anstrengungen, zu verhindern, daß die hinterpommerschen Herzöge ihr Erbe, das Herzogtum Dobrzyn, antreten konnten, bewirkten 1380 und 1384 eine hinterpommersch-ordensstaatliche Vertragspolitik. Wenige Monate nach der Krönung des litauischen Fürsten Wladislaw Jagiello zum König von Polen im Jahre 1386 schlossen der Orden und Wartislaw VII. sowie dessen Bruder Bogislaw VIII. in Lauenburg ein Verteidigungsbündnis. Der Orden zahlte seinen Vertragspartnern 10 000 Mark und versprach ihnen Territorialgewinn im Falle des Krieges mit Polen. Im April 1388 schloß der Orden ein ähnliches Bündnis mit Swantibor I. und Bogislaw VII., den beiden Herzögen von Pommern-Stettin. Auch hier zahlte der Orden viel Geld. Das Geschlecht der Wedel, das 1384 bereits Land, Stadt und Schloß Schivelbein an den Orden verkauft hatte, verdingte sich dem Orden im Oktober 1388 auf 15 Jahre mit 100 Rittern, 100 Schützen und 400 Pferden gegen einen Jahressold von 18 000 preußische Mark, auch andere pommersche Adelshäuser gingen ein Dienstverhältnis mit dem Orden ein.

Da trat am 13. Dezember 1388 ein weithin beachtetes Ereignis ein, das die Wende in den pommersch-ordensstaatlichen Beziehungen darstellt und den Pommernherzögen zumindest einen zweifelhaften Ruf eintrug: An jenem Tage wurde auf dem Weg von Zanow nach Schlawe Herzog Wilhelm von Geldern, der auf der Reise in den Ordensstaat war, von einem pommerschen Landvogt, offensichtlich vom polnischen König angestiftet, überfallen und gefangengesetzt. Der Orden schickte ein Heer zur Befreiung. Die Pommernherzöge verhehlten nicht ihre Verstimmung über diesen militärischen Eingriff, wandten sich von der ordensfreundlichen Politik ab und stellten zu Polen gute Beziehungen her.

Ein Höhepunkt dieser pommersch-polnischen Verbindung war der Lehnseid, den Wartislaw VII. von Pommern-Stolp dem polnischen König Ende 1390 leistete, und sein Hilfeversprechen gegen den Orden. Auch Herzog Swantibor I. von Pommern-Stettin, der mit dem Orden wegen dessen Widerstandes gegen die Einsetzung seines zum Erzbischof von Riga gewählten Sohnes Otto in heftigem Streit lag, wandte sich Polen zu und schloß mit diesem 1395 ein Bündnis. 1396 besuchte er Krakau und erteilte der polnischen Hauptstadt gegen ein Darlehen Handelsprivilegien. Der Erwerb des Landes Dramburg im Jahre 1400 und der gesamten Neumark zwei Jahre später durch den Orden verstärkte bei allen Pommernherzögen das Gefühl der Bedrohung durch diesen Nachbarn. So verpflichtete sich 1401 auch Herzog Barnim V. von Pommern-Stolp dem polnischen König. Bogislaw VIII. intensivierte seine guten Beziehungen zu Polen, ließ sich sogar in das Hofgesinde des polnischen Königs aufnehmen, führte andererseits aber ebenso Verhandlungen mit dem Orden. Diese mündeten am 20. August 1409 in Neustettin gegen Zahlung einer beträchtlichen Geldsumme in das Versprechen, den Orden gegen Polen zu unterstützen und keine Sonderverhandlungen mit dem Polenkönig zu führen. Herzog Bogislaw hielt sein Versprechen nicht. Auch Herzog Wartislaw VIII. von Pommern-Wolgast hatte vom Orden viel Geld genommen, kam aber seinen Verpflichtungen nicht nach. Lediglich Herzog Swantibor I. von Stettin, der sich im Gegensatz zu den anderen pommerschen Herzögen 1403 vom Hochmeister Konrad von Jungingen für den Orden gewinnen ließ, erfüllte seine neuen Bündnispflichten, indem er Kasimir V., seinen jüngsten Sohn, mit einem Heer von 600 Rittern dem Orden zur Hilfe sandte. Herzog Kasimir nahm an der Schlacht von Tannenberg teil und geriet in die Gefangenschaft der siegreichen Polen, aus der er gegen Zahlung eines Lösegeldes durch den Orden erst am 8. Juni 1411, also vier Monate nach dem Thorner Frieden, entlassen wurde. Bogislaw VIII. mußte erfahren, daß sich sein Vertragsbruch gegenüber dem Orden nicht ausgezahlt hatte. Er war zwar vom polnischen König in den Thorner Friedensvertrag aufgenommen worden, ging aber leer aus.

Von 1411 bis 1472

König Sigismund setzte im Jahre 1411 Burggraf Friedrich VI. von Nürnberg in das erbliche Amt des »Verwesers und Hauptmanns« der Mark Brandenburg ein und traf damit eine Entscheidung, die sich für Pommern und Deutschland bis in das 20. Jahrhundert auswirkte. Mit den Stettiner Herzögen hatte der Hohenzoller sogleich einen Waffengang zu bestehen, der erst in den Jahren 1415 und 1416 endete und in dessen Verlauf die Reichsacht über die Stettiner Herzöge verhängt worden war. Die Wolgaster Herzöge stellten dagegen mit dem brandenburgischen Markgrafen gute Beziehungen her, die im November 1413 in einem Bündnis und in einer pommersch-brandenburgischen Verlobung gipfelten. Das unterschiedlich ausgebildete Verhältnis des brandenburgischen Markgrafen, der 1415 mit allen Rechten der brandenburgischen Markgrafschaft ausgestattet – somit Kurfürst – und am 18. April 1417 in Konstanz belehnt wurde, zu der Stettiner und der Wolgaster Linie des pommerschen Herzogshauses dürfte zum Wiederaufleben der brandenburgischen Ansprüche auf die Lehnsherrschaft über Pommern-Stettin auf dem Konzil zu Konstanz geführt haben.

Auf ihm versammelten sich in den Jahren von 1414 bis 1418 29 Kardinäle, ungefähr 300 Bischöfe und Prälaten, 200 bis 300 Doktoren der Theologie und des kanonischen Rechts sowie 600 bis 700 Fürsten und Gesandte, Vertreter von Städten, Grafen und Herren aus ganz Europa. Unter der Leitung König Sigismunds gelang es der Kirchenversammlung, das Schisma der abendländischen Kirche mit der Wahl eines neuen Papstes – Martin V. – im November 1417 endgültig aufzuheben. Außerdem befaßte sich das Konstanzer Konzil mit den Lehren von Johannes Hus, der als Ketzer angesehen wurde und den Tod auf dem Scheiterhaufen erleiden sollte, sowie der inneren Reform der Kirche. Der letztgenannte Komplex wurde nur in Teilbereichen einer Lösung zugeführt. Allerdings war die in Konstanz vorgenommene Begrenzung des päpstlichen Stellenbesetzungs- und des Besteuerungsrechts gerade für die deutsche Kirche von Bedeutung.

Mit seinen Beschlüssen über die Wiedererrichtung der Kircheneinheit und einige Reformforderungen wirkte sich das Konstanzer Konzil natürlich auch auf die pommersche Kirche aus. Mehrere Akte auf und während des Konstanzer Konzils galten unmittelbar Pommern oder standen mit seiner weiteren Entwicklung in engem Zusammenhang. Am 26. Mai 1417 belehnte Sigismund Bischof Magnus von Cammin mit dem Stiftsland, womit der Camminer Oberhirte vom pommerschen Herzogshaus unabhängig wurde und eine reichsunmittelbare Stellung erlangte. Das Bistum Cammin war infolgedessen seit 1422 in der Reichsmatrikel verzeichnet. Am selben Tag wie der Camminer Bischof wurde Wartislaw IX. von Wolgast von Sigismund mit seinem Land belehnt. Wenige Tage später – am 31. Mai 1417 – wurde für Wartislaw IX., seinen Bruder Barnim VII. und seine noch im Kindesalter stehenden Vettern Barnim VIII. und Swantibor II. der Lehnsbrief ausgestellt. Auch das Lehnsverhältnis zwischen König Sigismund und den Stettiner Herzögen Otto II. und Kasimir V. fand am 31. Mai 1417 seinen schriftlichen Niederschlag. Diese Lehnsurkunde erwähnt jedoch eine brandenburgische Lehnsherrschaft über das Stettiner Herzogtum, was an und für sich widersprüchlich ist und angesichts der Erhebung der Pommernherzöge in den Reichsfürstenstand im Jahre 1348 ebenso wie die von Sigismund vollzogene Rangerhöhung des Camminer Bischofs überraschte.

Zur Sicherung ihrer Interessen sahen sich die Stettiner Herzöge nach Bundesgenossen um. Am 21. November 1418 verbündeten sie sich in Ueckermünde mit den Wolgaster Herzögen, womit die gefährliche Spaltung des pommerschen Herzogshauses aufgehoben war. Verschiedene mecklenburgische Fürsten traten den Stettiner Herzögen zur Seite, ebenso der König von Polen und Erich I., der seit 1412 die Königreiche von

Dänemark, Norwegen und Schweden regierte. Prompt brach im Frühjahr 1419 zwischen den Herzögen von Stettin und dem Kurfürsten von Brandenburg Krieg aus, in den mancher Feind Brandenburgs eingriff und der mit dem Frieden von Eberswalde vom 22. Mai 1427 endete, ohne daß die lehnsrechtliche Streitfrage eine Antwort gefunden hätte. Die Stettiner Position war jedoch am Ende des Krieges günstiger als zu Beginn, denn Kasimir V. war es gelungen, daß König Sigismund ihm 1424 alle Rechte, Besitzungen und Freiheiten bestätigte.

Vorpommern nördlich der Peene, das seit 1405 wieder eine politische Einheit geworden war, erfuhr zu dieser Zeit zwei Teilungen. Ende 1425 zerfiel es in die Herzogtümer Wolgast und Barth. Während über den Wolgaster Teil die Brüder Wartislaw IX. und Barnim VII. herrschten, wurde das Herzogtum Barth Barnim VIII. und Swantibor II., dem anderen herzoglichen Brüderpaar, zugesprochen. Zehn Jahre später teilten die Barther Herzöge ihr Gebiet nochmals, und zwar in Rügen und Stralsund für Swantibor II. und die Herrschaft Barth unter Barnim VIII. Damit hatte die Entwicklung des Herzogtums Pommern den Zustand der am weitesten gehenden Aufsplitterung erreicht. Außer den drei kleinen Herrschaftsbereichen Rügen mit Stralsund, Barth und Wolgast gab es das erheblich größere Herzogtum Stettin, dessen innerpommersche Grenzen sich seit seiner Entstehung 140 Jahre zuvor nicht verändert hatten, das flächenmäßig größte Herzogtum Stolp mit der verhältnismäßig unabhängigen Grafschaft Naugard und das Territorium des Camminer Stifts, das im mittleren Hinterpommern lag und das Herzogtum Stolp in drei Teile spaltete.

Die auf dem Konstanzer Konzil überraschend erlangte formelle Reichsunmittelbarkeit des Camminer Bischofs hatte sich in den folgenden zwei Jahrzehnten verflüchtigt, so daß die Camminer Stiftslande in den dreißiger Jahren des 15. Jahrhunderts wieder voll als Bestandteil des Ducatus Pomeraniae gewertet werden können. Deutlich wird dieser Zustand in dem Vertrag vom 1. Mai 1436 zwischen Herzog Bogislaw IX. von Stolp und Bischof Siegfried von Cammin. Herzog und Bischof legten fest, daß das Domkapitel nur noch aus seinen eigenen Reihen einen neuen Bischof bestimmen könne, dieser aber vom Herzog bestätigt werden müsse. Erst dann könne die päpstliche Bestätigung erfolgen. Auch wer zum Domherrn gewählt wurde, bedurfte von nun an der herzoglichen Billigung. Der Herzog durfte Massow und Arnhausen, die zwischen ihm und dem Bischof umstrittenen Städte und Stiftsschlösser, für 15 Jahre als Pfandbesitz für eine bischöfliche Zahlungsverpflichtung in Höhe von 20 000 Mark behalten. Für bisherige andere Streitfälle sollte ein Schiedsgericht eingesetzt werden. In logischer Konsequenz dieser Einigungen hob Bischof Siegfried den über Herzog Bogislaw IX. verhängten Bann auf.

Der Ausgleich von 1436 zwischen Bischof Siegfried von Cammin und Herzog Bogislaw IX. von Stolp war unter Vermittlung von König Erich I. zustande gekommen. Dieser war formell auch Herzog von Stolp, überließ aber die dortigen Regierungsgeschäfte seinen nächsten pommerschen Verwandten, zunächst seinem Onkel Bogislaw VIII., dann dessen Witwe Sophia und später auch eben jenem Bogislaw IX., dem Sohn Bogislaws VIII. und Sophias. Bogislaw IX. war rund ein Vierteljahrhundert jünger als König Erich und von diesem als sein Thronfolger in den drei Unionsreichen vorgesehen, da seine Ehe kinderlos geblieben war. Doch der dänische Reichsrat lehnte 1436

den Wunsch des Königs ab. Diese schwere politische Niederlage beschleunigte den Sturz des Königs von allen drei nordischen Thronen.
Mit König Erichs I. Verlust seiner skandinavischen Reiche scheiterte die Möglichkeit des Greifenhauses, in einer Linie eine bedeutende Herrschaftsposition in Europa auf Dauer auszubauen. König Erich war kein unfähiger Herrscher. Immerhin hat er länger als zwei Jahrzehnte unangefochten regiert. Seine Politik hinterließ in Dänemarks Geschichte tiefe Spuren, teilweise bis heute erkennbar. Doch insbesondere seine zentralistischen Bestrebungen, die Nichtachtung der Eigenständigkeit der drei nordischen Reiche, waren es, die ihn schließlich scheitern ließen. Er zog sich 1437 auf die Insel Gotland zurück und führte einen jahrelangen Seeräuberkrieg gegen Dänen und Schweden.
Als der unvermählte Herzog Swantibor II. von Rügen starb und infolgedessen sein Herrschaftsbereich, zu dem außer Rügen Stralsund gehörte, 1440 mit dem Barther Herzogtum unter Barnim VIII. wiedervereinigt wurde, war zwar der Höhepunkt dynastischer Zersplitterung in Pommern überschritten, jedoch der innere Zustand verheerend. Rechtlosigkeit und Gewalt bestimmten diese Zeit. Als symptomatisch für das friedlose Geschehen kann man die Geschichte Kolbergs im zweiten Drittel des 15. Jahrhunderts ansehen. Im Jahre 1440 kam es zwischen Bischof Siegfried II. von Cammin und Kolberg, der bedeutendsten Stadt im Camminer Stiftsland, zu heftigen Auseinandersetzungen um Rechte an der Kolberger Saline und andere Angelegenheiten. Da Vermittlungsversuche von Bogislaw IX. als Schutzherrn des Stifts scheiterten, griff man zu militärischen Mitteln. 1455 wurde Frieden geschlossen, der den Landständen im Stiftsgebiet erweiterte Rechte durch Henning Iwen, den neuen Bischof von Cammin, einräumte. Trotzdem brach nach einigen Jahren der Streit erneut aus, in dessen Verlauf die Kolberger Bürger 1456 28 Dörfer des Domkapitels und die Höfe der Domherren niederbrannten und Dinnies von der Osten im bischöflichen Auftrag mit Rittern und Söldnern 1462 Kolberg einzunehmen versuchte. Erst Jahre später kam es zu einem endgültigen Ausgleich zwischen den Parteien.
Von diesem Zustand der Unsicherheit hob sich seit der Mitte des Jahrhunderts das Teilherzogtum Stolp, das Stammland König Erichs I., in erfreulicher Weise ab. Nachdem der abgesetzte Monarch ein Jahrzehnt lang von Gotland aus das Leben eines Seeräubers gegen seine abtrünnigen Untertanen geführt hatte, kehrte er 1449 in sein Herzogtum zurück und ließ sich in Rügenwalde nieder. Seinen pommerschen Herrschaftsbereich regierte er mit fester Hand und Erfolg. Die Anerkennung durch die Stände blieb nicht aus. Hochbetagt starb er 1459 und fand in der Gruft der Rügenwalder Pfarrkirche seine letzte Ruhestätte.
Um die Jahrhundertmitte bahnte sich insgesamt in Pommern eine Wende zum Besseren an. Das Herzogtum Barth, das selbst – allerdings nur kurzfristig – geteilt gewesen war, fiel 1451 an das Herzogtum Wolgast unter Wartislaw IX., der obendrein infolge des Todes seines unverheirateten Bruders im gleichen Jahr seine Herrschaft nicht mehr zu teilen brauchte. Im selben Jahr vermählten sich Herzog Erich II., der älteste Sohn Wartislaws IX., und Sophia, eine Nichte zweiten Grades Erichs I. und dessen zukünftige Alleinerbin. Erich I. legte mit seiner Heiratspolitik die Grundlage einer weiteren friedlichen Vereinigung von Teilen Pommerns.

Unter den vielen pommerschen Herzögen der ersten Hälfte des 15. Jahrhunderts ist der bereits mehrfach erwähnte Wartislaw IX. wohl als der bedeutendste anzusehen. Vom Fürsten, der mit seinem Bruder das kleine Land zwischen Ryck, Peene, Swine und Ostsee gemeinsam regierte, wurde er schließlich zum alleinigen Herrscher Vorpommerns nördlich der Peene mit Rügen und Usedom. Die gewalttätigen Auseinandersetzungen zwischen Städten und adligen Familien versuchte Wartislaw IX. nicht nur mit der Kraft des Schwertes zu beenden, sondern auch mit Hilfe des Rechts. 1421 vereinbarte er deshalb mit den Landständen die Einsetzung von Gerichtshöfen, die von Adligen und Bürgern paritätisch besetzt sein sollten. Ob diese Vereinbarung jedoch verwirklicht wurde, läßt sich nicht sagen. In Wartislaws Territorium wurden jedenfalls auch später heftige Fehden ausgetragen. Bei der Wiedervereinigung der vorpommerschen Teilherzogtümer 1451 wagte es die Stadt Stralsund sogar, Wartislaw die Huldigung zu verweigern. Erst nach etwa zwei Jahren konnte sich der neue Landesherr mehr oder weniger gegen Stralsund durchsetzen.

Trotz dieser schwierigen Verhältnisse vollbrachte der Herzog eine Großtat von europäischem Rang: die Gründung der Universität Greifswald. Er war zwar nicht der Initiator, aber ohne seinen Einsatz für die Idee Heinrich Rubenows, des gelehrten Greifswalder Bürgermeisters, wäre dessen Absicht nicht verwirklicht worden. Wartislaw IX. erwirkte für die Universität die päpstliche Stiftungsbulle vom 29. Mai 1456, damals Voraussetzung für die Errichtung einer Hohen Schule. Einige Monate später – nach Regelung der vielfältigen wirtschaftlichen Fragen – rief Herzog Wartislaw IX. mit der Ausfertigung eines Erlasses die Hochschule ins Leben, und am 17. Oktober 1456 fand der feierliche Gründungsakt statt. Mit zwölf Professoren und Magistern und 176 Studenten begann die Alma mater ihre Tätigkeit. Die Bedeutung der Greifswalder Universitätsgründung für die deutsche und europäische Wissenschaftsgeschichte erkennt man, wenn man sich vergegenwärtigt, daß es damals im Reich erst sieben Universitäten gab, in Skandinavien diese Bildungseinrichtung völlig fehlte und der Osten des »lateinischen« Europa nur die Universität Krakau aufwies.

Ein halbes Jahr nach der Greifswalder Universitätsgründung starb Wartislaw IX. Seine beiden Söhne teilten das Land wieder: Herzog Erich II. erhielt die Region Wolgast, Herzog Wartislaw X. die Region Barth. Nachdem Erich I. 1459 gestorben war, wurde Erich II. in dessen Herzogtum Stolp als Verweser des Landes anerkannt, doch auch sein Bruder und Otto III. von Stettin erhoben auf das hinterpommersche Teilherzogtum Ansprüche. Erst 1463 fand man einen Ausgleich: Die Insel Wollin und den zwischen der Dievenow und dem Stiftsgebiet gelegenen Teil des Herzogtums Stolp erhielt der Herzog von Stettin, die anderen, östlichen Teile blieben bei Erich II. Wartislaw X. mußte sich mit einigen Gebieten im Teilherzogtum Wolgast zufriedengeben, mit denen ihn sein Bruder abfand. Der gleichzeitige Krieg zwischen Polen und dem Deutschen Orden brachte Erich II., der sich 1454 als noch nicht regierender Herzogssohn in den Dienst des Polenkönigs begeben hatte, die Herrschaft über die Lande Lauenburg und Bütow, die seit dem Thorner Frieden von 1466 formal zum Königreich Polen gehörten.

Als im September 1464 Herzog Otto III. von Stettin im Alter von 20 Jahren starb, gab es keinen männlichen Vertreter der Stettiner Linie des Greifengeschlechts mehr. Nach

Greifswald, Marienkirche und spätgotisches Bürgerhaus Am Markt 11

169 Jahren – in der 6. Generation – war dieser Zweig des pommerschen Herzogshauses ausgestorben. Nach alter pommerscher Auffassung bildeten die Linien des einheimischen Fürstengeschlechts eine Einheit, was ein gegenseitiges Erbfolgerecht der Linien bedeutete. Kaiser Karl IV. hatte diese pommersche Rechtslage in seinen Belehnungen von 1348 bestätigt. Die Herzöge der Wolgaster Linie fühlten sich also zu Recht berufen, die Nachfolge im Stettiner Herzogtum anzutreten. Die Hohenzollern sahen jedoch die Lage anders. Seit sie mit der Mark Brandenburg belehnt waren, erhoben sie gegenüber Pommern Herrschaftsansprüche. Kurfürst Friedrich II. betrachtete sich als Lehnsherrn des verstorbenen Stettiner Herzogs und glaubte über dessen Territorium wie über ein erledigtes Lehen verfügen zu können.

Allein der Kaiser hätte diesen Streit entscheiden können, doch Kaiser Friedrich III. und seine Räte sahen ihn nur unter fiskalischem Gesichtspunkt. Nach langem Hin und Her kam es am 21. Januar 1466 zum Vertrag von Soldin zwischen Kurfürst Friedrich II. und den Pommernherzögen Erich II. und Wartislaw X. Der Kompromiß bestand im wesentlichen darin, daß die beiden Pommern zwar vom Stettiner Herzogtum für sich und ihre Nachkommen Besitz ergreifen konnten, aber den Kurfürsten für diesen Landesteil als ihren Lehnsherrn anerkennen mußten. Die Weigerung der Stadt Stettin und von Teilen des Adels, dem Kurfürsten entsprechend dem Soldiner Vertrag zu

Die Backsteinkirche von Wiek auf Rügen, deren Schmuckgiebel Vorbild für die Ostseite der Greifswalder Marienkirche war

huldigen, ließ diesen Vertrag jedoch scheitern. Jahrelang dauerten die brandenburgisch-pommerschen Spannungen an und wurden 1471 sogar Beratungsgegenstand des Reichstags. Nach längeren Verhandlungen kam es schließlich im Mai 1472 in Prenzlau zum dauerhaften Friedensschluß. Inhaltlich stimmte er mit dem Soldiner Vertrag überein, der Kurfürst behielt jedoch einen Landstreifen mit Vierraden, Gartz, Penkun, Löcknitz, Klempenow und Torgelow als Kriegsgewinn. Zum wirklichen Friedensvertrag war die Prenzlauer Vereinbarung dadurch geworden, daß die Stände des Stettiner Herzogtums dem Kurfürsten als dem Lehnsherrn der Pommernherzöge diesmal wie vorgesehen huldigten.
Der Stettiner Erbfolgekrieg endete also mit einem Kompromiß zwischen Brandenburg und Pommern. Während Pommern seine administrative Einheit unter seinem einheimischen Herzogsgeschlecht wahren konnte, wenn man einmal von den Gebietsverlusten absieht, erzielte Brandenburg eine Minderung des Rechtsstatus der Pommernherzöge durch die Lehnsregelung, die sich mit der reichsfürstlichen Position, die die Greifendynastie einenviertel Jahrhunderte zuvor erworben hatte, nicht vereinbaren ließ.

Die Ära Bogislaws X. 1474–1523

Zwei Jahre später – am 5. Juli 1474 – erlag Herzog Erich II., ungefähr 50 Jahre alt, der Pest. Von seinen vier Söhnen starben in jenem und im darauffolgenden Jahr drei, so daß ihm schließlich nur Bogislaw X., sein ältester Sohn, im Herrscheramt folgte. Der Tod hatte auch die beiden Söhne Herzog Wartislaws X. im frühen Alter hingerafft, so daß nach dessen Tod am 17. Dezember 1478 Herzog Bogislaw X. im Alter von 24 Jahren die Alleinherrschaft über Pommern zufiel. Erstmalig nach vollen zwei Jahrhunderten gebot über das Herzogtum Pommern ein Greifenfürst ohne jede Einschränkung durch ein anderes Mitglied des Herzogshauses. Gegenüber der letzten Alleinherrschaft eines Pommernherzogs – es war Herzog Barnim I. von 1264 bis 1278 – hatte sich das Herzogtum nach Nordwesten und Osten erheblich ausgedehnt und erstreckte sich bis zu den Grenzen Mecklenburgs und des späteren Westpreußen. Auch die Abgrenzung nach Süden verlief in weiten Teilen bereits so wie 1938 bzw. 1945. So stand dem jungen Greifensproß zwischen unterer Recknitz und Zarnowitzer See ein Land von nicht unbeträchtlichem Ausmaß zur Verfügung. In diesem Raum nahmen lediglich die Stiftslande, die sich über das Territorium der neuzeitlichen Kreise Kolberg-Körlin, Köslin und Bublitz erstreckten, eine gewisse Sonderstellung ein.

Während die territoriale Machtbasis eines pommerschen Herzogs selten so umfassend war wie zur Zeit Bogislaws X., blieb der lehnsrechtliche Status seiner Herrschaft im Grunde während dieses Zeitraums ungeklärt. Als Herzog Bogislaw 1474 seine Herrschaft antrat, verlangte der Kurfürst von Brandenburg entsprechend den Prenzlauer Friedensvereinbarungen von ihm den Lehnseid. Doch der Pommer verweigerte ihn. Brandenburgisch-pommersche Verhandlungen folgten. Sie scheinen erfolgreich verlaufen zu sein, denn 1477 ehelichte Bogislaw X. Margarete von Brandenburg, die Tochter des verstorbenen Kurfürsten Friedrich II. Doch dem brandenburgfeindlichen Onkel Bogislaws, Herzog Wartislaw IX., gelang es schließlich durch seine Eroberung von Gartz an der Oder, diesen in einen Krieg mit Brandenburg zu ziehen. Der Waffengang endete nach erheblichen Verwüstungen im Pyritzer Weizacker für Pommern mit dem herben Verlust von 14 Schlössern, wenn auch Gartz behauptet werden konnte. Im Frieden zu Prenzlau vom 26. Juni 1479 erkannte Bogislaw X. für sein gesamtes Herzogtum die brandenburgische Lehnshoheit an.

Das folgende Jahr hielt für Bogislaw zwar einen Erfolg in der Kirchenpolitik, aber auch eine Niederlage bereit. 1480 gelang es ihm, Graf Ludwig von Eberstein aus dem Bischofsamt zu verdrängen und durch den von Papst Sixtus IV. erwählten Italiener Marinus de Fregeno zu ersetzen. Der neue Camminer Bischof war in Norddeutschland, überhaupt in Nordeuropa, durch seinen päpstlichen Ablaßhandel und das leidenschaftliche Sammeln von Büchern und Handschriften bekannt, wenn auch nicht unbedingt vorteilhaft. Mit ihm erneuerte Bogislaw X. vertraglich die Bestimmungen von 1436, die ihm starken Einfluß auf die Besetzung des Camminer Bischofsstuhls und der Domherrenplätze sicherten. Eine tiefe Demütigung widerfuhr Herzog Bogislaw durch die Stadt Köslin. Durch gewalttätige Übergriffe herzoglicher Bediensteter auf Kösliner Kaufleute erbittert, überfielen Kösliner Bürger das Schloß von Zanow und wagten es, den Herzog als Gefangenen auf einem Leiterwagen von dort ihn ihre Stadt zu führen.

Herzog Bogislaw X. von Pommern, nach einem Ölgemälde aus dem 16. Jahrhundert (Landesmuseum Kassel)

Nach Wiedererlangen der Freiheit erging über Köslin ein hartes Strafgericht. Dies war sicher die Ursache des Landfriedensbündnisses hinterpommerscher und stiftischer Städte, das 1481 gegen Herzog und Bischof geschlossen wurde.

Kennzeichnend für das erste Regierungsjahrzehnt Bogislaws X. waren Erbstreitigkeiten mit seiner Mutter, der Herzogswitwe Sophia. Bogislaw forderte von ihr insbesondere die Herausgabe von Gold- und Silberschätzen bzw. warf ihr Verschleuderung herrschaftlichen Besitzes und herzoglicher Rechte vor. Nach zwei Vergleichen in den Jahren 1475 und 1483, die jedoch keinen Bestand hatten, eskalierte die Auseinandersetzung. Sophia verließ ihren Rügenwalder Witwensitz und begab sich in den Herrschaftsbereich Kasimirs IV., des polnischen Königs. Spätestens dadurch gewann der Streit eine weit über Pommern hinausreichende Publizität, so daß Bogislaw X. auch den Verlust seiner Freundschaft mit Kasimir IV. befürchtete. Im Stolper Vergleich von 1485 gelang eine Einigung. Der Herzog gestand seiner Mutter jährliche Einkünfte in Höhe von 2 000 Mark aus Stolp und Umgebung, Wohnung in der Stolper Propstei und die Kirchenlehen in Stolp-Altstadt und Sageritz zu. Umgekehrt verzichtete Sophia auf alle anderen Rechte und nahm ihren Wohnsitz in Stolp, wahrscheinlich im herrschaftlichen Haus des Mühlenhofs. Der heftige Streit zwischen Mutter und Sohn hatte die Phantasie des Volkes angeregt, das sich eindeutig, wenn auch zu Unrecht, auf die Seite Bogislaws stellte. Der in der Volksüberlieferung existierende treue und brave Bauer Hans Lange aus Lanzig am Vietzker See, der sich um den jungen Bogislaw gekümmert haben soll, ist durch die Geschichtswissenschaft jedoch nicht nachweisbar.

Zu den familiären Auseinandersetzungen traten andere von außen hinzu. Der Tod des brandenburgischen Kurfürsten Albrecht im Jahre 1486 aktualisierte das scheinbar zufriedenstellende, in Wirklichkeit schlechte Verhältnis zwischen den Herrschern Brandenburgs und Pommerns. Johann, der neue Kurfürst, verlangte von Herzog Bogislaw X. den Lehnseid, doch dieser zögerte die Entscheidung hinaus. Herzog Bogislaw war entschlossen, die brandenburgischen Kurfürsten nicht mehr als seine Lehnsherren anzuerkennen, aber er war so klug geworden, einen Krieg mit dem mächtigen südlichen Nachbarn zu vermeiden.

Außer dem Ziel, sich von der brandenburgischen Lehnsherrschaft zu befreien, hatte sich Bogislaw zur Aufgabe gesetzt, seine Macht im eigenen Lande zu mehren. Dies geschah durch Eingriff in verschiedene politische Bereiche und viele Neuregelungen. Er legte damit den Grund für die Entwicklung eines modernen Staates in Pommern. In erster Linie gilt diese Feststellung für Bogislaws Verwaltungsreform. Es gelang ihm, viele tüchtige Persönlichkeiten, unter denen Werner von der Schulenburg durch politische Klugheit und langjährigen Dienst herausragte, für seine Kanzlei zu gewinnen, die nun geordnet und ausgeweitet wurde. Allmählich gelang es Bogislaw X. auch, die Landesverwaltung zu reformieren. Anstelle der früheren Vogteien wurden Ämter gebildet, in die das Herzogtum eingeteilt wurde. Diese Verwaltungseinheiten wurden von Amtleuten, die als herzogliche Beamte anzusehen sind, geleitet. Die Verwaltungsreform verhalf dem Herzog zu vergleichsweise erheblich höheren Einnahmen aus dem Lande als früher.

Auch das Hofwesen wurde völlig umgestaltet. 1487 wurde eine neue Hofordnung

erlassen und Stettin zur festen Residenz bestimmt. Dadurch verlor das herzogliche Einlagerrecht, d. h. das Recht des Herzogs, in Städten und Klöstern kostenlos beherbergt zu werden, an Bedeutung. In vielen Fällen wurde das Einlagerrecht gegen Entrichtung einer Geldsumme vertraglich abgetreten.
Ebenso ordnete Bogislaw das Geldwesen neu. Mit der Münzordnung von 1489 wurden die pommerschen Finkenaugen und viele fremde Münzen außer Kraft gesetzt und eine neue Landesmünze eingeführt. 16 neue Schillinge sollten eine Mark und 48 Schillinge einen Gulden ausmachen. Zur Durchsetzung seiner Reform nahm der Herzog Münzmeister in seine Dienste. Das städtische Münzrecht verkümmerte.
Bogislaw X. war ein leidenschaftlicher Jäger, den natürlich das unberechtigte Jagen und die Verwüstung der Wälder störten. Mit seiner Forstordnung von 1492 wollte er beide Mißstände abschaffen.
Ein großes und andauerndes Übel war die Unsicherheit im Lande: Raubüberfälle, Landfriedensbruch, Fehden waren an der Tagesordnung. Diese Zustände sollten mit Hilfe einer funktionierenden Gerichtsbarkeit beseitigt werden. So wurden 1486 Vogteigerichte begründet, die jeder anrufen konnte. Als Berufungsinstanz sollte das Hof- und Kammergericht dienen, womit auch eine größere Einheitlichkeit in der Rechtsprechung gewährleistet werden sollte. Dem Herzog gelang es zwar, dadurch das Übermaß an Gewalttaten zeitweilig erheblich zu verringern, aber nicht, eine dauerhafte Sicherheit im Lande herzustellen. Die vom Herzog gewünschte Einheitlichkeit wurde nicht erreicht, da die Städte auf ihre eigene, jahrhundertealte Gerichtshoheit nicht verzichten wollten und sich deshalb den herzoglichen Plänen widersetzten.
Gegen den Adel wandte Bogislaw rigoros das Lehnsrecht an: Regelmäßig wurden Lehnsbriefe ausgestellt, erledigte Lehen wurden eingezogen. Hier – in der Politik des Herzogs gegen die Macht des Adels und zur Bildung und Stärkung der Zentralgewalt – spielte das Hof- und Kammergericht eine wichtige Rolle. In den Fällen, in denen Bogislaw eine unrechtmäßige Aneignung von Lehen durch den Adel vermutete, strengte er vor seinem Gericht einen Lehnsprozeß an, dessen Regeln man in Pommern aufgrund mangelnder Erfahrung kaum noch kannte. So wurde die Macht des Adels zurückgedrängt. Hier half also ein Bestandteil der herzoglichen Gerichtsform, dem Ziel eines starken landesherrlichen Regiments nahezukommen.
Gegenüber den Städten konnte sich Herzog Bogislaw zwar hinsichtlich der Gerichtsorganisation nicht eindeutig durchsetzen, aber machtpolitisch konnte er Erfolge verzeichnen. Mit Stettin, seiner ständigen Residenz, stritt er seit 1490 um den Neubau eines Schlosses. Erst nach 14 Jahren endeten die Auseinandersetzungen, die um verschiedene städtische Rechtspositionen geführt worden waren und aus denen der Herzog als Sieger hervorging. In Stolp setzte Bogislaw 1507 ebenfalls einen Schloßbau durch. Nur der mächtigen Stadt Stralsund konnte der Landesherr seinen Willen nicht aufzwingen, obwohl er es mit militärischer Gewalt versucht hat. Im Greifswalder Vergleich von 1512 gestand Stralsund dem Herzog einige Rechte zu, ohne wesentliche Teile seiner faktischen Selbständigkeit preiszugeben.
Die Lehnsfrage zwischen Brandenburg und Pommern blieb viele Jahre offen. Erst am 26. März 1493 fand in Pyritz ein Ausgleich statt. Kurfürst Johann verzichtete auf sein Recht der Belehnung, und Herzog Bogislaw stimmte dem Anfall Pommerns an die

Uhrturm des Stettiner Schlosses, Anfang des 16. Jahrhunderts

Brandenburger im Falle des Aussterbens des Greifengeschlechts zu. Außerdem versprach Herzog Bogislaw, sich von keinem anderen Fürsten mit Pommern belehnen zu lassen. Der Pyritzer Vertrag verbesserte also die rechtliche Position Pommerns deutlich, aber die unmittelbare Rechtsbeziehung zum deutschen König fehlte weiterhin. Wie vor dem Pyritzer Vertrag suchte Herzog Bogislaw sie auch danach durch persönlichen Kontakt zu König Maximilian herzustellen, was auf brandenburgischer Seite heftigen Ärger und entsprechende Gegenaktionen auslöste.
Es überrascht deshalb nicht, daß der Konflikt zwischen den beiden Ländern nach Herrschaftsantritt Kurfürst Joachims I., 1499, wieder ausbrach. Herzog Bogislaw mußte im Jahre 1500 die brandenburgische Lehnsherrschaft über Pommern anerkennen. Dauerstreit bestimmte in der Folge das Verhältnis beider Länder zueinander. Auch die Anwesenheit Bogislaws X. auf den Reichstagen zu Worms im März 1521 und zu Nürnberg im nächsten Frühjahr und im Februar 1523 bewirkte nicht die Abschüttelung der brandenburgischen Oberherrschaft. Bogislaw X. erreichte zwar, daß Kaiser Karl V. ihm 1521 einen Lehnsbrief ausstellte, er mußte aber hinnehmen, daß dadurch das brandenburgische Erbfolgerecht keineswegs geschmälert wurde. Trotz aller Bemühungen erreichte Herzog Bogislaw sein großes außenpolitisches Ziel der Anerkennung Pommerns als Reichslehen nicht, wenn er ihm auch nähergekommen war.

In diese Zeit fielen die ersten Vorboten der Reformation. Die Lehre Martin Luthers wurde zwar in Pommern bald bekannt, hinterließ jedoch dort zunächst keine erkennbaren Spuren. Erst als Johannes Bugenhagen Ende 1520 Luthers Schrift »Von der babylonischen Gefangenschaft der Kirche« kennenlernte, änderte sich dies. Bugenhagen, 1485 in Wollin geboren, leitete seit 1517 im Kloster Belbuck eine Schule, die Abt Boldewan zur Verbesserung des Bildungsniveaus der Priester gegründet hatte. In dieser einzigartigen Institution beschäftigten sich Lehrer und Schüler eingehend mit theologischen Fragen: Bugenhagen, der 1517 und 1518 im Auftrag des Herzogs in Belbuck die Pomerania, die erste geschichtliche Darstellung Pommerns, verfaßt hatte, legte zweimal die Psalmen seinen lernenden Priestern aus und erstellte eine 1524 veröffentlichte Passionsgeschichte. Hierdurch war der Boden für die Aufnahme der lutherischen Lehre vorbereitet, Kloster Belbuck wurde ihr erster fester Stützpunkt in Pommern. Bugenhagen zog im Frühjahr 1521 nach Wittenberg und gilt als einer der drei großen Reformatoren; verschiedene Schüler Bugenhagens verbreiteten die neue Lehre in Pommern und jenseits seiner Grenzen.
Herzog Bogislaw X. traf 1521 zwar zweimal Luther, hielt sich aber zunächst aus dem Religionsstreit heraus; in seinen letzten Lebensjahren nahm er mehrmals gegen Anhänger der lutherischen Lehre Stellung. 1522 bemächtigte er sich der Belbucker Klostergüter und wurde somit unter den deutschen Fürsten zum Vorreiter der Säkularisationen im Reformationszeitalter.
Am 5. Oktober 1523 verstarb Herzog Bogislaw X. nach mehr als 49 Regierungsjahren. Noch nie hatte ein Greifenherzog so lange regiert. Keiner seiner Vorgänger hatte einen so ausgedehnten Raum beherrscht wie er. Wenn man fragt, welche Eigenschaften Bogislaw X. kennzeichneten, wird man seine Rücksichtslosigkeit gegenüber seinen Familienangehörigen, seine Beharrlichkeit in der langfristigen Verfolgung politischer Ziele, aber auch seinen Realitätssinn und seine Flexibilität in der Auseinandersetzung mit starken politischen Faktoren nennen. Er hat kein modernes Pommern geschaffen, aber immerhin die Grundlagen für einen effizienten Staat in Pommern gelegt. In der Außenpolitik hat er Pommern einen größeren Freiraum gegenüber Brandenburg verschafft und dem Land ein stärkeres Gewicht in den politischen Verhältnissen des Deutschen Reiches hinterlassen. Im geistigen Bereich ist eine Öffnung Pommerns nach Süden nicht zu übersehen, aber das Herzogtum blieb in Deutschland ein Randgebiet.
Wenn man für die pommersche Geschichte die üblichen Zeitalter voneinander abgrenzen und etwas genauer bestimmen will, so wird man zunächst an das Biennium von 1521 bis 1523 als Wendezeitraum denken. Die Reise Bugenhagens nach Wittenberg zu Luther, der diesen später liebe- und respektvoll »Dr. Pomeranus« nannte, endgültig aber der Tod des 70jährigen Bogislaw X. im Jahre 1523 kennzeichnen das Ende des Mittelalters und den Beginn der Neuzeit für Pommern.

Die Zeit der Reformation

Nach ersten wichtigen Erfolgen der lutherischen Lehre in den letzten Regierungsjahren Herzog Bogislaws X. stand die Zeit nach seinem Tod im Jahre 1523 ganz im Zeichen der religiösen Erneuerung. In Stettin konkurrierten beide kirchlichen Lager jahrelang um die Gunst der Bevölkerung, bis die Evangelischen 1526 die Oberhand gewannen. In Stralsund, wo es infolge eines starken Gegensatzes zwischen Priestern und Laien häufig zu gewalttätigen Ausschreitungen gegen Geistliche gekommen war, steigerten die evangelischen Predigten von Johannes Kureke und Christian Ketelhut die allgemeine Unzufriedenheit. Abschluß fand diese unruhige Zeit erst Ostern 1525, als sich der Großteil der Stralsunder Einwohnerschaft zur neuen Lehre öffentlich bekannte und die Stadtobrigkeit einhellig die Geltung des evangelischen Glaubens beschloß. Noch im selben Jahr wurde die von Johannes Aepinus verfaßte Kirchen- und Schulordnung erlassen, womit Stralsund eine der ältesten evangelischen Kirchenordnungen überhaupt besaß. In Greifswald hielt sich die alte, katholische Lehre verhältnismäßig lange. Wie in vielen Städten lehnte auch hier der Stadtrat die Reformation ab. Er wurde in seiner Haltung von der Universität unterstützt. Erst nachdem 1531 der schon lange für die evangelische Sache wirkende Geistliche Johann Knipstro durch den Stadtrat an die Nikolaikirche berufen worden war, setzte sich innerhalb eines halben Jahres die lutherische Lehre durch. Zur selben Zeit wurde Kolberg, die wichtigste Stadt des Camminer Stiftsgebietes, unter Führung des Stadtrates evangelisch.

Anfang der dreißiger Jahre waren der alte Glaube und das Ordnungsgefüge der katholischen Kirche in Pommern vielfach zerstört. Eine neue pommernweite kirchliche Organisation gab es nicht, die lutherische Lehre war etlichen Mißverständnissen ausgesetzt. Die vermögensrechtliche Situation der Kirche war völlig ungeklärt: Viele Städte hatten Kirchen- und Klosterbesitz in ihre Verfügungsgewalt genommen, der Adel zeigte Begehrlichkeit auf die Feldklöster mit ihren umfangreichen Besitzungen. Zugleich offenbarten die Städte ein immer stärker werdendes Selbständigkeitsstreben. Der Versuch Lübecks 1534, die verlorengegangene Vormachtstellung der Hanse im Kampf gegen Dänemark wiederzuerringen, hatte zur Folge, daß die sich dem Hansehaupt anschließenden Städte Stralsund, Greifswald, Stettin, Treptow a. d. Rega, Kolberg und Stolp zum Lager der Kriegsgegner der pommerschen Herzöge gehörten, denn diese unterstützten ihren Verwandten auf dem dänischen Königsthron. Aber nicht nur in der allgemeinen Politik und der Kirche herrschte Durcheinander, auch auf den Straßen waren Ordnung und Sicherheit abhanden gekommen. Insgesamt war der Zustand Pommerns fast anarchisch zu nennen, das Herzogtum der Greifen schien unterzugehen.

In dieser verzweifelten Situation gelang es 1534 den beiden Pommernherzögen – es regierten damals Herzog Barnim IX. von Pommern-Stettin und Herzog Philipp I. von Pommern-Wolgast –, eine erfolgreiche Initiative zu ergreifen. Sie beriefen einen Landtag nach Treptow a. d. Rega und luden dazu den in Wittenberg wirkenden und schon berühmt gewordenen Bugenhagen ein. Über das wesentliche Ergebnis des Treptower Landtags, die Einführung des lutherischen Glaubens im ganzen Herzogtum, wurde man sich nach kontroverser Debatte und überzeugtem Plädoyer der Herzöge für die lutherische Sache bereits am ersten Verhandlungstag einig. Über die neue Kirchenordnung für Pommern, die Bugenhagen nach Beratungen mit den wichtigsten evangelischen Geistlichen, Vertretern der Städte und herzoglichen Räten für den Landtag entworfen hatte, konnte jedoch wegen der rechtlichen Zuordnung der Stifte und Klöster keine Übereinstimmung zwischen den Herzögen, dem Adel und der Geistlichkeit hergestellt werden. Der Camminer Bischof, Erasmus, verstand sich nur dazu, eine mehrmonatige Bedenkzeit für seine Entscheidung über die neue Kirchenordnung zu verlangen.

Unmittelbar nach Beendigung des Landtags, im Dezember 1534, beauftragten die Herzöge Bugenhagen, unter Berücksichtigung der Verhandlungsergebnisse die endgültige Kirchenordnung zu erstellen. Bereits 1535 lag das Ergebnis vor, so daß die Kirchenordnung im ersten Quartal des Jahres gedruckt werden konnte. Die Veröffentlichung besorgte der Stettiner Franz Schlosser, der erste pommersche Drucker, der allerdings den Auftrag wegen eigener ungenügender technischer Kapazität in Wittenberg ausführen mußte. Von den schätzungsweise 1 000 Exemplaren dieser ersten evangelischen Kirchenordnung Pommerns existiert heute nur noch eine Ausgabe, sie entstammt der Königsberger Universitätsbibliothek und befindet sich jetzt in Thorn. Die Ordnung besteht aus drei Teilen und handelt von den Predigern und ihrem Amt, dem Armen- und Schatzkasten, also den beiden Kirchenkassen, und den kirchlichen Zeremonien. Norbert Buske hat die Kirchenordnung das »Dienstrecht für das Evangelium« genannt.

Ein wesentliches Instrument zur Durchsetzung der lutherischen Lehre und der Wiederherstellung geordneter kirchlicher Vermögens- und Finanzverhältnisse waren die Kirchenvisitationen. Sie wurden von den Herzögen angeordnet. Die ersten Visitationen fanden 1535 statt und standen unter der Leitung Bugenhagens. Nach der endgültigen Ablehnung Bischof Erasmus', im Rahmen der Kirchenordnung als evangelischer Bischof zu wirken, wurden 1535 von den Herzögen Generalsuperintendenten ernannt: Paul Rode für das Stettiner Teilherzogtum, Johann Knipstro für den Wolgaster Herrschaftsbereich. Später erhielt das zu Stettin gehörende Stolper Gebiet in Jakob Hogensee einen eigenen Generalsuperintendenten. Das Stiftsgebiet stand weiterhin unter der Herrschaft des Camminer Bischofs. Auf Knipstro geht die Einrichtung der Generalsynode zurück, die die Stadtgeistlichen des jeweiligen pommerschen Teilherzogtums vereinigte, erstmalig 1541 in Greifswald. Wenige Male wurde auch eine gesamtpommersche Synode einberufen. Daneben gab es seit 1545 die Synode, die die Geistlichen einer Stadt und Umgebung zusammenführte; eine solche Partikularsynode leitete ein Präpositus, der später Superintendent genannt wurde.

Zur Festigung des lutherischen Glaubens in Pommern trugen ebenso bei die Wiedereröffnung der Greifswalder Universität 1539 mit der Etablierung einer lutherischen Theologischen Fakultät, die Begründung von Konsistorien als kirchlichen Spruchorganen in Greifswald und in Kolberg für das Stiftsgebiet im Jahr 1563 sowie die Veröffentlichung einer Agende bereits im Jahre 1541, als es nur in Preußen und Mecklenburg Gottesdienstordnungen gab. Ein beträchtlich erweiterter Neudruck der Agende erfolgte 1569. Die von Bugenhagen verfaßte Kirchenordnung von 1535 unterzog man später einer gründlichen Revision und beschloß 1563 auf einem Landtag

Kirche von Robe, Kr. Greifenberg, Findlingsbau des ausgehenden Mittelalters (später verputzt)

zu Stettin eine neue Kirchenverfassung, die für ganz Pommern mit Ausnahme Stralsunds, das weiterhin auf seiner eigenen Kirchenordnung beharrte, galt und erst 1950 ersetzt wurde. Rund ein halbes Jahrhundert verging also, bis die kirchliche Organisationsform und der Inhalt des Glaubens in Pommern auf eine neue, feste und dauerhafte Grundlage gestellt waren. Das katholische Land war in ein evangelisches Pommern, vom lutherischen Bekenntnis geprägt, verwandelt worden. Neben Bugenhagen und Knipstro ist der 1527 in Stargard an der Ihna geborene Jakob Runge zu nennen, der wesentlich zur Reformation in Pommern beigetragen hat. Seit 1552 Theologieprofessor in Greifswald und dort auch Pfarrer und Stadtsuperintendent, wurde der frühere Luther- und Melanchthon-Schüler 1557 Generalsuperintendent des Wolgaster Teilherzogtums und in dieser Eigenschaft 1563 Präsident des Greifswalder Konsistoriums. Alle diese Ämter bekleidete Runge bis zu seinem Tode im Jahre 1595.

Während Pommern zur Zeit der Reformation im religiösen und kirchlichen Bereich mehrere herausragende Männer hervorbrachte, versank es politisch wieder im Mittelmaß. Bogislaw X. folgten seine beiden Söhne, der 30jährige Herzog Georg I. und der 21jährige Barnim IX., in der gemeinschaftlichen Regierung Pommerns nach. Schon bei ihrer Huldigungsfahrt hatten beide Herzöge mit Stralsund und Stettin, den größten Städten Pommerns, die ärgsten Schwierigkeiten.

Johannes Bugenhagen (1485–1558), nach einem Ölbild von Lucas Cranach d. Ä.

Die politisch dominierende Frage ihrer ersten sechs Regierungsjahre betraf – wie schon so oft in der pommerschen Geschichte – das brandenburg-pommersche Verhältnis. Der brandenburgische Kurfürst beanspruchte den Status eines Lehnsherrn und bestritt infolgedessen den Herzögen das Recht, an Reichstagen teilzunehmen. Die beiden Pommernfürsten fügten sich jedoch nicht den Forderungen des mächtigen Nachbarn. Trotz vieler Verhandlungen, die auf mehreren Ebenen geführt wurden, verschiedentlich von fürstlichen Vermittlern initiiert, fand man jahrelang keine Lösung. Erst am 26. August 1529 konnten Herzog Georg I. und Kurfürst Joachim I. im Jagdschloß Grimnitz, nördlich von Eberswalde gelegen, eine Einigung erzielen. Sie sah die Belehnung der Pommernherzöge durch den Kaiser vor, der die Brandenburger beiwohnen sollten, das brandenburgische Erbanfallrecht auf Pommern und das pommersche Teilnahmerecht an den Reichstagen. Außerdem bestimmte sie, daß der Vertrag bei jedem Herrscherwechsel vor der Belehnung durch den Kaiser erneuert werden sollte und die pommerschen Stände den Hohenzollern huldigen sollten. Der Grimnitzer Vertrag führte dazu, daß beide Herzöge, Georg I. und Barnim IX., am 26. Juli 1530 auf dem Augsburger Reichstag von Kaiser Karl V. mit Pommern belehnt wurden.

Nur ein Dreivierteljahr konnte sich Herzog Georg I. dieses großen politischen Erfolges erfreuen, denn im Mai 1531 starb er eines plötzlichen Todes. Sein Sohn, Philipp I., folgte ihm im Herrscheramt. Philipp war nach dem Tode seiner aus der Pfalz stammenden Mutter vier Jahre lang am Hofe seines kurfürstlichen Onkels in Heidelberg erzogen worden und traf im September 1531, gerade 16 Jahre alt geworden, in Pommern ein. Herzog Barnim IX. hatte sich seinem Bruder unterlegen gefühlt und deswegen wohl seit 1529 die Teilung des Landes gefordert. Verhandlungen waren aufgenommen worden, sie waren aber bis zum Tod Georgs nicht beendet worden. Barnim setzte deshalb gegenüber seinem Neffen seine Teilungspolitik fort und erreichte am 21. Oktober 1532 sein Ziel: Das Herzogtum Pommern wurde in die Teilherzogtümer Pommern-Stettin und Pommern-Wolgast geteilt, das Los wies am selben Tag Pommern-Stettin Herzog Barnim IX., Pommern-Wolgast Herzog Philipp I. zu. Im Bestreben, ein wirtschaftliches Gleichgewicht zwischen beiden Territorien zu erzielen, wurde vereinbart, dem Teilungsvertrag zunächst eine Geltungsdauer von acht Jahren zu geben. Die beiden Herrschaftsbereiche wurden durch die Swine, das Papenwasser und eine zwischen Pölitz und Löcknitz zu denkende ungerade Linie voneinander getrennt, wobei es allerdings mehrere unterschiedlich große wolgastische Exklaven im Süden des Stettiner Teilherzogtums gab sowie auch ungeteilten Besitz wie wichtige Zollstationen und das außerordentlich fischreiche Stettiner Haff, damals Frisches Haff genannt.

Die Teilung des Landes ermöglichte beiden Pommernherzögen jeweils die Alleinherrschaft; sie bedeutete jedoch keine rechtliche Verselbständigung der beiden Landesteile. Eine ganze Reihe von Bestimmungen des Teilungsvertrags sollte die verfassungsrechtliche Unauflöslichkeit des Herzogtums Pommern garantieren. Für die politische Praxis sicherten sich die Herzöge Unterstützung im Verteidigungsfall und gemeinsames Vorgehen in allen Kirchenangelegenheiten zu, um die beiden wichtigsten Politikfelder zu nennen.

Nach acht Jahren führte man, wie vereinbart, die Verhandlungen über die endgültige Landesteilung fort. Die Hauptberatungen der fürstlichen Räte begannen im Oktober 1540 im Kloster Jasenitz, nördlich von Pölitz gelegen. Am 8. Februar 1541 wurde die endgültige Landesteilung in Stettin in feierlichem Rahmen vollzogen. Wieder wurde die territoriale Herrschaftsausübung der beiden Herzöge verlost. Es blieb wie bisher: Barnim fiel der Stettiner, Philipp der Wolgaster Teil zu. In vielen Punkten stimmten die herzoglichen Vereinbarungen mit denen des Jahres 1532 überein. Von den territorialen Veränderungen ist als wichtigste die nunmehrige Zuordnung Greifenhagens und mehrerer adliger Familien beiderseits der Oder zu Pommern-Wolgast zu nennen.
Einen erheblich breiteren Raum als 1532 nehmen die Festlegungen über die Kirche ein. Zur Wahrung der kirchlichen Einheit wurde 1534 der Reformationslandtag in Treptow/Rega durchgeführt und die evangelische Kirchenordnung für beide Teilherzogtümer in Kraft gesetzt. In dem Teilungsvertrag von 1541 dokumentierten die Herzöge ihren gemeinsamen Anspruch auf die Oberherrschaft über den Camminer Bischof und sein Stiftsgebiet, indem sie – allerdings erfolglos – die Einführung des evangelischen Bekenntnisses im Stift verlangten. Für die Bischofseinsetzung legten sie eindeutige Regularien fest. Das Besetzungsrecht an den Pfründen des Camminer Domkapitels sowie der Stettiner Marien- und Ottokirche teilten die beiden Herrscher unter sich auf. In das Jahr der endgültigen Landesteilung fiel die Belehnung Herzog Philipps I. durch Kaiser Karl V. auf dem Reichstag zu Regensburg. Damit war der junge Wolgaster Herzog in lehnsrechtlicher Hinsicht seinem Onkel in Stettin gleichgestellt.
Ein Charakteristikum des deutschen Territorialstaats im 16. Jahrhundert waren die Hofordnungen. Sie waren Ausdruck des Strebens der Landesfürsten nach zentralem Ausbau der Macht in ihrem Territorium und dienten dazu, die eigenständige Politik des Adels und der Städte auszuschalten. Auch die pommerschen Herzöge erließen eine Reihe von Hofordnungen. Während Herzog Barnim IX. von Pommern-Stettin 1541 die erste größere Hofordnung Pommerns schuf, entstand die Wolgaster Hofordnung nach mehrjährigen Vorarbeiten durch die Hofräte erst 1551. Diese Ordnung Herzog Philipps I. galt als Vorbild aller späteren pommerschen Festlegungen dieser Art.
Nach 28jähriger Herrschaft starb am 14. Februar 1560 Herzog Philipp I. von Pommern-Wolgast, erst im 45. Lebensjahr stehend. Sein Tod löste Trauer im Lande aus. Er hinterließ außer seiner Witwe und drei Töchtern fünf Söhne, deren ältester 17^{1}/$_{2}$ Jahre und deren jüngster drei Jahre alt war. Herzog Johann Friedrich, der älteste der fünf Brüder, war bereits 1556 nominell Bischof von Cammin und damit Herr der Stiftslande geworden, womit die immer wieder auftretende Gefahr, daß das Stift rechtlich und faktisch dem Herzogtum verlorenging, endgültig gebannt war. Für die fünf Söhne wurde mit Zustimmung der Stände der Hofmarschall Ulrich v. Schwerin als Regent eingesetzt, dem ein elfköpfiger Regentschaftsrat beigegeben wurde. Erst im November 1567 übernahmen die beiden ältesten Söhne, Herzog Johann Friedrich, der auch Bischof von Cammin blieb, und Herzog Bogislaw XIII., mit Einverständnis der Stände und ihres Stettiner Großonkels, Herzog Barnims IX. von Pommern-Stettin, die Wolgaster Regierungsgeschäfte.
Bald danach traten jedoch grundlegende Veränderungen in den Herrschaftspositionen der herzoglichen Familie ein und brachten mittelbar für Pommern eine weitere Tei-

lung. Barnim IX., der sich im 68. Lebensjahr befand und keine männlichen Erben besaß, verzichtete 1569 unter Vorbehalt erheblicher Rechte auf sein Herrscheramt. Der Kern des Landbesitzes, den Barnim sich neben vielen anderen Einnahmequellen reservierte, bestand im Süden seines Teilherzogtums aus der Stadt Stargard und den Ämtern Kolbatz und Saatzig mit der Stadt Zachan und dem Kloster Marienfließ sowie im Norden aus der Stadt Treptow/Rega und den Besitzungen des früheren Klosters Belbuck.

Mit Billigung der Stände wurde Pommern nun im Vertrag von Jasenitz folgendermaßen aufgeteilt: Das Stettiner Teilherzogtum ging an Johann Friedrich, der auch weiterhin als Camminer Titularbischof über die Stiftslande herrschte, Pommern-Wolgast wurde Ernst Ludwig überantwortet, Bogislaw XIII. erhielt für seinen Verzicht auf die Teilhabe an der Wolgaster Gemeinschaftsregierung ein Gebiet um Barth, Barnim X. wurden Territorien um Rügenwalde und Bütow als Ersatz seiner Mitregierung im Stettiner Herzogtum zuerkannt. Kasimir wurde zugesagt, daß er nach Ableben seines resignierten Stettiner Großonkels von seinem Bruder Johann Friedrich das Camminer Bischofsamt mit der Herrschaft über das Stiftsgebiet erhalten würde. Diese Regelung benachteiligte Kasimir nicht, denn er war 1569 erst zwölf Jahre alt, und es war anzunehmen, daß die herzogliche Übereinkunft in nicht zu ferner Zeit verwirklicht werden könnte. In der Tat wurde Kasimir einige Monate nach dem Tod seines Großonkels 1574 Bischof von Cammin.

Das Weiterbestehen der zwei Teilherzogtümer sowie die Bildung je eines Abfindungsgebietes in ihnen und eines Altersteiles sowie die Fortexistenz der Stiftslande als eines weiteren Apanagegebietes sollten nach dem Willen aller sechs männlichen Vertreter der herzoglichen Familie nicht zur Schwächung gesamtpommerscher Interessen oder gar zur Auflösung Pommerns führen. Ebenso wie man an der Vertragsbestimmung von 1532 festhielt mit der Folge, daß die Abfindungsgebiete in die bestehenden zwei Teilherzogtümer eingebunden blieben, betonte man 1569 in noch stärkerem Maße als 1532 die unauflösbare Einheit des Herzogtums Pommern. Deshalb legte man auch für die verzweigte Erbfolge genaue Nachfolgeregelungen fest.

Seit 1563, als es zwischen Schweden und Dänemark zum Krieg kam, fühlte sich das ohne jede militärische Rüstung dastehende Pommern erheblich bedroht. Die pommersche Politik hielt trotz mehrfacher Verletzung der Souveränität – beispielsweise Kaperung pommerscher Schiffe durch die Lübecker, die Dänemark unterstützten – an ihrem Neutralitätskurs fest und war unablässig um die Beendigung des Krieges bemüht. Schließlich war ihr Erfolg beschieden, denn man einigte sich auf die Durchführung eines Friedenskongresses in Stettin. Kaiser Maximilian II., der sich ebenfalls für einen Kriegsschluß eingesetzt hatte, ernannte Herzog Johann Friedrich von Pommern-Stettin zu einem seiner Kommissare für den Friedenskongreß. Am 5. September 1570 konnte Herzog Johann Friedrich die Friedenskonferenz im Stettiner Rathaus eröffnen. Beendet wurde sie am 13. Dezember 1570 mit dem Frieden von Stettin, der im großen und ganzen für Schweden und Dänemark die Vorkriegsverhältnisse bestätigte. Die Verluste, die Pommern erlitten hatte, sollten ersetzt werden. Für die Hanse, ein auch für Pommern wichtiger Faktor, bedeutete der Stettiner Frieden das Ende ihrer Seegeltung im Ostseebereich.

Mit den südlichen Nachbarn, dem brandenburgischen Kurfürsten Joachim II. und dem neumärkischen Markgrafen Johannes, kam es insbesondere in den sechziger Jahren zu heftigen Auseinandersetzungen auf dem Gebiet der Wirtschaft. Doch das Gegeneinander schadete beiden Parteien, vornehmlich den Antipoden Frankfurt/O. und Stettin. Nachdem sich zwischen den Herrscherhäusern bereits 1569 eine Verbesserung in den allgemeinen Beziehungen angebahnt hatte, trat durch den Regierungsantritt Kurfürst Johann Georgs, der im Januar 1571 seinen Vater und seinen neumärkischen Onkel beerbt hatte, tatsächlich ein Wandel ein, wenn auch die Wirtschaftspolitik ausgeklammert blieb. Die pommerschen Herzöge nutzten den Klimawechsel zu Verhandlungen über einen neuen Erbvertrag, die sie dem erfahrenen und verdienten Stettiner Rat Jakob von Zitzewitz anvertrauten. Die Vereinbarungen von Grimnitz aus dem Jahre 1529 empfanden sie als einseitig und unangemessen.

Ihre Bemühungen hatten Erfolg. In einer Urkunde vom 30. Juli 1571 übertrug Kurfürst Johann Georg von Brandenburg Herzog Johann Friedrich von Stettin und seinen Erben das Recht auf den Anfall der Neumark und des südlich davon gelegenen Landes Sternberg, falls sein Geschlecht aussterben würde. Im März 1574 bestätigte Kaiser Maximilian II. diese neue Regelung. Damit hatte die pommersche Seite zwar nicht den Anspruch auf das etwaige brandenburgische Erbe erreicht, wie ihn die Hohenzollern gegenüber Pommern besaßen, aber im Grundsatz waren die pommerschen Herzöge jetzt den brandenburgischen Kurfürsten gleichgestellt. Die brandenburg-pommersche Einigung in der Nachfolgefrage hatte bis zum Aussterben des Greifengeschlechtes Bestand.

Der Niedergang

Das Jahr 1572 hielt für Pommern ein Ereignis ganz besonderer Art bereit: Das Stettiner Bank- und Handelshaus Loitz brach zusammen. Es war ein Wirtschaftsunternehmen, das in seiner Größenordnung im hansischen Raum einzigartig war. Die Handelsbeziehungen erstreckten sich bis nach Island und andererseits bis zur Walachei. Ein großes Netz von Faktoreien, deren wichtigste die von Antwerpen, Frankfurt am Main, Hamburg, Lübeck, Kopenhagen, Leipzig, Prag, Kalmar, Breslau und Krakau waren, stand der Stettiner Zentrale zur Verfügung. Seine Blütezeit erlebte das Handelshaus seit der Mitte des 16. Jahrhunderts. In Pommern sorgten die Loitz' für den Verkauf des auf den adligen Besitzungen produzierten Getreideüberschusses nach Westeuropa. Andererseits statteten sie Angehörige des pommerschen Adels, die als sogenannte Kriegsherren auf den europäischen Schlachtfeldern ihr Glück suchten, mit dem notwendigen Kapital aus. Der bekannteste dieser pommerschen Condottieri ist Reinhold v. Krockow. Mit einer Reihe von Fürstenhäusern unterhielten die Loitz' Finanzbeziehungen. Das galt insbesondere für den polnischen und den dänischen König, die Kurfürsten von Brandenburg und die Pommernherzöge. Für diese vier Länder hatten die Loitz' mehr oder weniger die Rolle der Hof- und Staatsbankiers übernommen. Der schon seit längerer Zeit drohende Zusammenbruch des Handelshauses wurde schließlich durch die polnische Rückzahlungsweigerung nach dem Tod von König Sigismund II. August ausgelöst. Am 21. März 1572 flüchtete Hans III. Loitz mit seiner Familie nach Polen, auch sein Bruder verließ Stettin. Sofort nach der Flucht setzte eine Prozeßwelle gegen die Loitz' ein mit Folgen für das gesamte Land, denn die Gläubiger der zahlungsunfähigen Stettiner Bankiers hielten sich an die Bürgen – vielfach hinterpommerscher Adel. Viele Adelsfamilien, besonders um Stolp und Schlawe, verfielen der Armut. Ihre Hintersassen erlebten schwere Zeiten. Viele Landbewohner flohen in dieser Not nach Polen. Im Ahnen des schweren Leids, das seinem Land und auch seiner Familie bevorstand, beging der an dieser Entwicklung nicht ganz unschuldige, ansonsten um Pommern verdiente Kanzler Jakob v. Zitzewitz am 10. März 1572 Selbstmord.

Das Jahr 1572 sah nicht nur den Zusammenbruch des Stettiner Bank- und Handelshauses Loitz, sondern auch den Tiefpunkt der Auseinandersetzungen um den Handel auf der Oder zwischen Stettin und Frankfurt. Beide Städte wurden von ihren Landesherren unterstützt. Nachdem die Stettiner 1571 mit kaiserlicher Zustimmung ein Stapelrecht verkündet hatten, waren die Verhaftung Stettiner Kaufleute in Frankfurt, die Beschlagnahme ihrer Waren, die Anrufung des Reichskammergerichts durch den Stettiner Stadtrat und schließlich die Verhängung einer Verkehrssperre gegen Stettiner Bürger und Waren in ganz Brandenburg die wichtigsten Stationen dieses die Wirtschaft der beiden Oderstädte schwer schädigenden Streits. Erst nach mehreren Jahren rückten die Fürsten von dieser handelspolitischen Konfrontation ab; die beiden Städte vollzogen diesen Schritt erst Anfang der achtziger Jahre, wobei sie jedoch ihre Standpunkte im Grundsatz beibehielten.

Der Tod des resignierten Herzogs Barnim IX. im November 1573 veränderte die Herrschaftsverhältnisse in Pommern. Die umfangreichen Besitzungen und Einnahmequellen des Verstorbenen fielen an seinen im Stettiner Herzogtum regierenden Großneffen Johann Friedrich. Dieser wiederum gab, den Regelungen des Teilungsvertrags von 1569 entsprechend, das Bistum Cammin an seinen jüngsten Bruder, Herzog Kasimir VI., ab; dessen Einführung in das Bischofsamt, das in dem evangelischen Land keine geistliche Bedeutung mehr hatte, fand im Oktober 1574 statt. In diesen Jahren bahnte sich im finanzpolitischen Bereich für Pommern ein weiteres Desaster an. 1569 hatten die pommerschen Herzöge König Sigismund II. August von Polen, mit dem sie gute Beziehungen pflegten und der sie aus gemeinsamem Interesse in ihrem Handelskrieg mit den Brandenburgern unterstützte, eine Anleihe von 100 000 Talern gewährt. Dieses Geld hatten die Herzöge aber selbst geliehen, und zwar von den Städten Stralsund, Greifswald, Anklam, Stettin und Stargard. Nach dem Tod von Sigismund II. August gab es wegen dieser Geldanleihe Schwierigkeiten. Der 1575 neugewählte polnische König Stefan Bathory vertrat die Ansicht, König Sigismund II. August habe die Anleihe für seine Person, aber nicht für Polen aufgenommen, so daß Polen weder Zinsen noch die Anleihesumme zu zahlen habe. Die Angelegenheit endete damit für Pommern negativ.

Trotz finanzieller Schwierigkeiten, die das Land überzogen, verwirklichte Herzog Johann Friedrich seinen früh gefaßten Plan, seine Residenz, das Stettiner Schloß, auszubauen. In rund drei Jahren wurden große Teile des Schlosses abgerissen und Gebäude, wozu auch die Schloßkirche gehörte, im italienischen Renaissancestil errichtet; unter dem Altar der Kirche wurde eine Gruft angelegt. Der prächtige Schloßbau

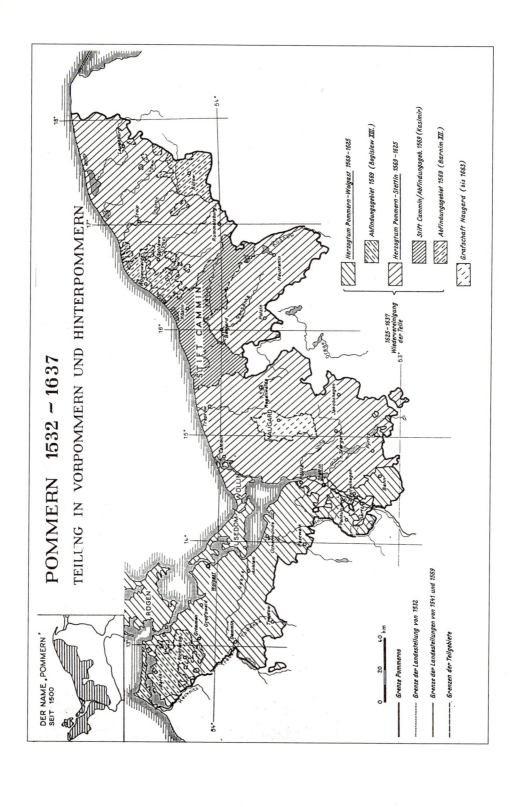

wurde rechtzeitig zur Vermählung des Herzogs mit der ältesten Tochter des brandenburgischen Kurfürsten im Februar 1577 fertiggestellt.

Zu Stettin, seiner Residenzstadt, hatte Johann Friedrich allerdings von Beginn seiner Regierungszeit an ein schlechtes Verhältnis. Die Stadt wehrte sich gegen unangemessene finanzielle Forderungen und Übergriffe des Herzogs, der in seiner Geldnot u. a. eine Akzise auf Getränke, Malz und Gerste einführen wollte, aber mit seinem Plan scheiterte. Zehn Prozesse führte Stettin in der Zeit von 1573 bis 1594 vor dem Reichskammergericht. Die Stadt appellierte an den Kaiser, der ihr schließlich 1595 einen Schutzbrief ausstellte, was den Herzog erzürnte, da seine Bemühungen um eine für ihn positive Entscheidung des Kaisers erfolglos geblieben waren.

Auch Herzog Ernst Ludwig von Wolgast befand sich häufig in finanziellen Schwierigkeiten. Da die Stände die im Verhältnis zur Wirtschaftskraft des Landes zu hohen Ansprüche Ernst Ludwigs nicht befriedigen konnten und wollten, kam es immer wieder zu schweren Auseinandersetzungen. Mit der Stadt Anklam führte Herzog Ernst Ludwig um die sachliche Ausdehnung und die unbeschränkt vorzunehmende Erhöhung seines Zolls einen langen Kampf, den er aber schließlich wegen der Unterstützung Anklams durch die anderen Städte aufgeben mußte. Dagegen war das Verhältnis des Landesherrn zu Stralsund, seiner mächtigsten Stadt, keinen außerordentlichen Belastungen ausgesetzt. In Greifswald wiederum stellte er sich bei Differenzen zwischen Stadt und Universität auf die Seite der letzteren. 1591 begann er mit dem Bau eines neuen Universitätsgebäudes, des Collegium Ernestinum.

Herzog Kasimir VI., Camminer Titularbischof und damit Herr der Stiftslande, machte Köslin zu seiner Residenz. Er vollendete 1575 den von seinem Vorgänger und Bruder Johann Friedrich begonnenen Bau des dortigen Schlosses, das bis 1622 als herrschaftlicher Mittelpunkt dieses Landesteils diente und 1718 zerstört wurde.

Im äußersten Nordwesten Pommerns versuchte der in Barth residierende Herzog Bogislaw XIII., sein Abfindungsgebiet effizient auszubauen. Dabei kam es zwischen ihm und der benachbarten starken Wirtschaftsmacht, der Stadt Stralsund, zu einem jahrzehntelangen Konflikt, der 1580 mit der Beschlagnahme der Stralsunder Waren auf dem Markt von Barth durch den Herzog eskalierte. Kaiser Rudolf II. und das Reichskammergericht vermochten daran nichts zu ändern. Um die wirtschaftliche Dominanz Stralsunds zu brechen, gründete Herzog Bogislaw XIII. 1587 auf dem Boden des ehemaligen Klosters Neuenkamp eine Stadt, die er nach seinem Schwiegervater Franzburg nannte. Doch trotz weitgehender Planung ist Stralsund aus Franzburg nie ernsthafte Konkurrenz erwachsen. Dagegen war dem Barther Herzog auf kulturellem Gebiet mehr Erfolg beschieden. 1582 richtete er eine Druckerei in einem Nebengebäude des Schlosses in Barth ein. Nach Stettin und Greifswald war Barth der dritte Buchdruckort Pommerns. Die Blütezeit des Barther Buchdrucks umfaßte die Jahre 1586 bis 1590 mit der Publikation einer niederdeutschen Bibel.

Mit Umsicht verwaltete Herzog Barnim X. sein Apanageterritorium, das in die Gebiete um Bütow und Rügenwalde geteilt war. Er vermählte sich 1582 mit einer Tochter des brandenburgischen Kurfürsten und lebte seitdem im Schloß von Rügenwalde.

Als erster der fünf herzoglichen Brüder starb 1592 Ernst Ludwig von Wolgast. Da sein Sohn noch im Kindesalter stand, übernahm nach den Festlegungen des Jasenitzer

Erbvertrages von 1569 Bogislaw XIII. zusätzlich zur Barther Herrschaft die vormundschaftliche Regierung im Wolgaster Herzogtum. Bogislaws Wolgaster Regierungszeit war vom Kampf gegen die Stände geprägt, der aber ohne Erfolg blieb. 1600 starb mit Johann Friedrich von Stettin der zweite regierende Herzog. Ihm folgte sein Bruder Barnim X., der allerdings erst 1602 von Rügenwalde nach Stettin übersiedelte, und nach dessen Tod, 1603, sein Bruder Bogislaw XIII., an dessen Stelle im Teilherzogtum Wolgast sein jetzt für volljährig erklärter Neffe Philipp Julius trat.

Sowohl Barnim X. als auch Bogislaw XIII. versuchten, die Finanzverhältnisse des Teilherzogtums in Ordnung zu bringen, doch die Kürze der ihnen jeweils zur Verfügung stehenden Regierungszeit verhinderte einen durchschlagenden Erfolg ihrer Bemühungen. Bogislaw XIII. verstarb als letzter der fünf Brüder nach kurzer Herrschaft am 7. März 1606. Er hinterließ fünf Söhne. Über die Herrschaftsausübung einigte sich das herzogliche Brüderquintett in der Form, daß der älteste, Philipp II., die Regierung im Teilherzogtum übernahm, Franz zusätzlich zu seinen Camminer Stiftslanden, die er seit 1602 als Camminer Bischof besaß, das Amt Bütow als Apanage erhielt, Bogislaw XIV. und Georg das Amt Rügenwalde als Abfindung empfingen und dem jüngsten, Ulrich, eine jährliche Geldzahlung und die Finanzierung einer großen Reise zugesagt wurden.

Die beiden regierenden Fürsten, Herzog Philipp II. von Stettin und sein Vetter Herzog Philipp Julius von Wolgast, waren gebildete Männer. Sie hatten verschiedene Universitäten besucht und längere Reisen unternommen. Beide waren gegenüber Kunst und Wissenschaft aufgeschlossen. Philipp Julius förderte auf vielfältige Weise die in seinem Landesteil gelegene pommersche Landesuniversität, die einen beachtlichen Aufschwung erlebte und die zeitweise die für damalige Verhältnisse bemerkenswerte Zahl von 160 Studenten vorweisen konnte. An seinen Hof zog Philipp Julius englische Komödianten und Musikanten, was allerdings den Unwillen sowohl der Stände als auch der Geistlichkeit hervorrief. Als der größere Kunstfreund gilt dennoch Herzog Philipp II. von Pommern-Stettin, der der kunstsinnigste Vertreter des pommerschen Herzogsgeschlechts war. Bei ihm traten Politik und Regierung hinter Kunst und Wissenschaft zurück. In dieses so entstandene Machtvakuum drang der Adel ein. Diesem zuliebe erließ Philipp am 16. Mai 1616 eine Bauern- und Schäferordnung, mit der das durch den Adel bereits längere Zeit praktizierte Bauernlegen legalisiert wurde. Auch in den herzoglichen Ämtern war das Bauernlegen seit langem üblich, wodurch viele Bauern ihre Höfe und ihr Land an den Herzog oder den Adel verloren und in die Gutsuntertänigkeit gerieten. Diese Umwandlung der bäuerlichen rechtlichen und wirtschaftlichen Lage war nicht auf Pommern-Stettin beschränkt, sondern vollzog sich auch in Pommern-Wolgast.

Bei Herzog Philipp Julius von Pommern-Wolgast war die Regierungstätigkeit im Gegensatz zu der Herzog Philipps II. zu einem großen Teil von Konflikten mit den Städten ausgefüllt. Insbesondere mißfielen ihm die über die Landesgrenzen hinausreichenden Städtebeziehungen. Mit Stralsund lag Herzog Philipp Julius von Beginn seiner Herrschaft an in Dauerfehde. Um seine landesherrliche Autorität in der Hansestadt durchzusetzen, griff er zu jedem Mittel, auch zur Gewalt. Schließlich führte innerstädtischer Streit zum Sieg des Herzogs über die Stadt, den diese 1615 auch formell hinnahm. Dennoch zeigten die auch während der nächsten Jahre andauernden Auseinandersetzungen, daß Stralsund schnell wieder ein eigenständiger politischer Faktor geworden war. Leichteres Spiel hatte Herzog Philipp Julius mit Greifswald. Auch hier konnte der Herzog stadtinterne Kämpfe für sein Ziel nutzen. Doch trotz dieser Erfolge mußte er den Ständen auf Landesebene ein nicht unwesentliches Zugeständnis machen. Denn da der Herzog sich immer in finanziellen Schwierigkeiten befand, war er auf die Stände angewiesen. Um die Entscheidung für seine Geldforderungen vom Landtag in das leichter zu beeinflussende Landratskollegium, einen Ausschuß des Landtages, zu verlagern, erfüllte er 1614 den Städten den lang gehegten Wunsch auf Vertretung im Landratskollegium. Von nun an waren Stralsund, Greifswald und Anklam durch je einen Bürgermeister dort vertreten, ihm gehörten außerdem ein Prälat sowie acht Vertreter der Ritterschaft als Mitglieder an. Den Vorsitz hatte ein Landmarschall inne.

Gemeinsam war beiden Pommernherzögen eine gewisse Arglosigkeit in der Betrachtung und Beurteilung der auswärtigen Angelegenheiten. Die lange Zeit ohne Krieg hatte den Frieden mehr oder weniger als selbstverständlich erscheinen lassen. Die Landesverteidigung wurde vernachlässigt. Wenn es zu politischen Frontbildungen kam, meinte man, sich neutral verhalten zu können. So lehnten es die Herzöge auch ab, sich der Union, dem Zusammenschluß protestantischer Reichsstände, anzuschließen. Ein Vierteljahr vor Ausbruch des Dreißigjährigen Krieges, im Februar 1618, starb 44jährig Herzog Philipp II. von Pommern-Stettin. Seine Ehe war kinderlos geblieben. Deswegen folgte ihm im Herrscheramt sein ältester Bruder Franz, Fürstbischof von Cammin. Dessen Position übernahm Herzog Ulrich, der jüngste der Brüder. Trotz Ausbruch des Dreißigjährigen Krieges, der Pommern allerdings noch nicht berührte, unternahm auch Herzog Franz bis auf ergebnislose Beratungen nichts zur Verteidigung des Landes. Seine kurze Regierungszeit war durch einen Hexenprozeß mit dem prominentesten pommerschen Opfer dieser geistigen Verirrung gekennzeichnet. Im Tod vieler Pommernherzöge wurde, wenn sie keine Erben hinterließen, das Werk des Teufels vermutet, und der Verdacht, dieses Werk auszuführen, fiel auf Sidonia v. Borcke. Sie entstammte einem der angesehensten Adelsgeschlechter Pommerns und war Stiftsdame des evangelischen Jungfrauenklosters Marienfließ nordöstlich von Stargard. Trotz ihres hohen Alters von 80 Jahren wurde sie verhaftet, gefoltert und im Spätsommer 1620 hingerichtet. Selbst die Fürsprache der Kurfürsten von Sachsen und Brandenburg, der Herzöge von Mecklenburg und Braunschweig und des pommerschen Adels hatte Sidonia von Borcke vor ihrem Schicksal nicht bewahren können. Hexenprozesse hatte es in Pommern auch schon im 16. Jahrhundert gegeben, sie häuften sich jedoch seit 1591. Zumindest begünstigt wurden sie von den Herzögen Johann Friedrich und Franz. Ein Wort gegen den Herzog konnte leicht mit dem Tode des Kritikers bzw. der Kritikerin enden.

Herzog Franz starb bereits Ende November 1620. Er war 43 Jahre alt geworden, auch seine Ehe war kinderlos geblieben. Ihm folgte sein Bruder Bogislaw XIV., an den zudem 1625, nach dem Tod von Herzog Philipp Julius, das Teilherzogtum Wolgast fiel, da Philipp Julius ebenfalls keinen Erben hinterließ. Kurz zuvor, 1623, war Bogislaw bereits zum Bischof von Cammin gewählt worden, denn auch der jüngste der Herzogsbrüder, Bischof Ulrich, war ohne Erben verstorben. Damit war ganz Pommern einschließlich des Stiftsgebiets wieder vereint. Die 93 Jahre währende Teilung des Landes war überwunden. Kein Abfindungsgebiet minderte die Verfügungsgewalt des Herzogs. So erfolgversprechend es aussah, daß das Herzogtum wieder unter einem Herrscher vereint war, so niederdrückend waren die politischen Verhältnisse, die sowohl in als auch von außen auf Pommern wirkten. Von seinem Wolgaster Vetter hatte Bogislaw XIV. einen Schuldenberg und ein heilloses Durcheinander in den meisten Ämtern geerbt. In seinem eigenen Landesteil hatte 1624 die Pest gewütet. Überall war der Handel zurückgegangen. Auch das Hofwesen bedurfte dringend einer Reform. Bogislaw XIV. konnte seine Absicht, die Regierungen von Stettin und Wolgast zusammenzulegen, gegen die selbstsüchtigen Stände nicht durchsetzen, auch die Stiftslande behielten ihre eigenständige Verwaltung. So war Pommern zwar in der Person des Herzogs vereint, aber eine einheitliche, gesamtpommersche und zugleich reaktionsschnelle kluge Politik war dennoch fast unmöglich geworden, obwohl sie gerade in diesen Zeiten, nach Beginn des Dreißigjährigen Krieges, nötig gewesen wäre.

Das in Böhmen ausgebrochene Kriegsgeschehen hatte sich nach Norddeutschland verlagert. Wallenstein, der kaiserliche Oberfeldherr, hatte in seinem Kampf um das Dominium maris Baltici, die Ostseeherrschaft, im Sommer 1627 Mecklenburg, Holstein und Jütland besetzt. Pommern mußte um seine Sicherheit bangen. Dennoch wurden die nach langem Zaudern angeordneten Maßnahmen zur Landesverteidigung nur zögernd und mangelhaft ausgeführt. Im November 1627 erfaßte der große Krieg Pommern endgültig. Wallenstein stand vor den Grenzen und verlangte von Herzog Bogislaw XIV., die kaiserlichen Truppen unterzubringen. Nachdem alle Verhandlungen des Herzogs und auch die Bemühungen der Stände, die Einquartierung abzuwenden, gescheitert waren, mußte Herzog Bogislaw XIV. am 10. November 1627 in die Kapitulation von Franzburg einwilligen. Mit diesem Vertrag verpflichtete sich Pommern, 22 000 Mann aufzunehmen; die Residenzstädte Stettin, Wolgast, Köslin und Damm sowie die fürstlichen und adligen Besitzungen und die der städtischen Honoratioren sollten von der Einquartierung ausgenommen bleiben. Durch vielerlei vertragliche Festlegungen sollte das Verhältnis zwischen der quartiergebenden Bevölkerung und den fremden Soldaten geregelt und damit erträglich gestaltet werden. Doch diese Schutzbestimmungen, die ohnehin bereits beim Einmarsch von den Soldaten vielfältig verletzt wurden, änderten nichts daran, daß schwere Zeiten angebrochen waren. Pommern war zum Spielball fremder Interessen geworden.

Der Dreißigjährige Krieg

Ganz Pommern, insbesondere seine Hafenstädte, wurde nach der Kapitulation von Franzburg von den kaiserlichen Truppen besetzt. Die Bevölkerung mußte nicht nur Quartier stellen, für Proviant und Fourage sorgen, sondern auch den Sold für die Truppen aufbringen. Nur in Stralsund, der mächtigsten Stadt Pommerns, erhob sich dagegen Widerspruch und bald auch Widerstand. Dies führte dazu, daß Wallenstein die Stadt mit militärischen Mitteln erobern wollte. Im Mai 1628 zog ein Kontingent

Das Stargarder Mühlentor

von 8 000 Mann unter Oberst Arnim vor die Stadt, doch der Versuch, sich ihrer zu bemächtigen, scheiterte. Nachdem Arnim Stralsund auch in den darauffolgenden Wochen nicht einnehmen konnte, versprach Wallenstein, selbst die Stadt zu erobern, »und sei sie mit Ketten an den Himmel gebunden!« Stralsund war Schnittpunkt internationaler Politik geworden. Sowohl Dänemark als auch Schweden wollten die wichtige Handelsstadt dem kaiserlichen Feldherrn nicht überlassen. König Christian IV. von Dänemark schickte vier Kompanien unter Oberst Heinrich Holk, und König Gustav II. Adolf von Schweden schloß mit dem Stadtrat ein Bündnis, das ebenfalls militärische Hilfe vorsah. 600 Mann schwedischer Truppen trafen in Stralsund ein. Das stralsund-schwedische Bündnis war der erste Vertrag, den Schweden im Dreißigjährigen Krieg mit einem deutschen Partner schloß. Ende Juni 1628 traf Wallenstein mit zusätzlichen Truppen vor Stralsund ein. Doch auch unter seinem Kommando vermochten die kaiserlichen Truppen Stralsund nicht zu stürmen. Nach drei Wochen beendete Wallenstein die erfolglose Belagerung. Stralsund war es also gelungen, eine Besetzung durch kaiserliche Truppen abzuwenden, aber nur um den Preis großer Abhängigkeit von der schwedischen Politik und starker wirtschaftlicher Bedrückung durch den Verbündeten, der seinen deutschen Stützpunkt auch nach Abbruch der Wallensteinschen Belagerung nicht aufgab.

Die diplomatischen Bemühungen des Pommernherzogs erreichten in diesen Jahren nichts: So wenig er das verteidigungsbereite Stralsund zur Aufnahme kaiserlicher Truppen hatte bewegen können, erreichte er auch nicht von den Schweden den Rückzug ihrer Truppen aus der Stadt. Ebenso scheiterten alle Anstrengungen, Kaiser Ferdinand zum Abzug seiner Armee zu veranlassen oder zumindest eine Verringerung der kaiserlichen Besatzungslasten herbeizuführen. Letztere lasteten schwer auf der Bevölkerung. Es waren seit 1628 etwa 39 000 Soldaten zu versorgen und fast die gesamte militärische Ausrüstung zu stellen. Willkür, unbarmherzige Ahndung auch nur geringfügiger Verstöße gegen die Kapitulationsbestimmungen von 1627 und Anwendung nackter Gewalt der kaiserlichen Soldaten ließen diese Jahre zu einer Leidenszeit für das Land werden.

Am 26. Juni 1630 trat das ein, was schon lange zu erwarten war: die Landung König Gustav Adolfs mit einem Heer von rund 12 000 Mann bei Peenemünde im Norden der Insel Usedom. Man wird drei Motive des Schwedenkönigs für seinen Eintritt in den großen europäischen Krieg nennen müssen. Zum einen sah er sein Land von den bis an die Ostseeküste vorgestoßenen Habsburgern und Polen bedroht, zum anderen wollte er seinem Ziel eines Dominium maris Baltici durch Beherrschung der deutschen Ostseeküste näherkommen, und zum dritten fühlte er sich zur Rettung des Protestantismus in Deutschland berufen.

In wenigen Tagen besetzten die Schweden die Inseln Usedom und Wollin, und gut zwei Wochen nach der Landung erschienen sie auf ihren Schiffen vor Stettin, das ihnen kampflos übergeben wurde. Das schwedische Expeditionskorps bestand außer dem vom König befehligten Teil aus einer von Usedom aus operierenden Abteilung unter Oberst Lars Kaag, der Stralsunder Abteilung unter Generalmajor Knyphausen und Truppen, die von Preußen nach Hinterpommern beordert wurden. In den nächsten Wochen eroberten und besetzten die Schweden eine ganze Reihe weiterer Städte, wenn sich auch wichtige Plätze weiterhin in den Händen der Kaiserlichen befanden. Doch König Gustav Adolf trat nicht nur als militärischer Aggressor, sondern auch als Politiker und Diplomat auf. So wie er sein Eingreifen im Deutschen Reich publizistisch von Hamburg und Stralsund aus hatte vorbereiten lassen, schloß er jetzt mit dem als gleichberechtigt angesehenen und behandelten Herzog Bogislaw XIV. die Stettiner Allianz, die nach zweiwöchigen Verhandlungen am 25. August 1630 zustande kam. Danach stellte sich der schwedische Feldzug als Hilfeleistung für den Herzog und sein Land dar, ohne daß sich der Pommer damit von Kaiser und Reich losgesagt hätte. Obwohl Bogislaw machtpolitisch nicht die geringste Rolle spielen konnte, hatte er rechtlich mit der Stettiner Allianz ein Instrument erworben, das auch später zum Wohle des Landes eingesetzt wurde. Die letzten kaiserlichen Truppen wurden 1631 von den Schweden aus Pommern vertrieben.

Nachdem Herzog Bogislaw XIV. im Frühjahr 1633 – er war damals 53 Jahre alt – einen Schlaganfall erlitten hatte und da er ohne Erben war, wurde die Frage seiner Nachfolge, die nach den alten Erbverträgen dem brandenburgischen Kurfürsten zustand, aktuell. Die Erkundigungen, die man nun in Stockholm einzog, machten die Absicht Schwedens deutlich, Pommern dem Brandenburger streitig zu machen. Die herzoglichen Räte arbeiteten deshalb 1634 eine Ordnung für das vereinte Pommern aus, die unter der Bezeichnung Regimentsverfassung bekannt ist und am 19. November 1634 von Herzog Bogislaw unterzeichnet wurde. Erstmalig unterschied man in der pommerschen Geschichte zwischen Person und Amt des Herzogs, so daß das Regierungskollegium auch in Abwesenheit des Landesfürsten handeln konnte. Da in der Regimentsverfassung neben dem Herzog die Stände Schutz und Schirm der Regierung übernahmen, war für den Fall des Todes des Herzogs ihr Fortbestand, rechtlich gestützt auf die Stände, gesichert.

Am 10. März 1637 starb Herzog Bogislaw XIV. An den Machtverhältnissen in Pommern änderte sich nichts. Dennoch ist dieser Tag ein Datum in der Geschichte Pommerns, das nicht übergangen werden darf. An jenem Tag erlosch das einheimische Fürstengeschlecht der Greifen im Mannesstamm. Soweit erkennbar, hatte es in einer Abfolge von 16 Generationen mehr als 500 Jahre den Herzogtitel in Pommern getragen. Im Laufe der Zeit war aus dem slawischen Geschlecht ein deutsches Fürstenhaus geworden. Große Politiker hat das Haus nicht hervorgebracht, abgesehen von König Erich I. Oft waren die Pommernherzöge nicht einmal Herr im eigenen Land, aber immer behaupteten sie sich. Durch Erlöschen seiner ersten Familie erlebte das Herzogtum eine noch nie dagewesene Situation.

Die trotz Regimentsverfassung in den ersten herzoglosen Wochen unsicher gewordenen ehemals herzoglichen Räte konnten erst durch die Stände bewogen werden, die Regierungsgeschäfte als Interimsadministration weiterzuführen. Seit Mai 1637, als Stände und Räte über die Regierungstätigkeit einen förmlichen Vertrag schlossen, betrachteten sich die Räte wieder fest im Regierungsamt und bezeichneten sich als »Fürstl. Pommersche hinterlassene Rähte«. Doch stand Pommern in Wirklichkeit zwischen dem Erbanspruch der Brandenburger Kurfürsten und den Schweden mit ihrer konkreten Machtausübung über Pommern. Im Verlauf des Jahres 1637 drangen kaiserliche Truppen unter Feldmarschall Matthias Gallas in Vorpommern ein und

besetzten große Teile. In Hinterpommern schlug sich der aus Sachsen zurückgekehrte Schwedengeneral Johan Baner mit eingefallenen brandenburgischen Truppen. Obendrein attackierte der Schwede die Kaiserlichen in Vorpommern. Das Jahr 1637 lebte als schwere »Banersche Tid« lange im Gedenken der pommerschen Bevölkerung weiter. Es sei hier auch an das bekannte Kinderlied
>>Maikäfer, flieg
dein Vater ist im Krieg
die Mutter ist in Pommerland
Pommerland ist abgebrannt
Maikäfer, flieg«
erinnert, das in der Notzeit des Dreißigjährigen Krieges entstanden ist.

Da die pommerschen Landtage infolge der Besetzung immer spärlicher beschickt wurden und damit der Rückhalt, den sie den Räten zu bieten vermochten, schwand, legten diese am 7. März 1638 ihre Ämter nieder. Damit war die politische Stimme Pommerns noch schwächer geworden, als sie ohnehin war. Schweden bot sich jetzt Gelegenheit, noch mehr als bisher die inneren Verhältnisse Pommerns zu bestimmen. Stockholm ernannte daher noch im selben Jahr den schwedischen Generalmajor Axel Lillie zum Gouverneur für Vorpommern und Generalmajor Johan Lilliehöök zum Gouverneur für Hinterpommern, und schließlich erhob man im November 1638 Feldmarschall Johan Baner, den schwedischen Oberkommandierenden im Deutschen Reich, zum Generalgouverneur für das offiziell herrenlose pommersche Herzogtum.

Nach einer zweijährigen Beratungsphase kam es in den beiden letzten Monaten des Jahres 1640 in Stettin zu Verhandlungen zwischen schwedischen Abgesandten und den pommerschen Ständen über die Zukunft des Landes. Sie scheiterten, da die Pommern ihre Loyalität gegenüber dem erbberechtigten brandenburgischen Kurfürsten nicht preisgaben. Daraufhin nahmen die Schweden den Wiederaufbau der pommerschen Verwaltung in eigener Regie vor. Sie bauten die Verwaltung ihrer Gouverneure zunächst zur provisorischen Landesregierung aus. Das Hofgericht in Stettin und das Konsistorium in Greifswald, deren Mitglieder ihr Amt niedergelegt hatten, wurden neu besetzt. Klug vorgehend, berief man keine schwedischen, sondern fast ausschließlich pommersche Persönlichkeiten. Obwohl sich der Wiederaufbau der Landesverwaltung ohne die Stände vollzog, bezogen die Schweden seit 1643 diese wieder verstärkt in ihre Politik ein. Insbesondere bei der Erhebung der Kontributionen wirkten die Stände mit. Eine wesentliche Verbesserung der Situation brachte die Beendigung der Kampfhandlungen durch den schwedisch-brandenburgischen Waffenstillstand im Juli 1641, wie überhaupt die kriegführenden Parteien in dieser Zeit versuchten, den großen europäischen Krieg zu beenden. Dies führte nach schwierigen Verhandlungen zu den 1644 zusammentretenden Friedenskongressen in Osnabrück und Münster. Die pommersche Frage wurde in Osnabrück verhandelt. Pommerns Stände waren von Oktober 1645 bis Mai 1647 durch zwei Gesandte, Markus von Eickstedt und Friedrich Runge, vertreten, beide bei der schwedischen und der brandenburgischen Delegation akkreditiert, denn in kluger Einsicht ihrer begrenzten Möglichkeiten und aus politischer Vorsicht unterhielten Eickstedt und Runge sowohl zu den Schweden als auch zu den Brandenburgern tragfähige Beziehungen. Hauptziel der beiden pommerschen Deputierten war, eine

Das im 15. Jahrhundert erbaute »Steintor« von Anklam, mit 32 m höchstes Stadttor Pommerns

ausdrückliche Garantie der landständischen Rechte und Freiheiten, basierend auf der Rechtslage Pommerns, im Friedensvertrag zu verankern. Im Jahre 1647 einigten sich Brandenburg und Schweden in der Pommernfrage, dem ein Dreivierteljahr später das endgültige Friedenswerk, der Westfälische Frieden vom 24. Oktober 1648, mit gleichlautenden Regelungen folgte. Das Ergebnis der Friedensverhandlungen bestand im wesentlichen in der Unterstellung Vorpommerns, Stettin und Gartz einschließend, mit Rügen, Usedom, Wollin sowie Damms und Gollnows mit einem noch festzulegenden rechtsoderischen Streifen bis zur Ostsee unter schwedische Herrschaft und der Zuweisung des verbliebenen hinterpommerschen Teils des Herzogtums einschließlich des Bistums Cammin an den Kurfürsten von Brandenburg. Der Westfälische Frieden brachte Pommern also erneut eine Teilung; diese war jedoch tiefgreifender als die früheren, da die Landesherren jetzt keinem gemeinsamen Fürstenhaus mehr angehörten. Friedrich Wilhelm, der Große Kurfürst, der seit 1640 in Brandenburg regierte, hatte seinen Rechtsanspruch auf die ungeschmälerte Nachfolge des letzten pommerschen Herzogs, den die Hohenzollern im Laufe der Geschichte erworben hatten, nicht durchsetzen können. Er mußte sich mit der ökonomisch wie kulturell schwächeren Hälfte des Herzogtums begnügen. Die Großmacht Schweden ließ sich das westliche Pommern und die wichtige Odermündung nicht nehmen. Vertragstechnisch hatte man es in Osnabrück so geregelt, daß Kaiser Ferdinand III. Königin Christine von Schweden und das schwedische Königreich mit diesen Gebieten für immer belehnte. Die Belehnung Schwedens und die Belehnung für alle Zeiten bedeuteten die endgültige Abtretung der pommerschen Gebiete an Schweden – das gleiche gilt für die anderen schwedischen Eroberungen in Deutschland: Wismar, Bremen und Verden – und damit eine wichtige Änderung des Wesensgehalts des Lehnsrechts. Die lehnsrechtliche Einsetzung symbolisierte aber auch den Verbleib dieser Gebiete beim Deutschen Reich. Infolgedessen wurden die schwedischen Könige deutscher Reichsstand und erhielten Sitz und Stimme auf den Reichstagen. Zwei weitere Bestimmungen des Westfälischen Friedens versuchten die Zugehörigkeit Schwedisch-Pommerns zum Deutschen Reich zu konkretisieren: Für alle Besitzungen in Deutschland hatte Schweden ein eigenes höchstes Gericht zu etablieren, das auf der Grundlage der Reichskonstitutionen und der regionalen Ordnungen Recht sprechen mußte. Die schwedische Königin war verpflichtet, den Ständen bei der Huldigung ihre Freiheit, ihr Vermögen sowie ihre Rechte und Privilegien zu bestätigen. So nahm Schwedisch-Pommern in der Tat eine Zwitterstellung zwischen dem Reich und Schweden ein.

Die Ausführung des Westfälischen Friedens nahm viel Zeit in Anspruch. Erst im Mai 1650 begannen die Brandenburger und Schweden über den Grenzverlauf in Pommern zu verhandeln. Nachdem man im Oktober 1651 darüber Einigkeit erzielt hatte, blockierte der Dissens in einer Finanzangelegenheit monatelang die abschließenden Verhandlungen. Schließlich konnte man am 4. Mai 1653 in Stettin den Grenzrezeß und weitere Dokumente unterzeichnen. Danach sollte die Grenze zwischen dem brandenburgischen und dem schwedischen Teil Pommerns von der pommersch-neumärkischen Grenze wenige Kilometer östlich von Bahn in das Weichbild von Greifenhagen, dann in die östliche Umgebung von Gollnow und von dort in einem etwas nach Westen schwingenden Bogen, der aber nie das Haff oder die Dievenow berührte, in die östliche

Nachbarschaft von Cammin führen, um danach die Ostsee zu erreichen. Am 6. Juni 1653 übergaben die Schweden offiziell Hinterpommern den Vertretern Brandenburgs, am selben Tag verließ die schwedische Garnison Kolberg, nachdem sie die Hafenstadt den brandenburgischen Truppen unter Generalfeldzeugmeister Christ von Sparr übergeben hatte.

Vom Westfälischen bis zum Stockholmer Frieden

Als erste Verwaltungspersonen des neuen Landesherrn traten in Hinterpommern brandenburgische Kommissare auf. Ihre Existenz war mit dem stehenden Heer, das der Große Kurfürst 1644 aufgestellt hatte, eng verbunden. Stehendes Heer und die ihm dienende Kommissariatsverwaltung waren Bausteine der kurfürstlichen Politik, die neuartig waren und von großer Bedeutung für den brandenburgisch-preußischen Staat werden sollten. Die Kommissare hatten insbesondere für die personellen und finanziellen Grundlagen der kurfürstlichen Streitmacht zu sorgen, so daß die ersten in Pommern eingesetzten Kommissare zunächst für Verpflegung und Marschordnung der brandenburgischen Truppen zuständig waren. Noch im Juni 1653 wurden dann in Kolberg die Regierung und das Hofgericht für Hinterpommern eingesetzt. Ebenfalls 1653 errichtete man in Kolberg ein Konsistorium. Als Generalsuperintendent wirkte dort bis 1673 Christian Grosse. Die im Westfälischen Frieden auch den Reformierten garantierte Religionsfreiheit sollte in Hinterpommern auf eine ernste Probe gestellt werden. Mit dem Zuzug kurfürstlicher Beamter waren etliche Reformierte nach Kolberg gekommen, die eine eigene Gemeinde forderten. Erst nach Überwindung heftigen lutherischen Widerstandes wurde Weihnachten 1657 der erste reformierte Gottesdienst gehalten, amtierte ein reformierter Geistlicher in Kolberg, wurden 1663 eine reformierte Schule und die Voraussetzung eines eigenen Kirchbaues geschaffen. Die kleineren reformierten Gemeinden in Rügenwalde, Köslin und Körlin und die später entstandenen in Polzin, Belgard, Treptow a. d. R. und Greifenberg wurden von Kolberg versorgt. Im Laufe der bis 1688 währenden Regierungszeit Kurfürst Friedrich Wilhelms kam noch etwa ein halbes Dutzend Orte hinzu, in denen reformierter Gottesdienst gehalten wurde – insbesondere sind Stargard und Stolp zu nennen. Infolge des späteren Erwerbs der Lande Lauenburg und Bütow sowie der Starostei Draheim gab es seit 1657 auch wieder Katholiken in Pommern.
Die Camminer Stiftslande wurden mit Beginn der brandenburgischen Herrschaft 1653 ganz im Sinne des Osnabrücker Friedensschlusses ohne Sonderrechte in die Landesverwaltung eingegliedert. Den 1637 zum Camminer Bischof gewählten Herzog Ernst Bogislaw von Croy hatte der Kurfürst bereits 1650 zum Verzicht auf sein Amt und damit als Herr der Stiftslande durch eine großzügige Geldzahlung und Landabfindungen veranlaßt. 1665 sollte er ihn zu seinem Statthalter in Hinterpommern ernennen. Das ehemalige Stiftsgebiet wurde in den ersten Jahren als das »inkorporirte Land« bezeichnet. 1669 wurde es als reichsunmittelbar anerkannt, und der Kurfürst erhielt für das »Fürstentum Cammin« Sitz und Stimme im Reichstag. Die Titulatur der Kurfürsten von Brandenburg und späteren Könige von Preußen zählte bis 1918 auch den

»Fürst zu Kammin« auf, und zwar zuletzt an 42. Stelle von den 55 aufgeführten Einzeltiteln. Entsprechend führten die Hohenzollern seit 1674 in ihrem Großen Wappen für das Fürstentum Cammin ein Wappen – es zeigte ein silbernes Ankerkreuz auf rotem Grund.

Zur allgemeinen Freude bestätigte der neue Landesherr am 10. Januar 1654 die Rechte und Freiheiten der pommerschen Stände. Die Errichtung von Garnisonen, Kennzeichen des stehenden Heeres, fand dagegen gerade nach Abschluß des Friedens keine ungeteilte Zustimmung: Die Stände versagten die Huldigung. Diese erfolgte erst 1665. 1668 wurden Regierung und Hofgericht von Kolberg nach Stargard verlegt. Auch der Generalsuperintendent und das Konsistorium mußten in die Ihna-Stadt umziehen. 1674 machte der Kurfürst wegen des Krieges mit Schweden die Verlegung rückgängig. Zwölf Jahre später wurde schließlich Stargard durch erneute Verlagerung der kurfürstlichen Behörden endgültig Hauptstadt Hinterpommerns. 1678 ernannte der Kurfürst seinen tüchtigsten Soldaten, Generalfeldmarschall Georg von Derfflinger, zum Statthalter von Hinterpommern. Dieses Ehrenamt bekleidete Derfflinger bis zu seinem Tode im Jahre 1695.

Ebenso wie im brandenburgischen Pommern waren in Schwedisch-Pommern nach 1648 die rechtlichen Grundlagen der Herrschaft festzulegen. Während der Hohenzoller erst einmal fünf Jahre auf die Gebietsübertragung warten mußte, konnten die Schweden sich dieser Aufgabe ohne Verzögerung widmen. Schon im Januar 1649 schickten die pommerschen Stände eine Deputation nach Stockholm, um dort ihre politischen Vorstellungen zu übermitteln. Da die Schweden jedoch mehr an Finanzfragen als an den für die Landstände entscheidenden Verfassungsfragen interessiert waren, ergaben sich lange, schwierige Verhandlungen. Übereinstimmung herrschte nur in der Religionsfrage, ansonsten fand man keinen Kompromiß. In der Landesverwaltung behalf man sich derweil mit den Provisorien aus dem Dreißigjährigen Krieg. Erst 1662 zeigte man sich in Stockholm zu ernsthaften Verhandlungen bereit. Das Ergebnis lag am 17. Juli 1663 mit dem Erlaß einer von beiden Seiten akzeptierten Regierungsform vor. Daraufhin erfolgte die Huldigung der Stände vor dem minderjährigen König Karl XI. von Schweden. Die Regierungsform sah vor, daß die königliche Regierung für Vorpommern eine kollegiale Behörde sein sollte, die aus dem Generalgouverneur, dem Hofgerichtspräsidenten, dem Kanzler, zwei Regierungsräten und dem Stettiner Schloßhauptmann gebildet werden sollte. Die Regierungsmitglieder sollten gebürtige Pommern oder Personen sein, die das Indigenat erlangen konnten, und sie sollten der lutherischen Konfession angehören. Die Regierungsform von 1663 basierte folglich auf der Regimentsverfassung von 1634 und bildete zusammen mit der Privilegienbestätigung Karls XI. und dem Hauptkommissionsrezeß, beide aus dem Jahre 1663, die verfassungsrechtliche Grundlage Vorpommerns als eines Territoriums des Heiligen Römischen Reiches Deutscher Nation und gleichzeitig einer Provinz des schwedischen Königreiches. Die Regierungsform blieb bis 1806 in Kraft.

Als Generalgouverneur wirkte von 1648 an – mit Ausnahme der Jahre 1653 bis 1656 – Carl Gustav Wrangel. Er war im Dreißigjährigen Krieg bis zum Oberkommandierenden der schwedischen Truppen in Deutschland aufgestiegen und gehörte als Reichsadmiral seit 1660 der sechsköpfigen schwedischen Vormundschaftsregierung an. Der 1651 zum Grafen von Salmis – später Graf von Sölvesborg – erhobene Wrangel wurde 1664 zum Reichsfeldherrn Schwedens ernannt. Das pommersche Amt hatte Wrangel bis zu seinem Tode im Jahre 1676 inne.

Bevor sich die schwedische Krone und die pommerschen Stände nach mühseligen, mehrmals des längeren unterbrochenen Verhandlungen 1663 über die Verfassungsfragen Schwedisch-Pommerns geeinigt hatten, waren bereits in einigen anderen Bereichen Entscheidungen gefällt worden. So wurde 1653 in Ausführung des Westfälischen Friedens in Wismar ein königliches Gericht geschaffen, das als höchste Instanz für alle Rechtsstreitigkeiten in den deutschen Gebieten Schwedens galt. Die Stände der betroffenen Territorien waren an der Richterauswahl beteiligt, und zum ersten Vizepräsidenten des Wismarer Gerichts wurde der Stralsunder Syndikus David Mevius berufen, der schon 1650 mit einer Denkschrift über das pommersche Verfassungsrecht bei den Verhandlungen mit Schweden hervorgetreten war. 1657 wurde für Wismar eine Gerichtsordnung erlassen. Das Stettiner Hofgericht verlegten die Schweden nach Greifswald. Das Stettiner Konsistorium löste man 1657 auf, so daß das Greifswalder Konsistorium für ganz Schwedisch-Pommern zuständig war, mit Ausnahme des engeren Stadtgebietes von Stralsund, das seine kirchliche Sonderrolle in Form eines eigenen Konsistoriums fortführen konnte.

Die äußeren Beziehungen der beiden pommerschen Landesteile in der Zeit nach dem Westfälischen Frieden wurden durch den schwedisch-polnischen Krieg bestimmt. Im Juni 1654 dankte Königin Christine von Schweden, die zum katholischen Glauben übertrat, ab; ihr Nachfolger war ihr Vetter Karl-Gustav von Pfalz-Zweibrücken, als schwedischer König Karl X. Gustav. In Vorpommern, das als Aufmarschgebiet des schwedischen Heeres diente, wurden mehrere Regimenter aufgestellt, und im Juli 1655 brachen die Truppen Karls X. Gustav in zwei Armeen auf, um nach Durchquerung brandenburgisch-pommerschen und neumärkischen Gebiets die Feindseligkeiten gegen Polen zu eröffnen. Das Ende des schwedisch-polnischen Krieges brachte immerhin die faktische Rückgliederung der Länder Lauenburg und Bütow an Pommern, da der Kurfürst diese im Bromberger Vertrag vom 6. November 1657 vom polnischen König als erbliche Lehen erhielt. Als Pfandbesitz übernahm der Kurfürst gleichzeitig die polnische Starostei Draheim, die 1688 ohne jede Einschränkung Pommern angeschlossen werden konnte.

Ein Ziel, um das die Gedanken Friedrich Wilhelms immer wieder kreisten, war in der auswärtigen Politik die Einverleibung Schwedisch-Pommerns oder zumindest der Odermündung in den brandenburg-preußischen Staat. 1659 schien es, als ob er Erfolg haben würde. Der mit dem Kurfürsten gegen Schweden verbündete Kaiser schickte General de Souches mit 14 000 Mann. Die kaiserlichen Truppen eroberten Greifenhagen und Damm, besetzten die Insel Wollin, nahmen Treptow a. d. Tollense, Tribsees und Loitz ein und belagerten sieben Wochen lang Stettin. Dieses verteidigte sich jedoch unter dem Kommando Paul v. Wirtz' erfolgreich. Entscheidend für die am Ende völlige Erfolglosigkeit der auf Schwedisch-Pommern gerichteten kurfürstlichen Bestrebungen war aber die vollständige Isolation, in die der Kurfürst bei den sich schnell ändernden politischen Konstellationen in der Pommern-Frage geraten war. Im Frieden zu Oliva im Mai 1660 ging der Kurfürst deshalb hinsichtlich Pommerns leer aus.

Rund anderthalb Jahrzehnte später wurde um Schwedisch-Pommern erneut militärisch und diplomatisch gerungen. 1674 kam es zum Krieg zwischen dem Deutschen Reich, das mit Holland und Spanien verbündet war, und Frankreich. Ein wichtiges militärisches Element im Reichsgefüge stellte der Kurfürst von Brandenburg dar, so daß König Ludwig XIV. von Frankreich König Karl XI. von Schweden zum Angriff auf Brandenburg veranlassen konnte. Ende 1674 wurde Vorpommern zum Aufmarschgebiet der ungefähr 28 000 Mann zählenden schwedischen Armee, deren Soldaten fast zur Hälfte Deutsche waren. Bald bezog man in der Uckermark, im brandenburgischen Hinterpommern und in der Neumark Quartier, ohne daß es zu Kämpfen mit kurfürstlichen Truppen kam. Die entscheidende Schlacht fand erst am 18. Juni 1675 bei Fehrbellin, ca. 50 km nordwestlich von Berlin gelegen, statt, in der der Kurfürst die Schweden schlug.

Der Sieg bestärkte ihn in der Auffassung, jetzt die Bastionen des schwedischen Imperiums an der Südküste der Ostsee für immer zerschlagen zu können, und er verbündete sich zu diesem Zweck mit König Christian V. von Dänemark. Die militärischen Erfolge in Pommern selbst waren in diesem Jahr nicht überragend. Im wesentlichen bestanden sie in der Eroberung von Stadt und Schloß Wolgast sowie der Inseln Wollin und Usedom, so daß das noch von den Schweden beherrschte Pommern in zwei Teile mit Stettin bzw. Stralsund als befestigtem Mittelpunkt geteilt war. Doch bald wurde um diese vom Kurfürsten bereits eingenommenen Gebiete und Plätze erneut gekämpft. Am 29. August 1676 kapitulierte Anklam, am 1. Oktober Demmin, allerdings mußte das brandenburgische Heer vor Anklam erhebliche Verluste hinnehmen. Mit dem Hauptteil seines Heeres wollte der Kurfürst selbst die Festung Stettin einnehmen. Im September 1676 begann der Angriff auf Stettin. Des Kurfürsten Hoffnung auf eine Anhängerschaft in der Bevölkerung der belagerten Stadt, die eine längere Verteidigung unmöglich machen würde, erfüllte sich nicht. Im Winter stellte er seine Angriffe ein, umzingelte Stettin aber weiterhin. Erst im Juli 1677 nahm er die Belagerung wieder auf, unterstützt durch Truppen der Herzöge von Lüneburg. Trotz verheerender Kanonaden und heftiger Kämpfe kapitulierte Stettin unter General von Wulfen erst im Dezember 1677. Ein Dreivierteljahr verging, bevor der Brandenburger die Belagerung Stralsunds als des letzten wichtigen Platzes der Schweden in Pommern begann. Anders als in Stettin sympathisierten nicht wenige Bürger mit dem Kurfürsten. Ein lang vorbereitetes 16stündiges Bombardement führte im Oktober 1678 zur Übergabe der Stadt an den Kurfürsten. Nachdem nach kurzem Kampf auch Greifswald kapituliert hatte, waren die Schweden aus ganz Pommern vertrieben, und Friedrich Wilhelm schien der Durchsetzung seines Rechtsanspruchs nahe.

Bereits seit dem Frühjahr 1676 liefen durch Vermittlung Englands und des Papstes in Nymwegen Friedensverhandlungen zwischen dem Reich, Holland, Spanien und Frankreich. Nachdem die Niederlande und Spanien bereits im Spätsommer 1678 mit Frankreich je einen Sonderfrieden eingegangen waren, entschloß sich Anfang 1679 auch das Reich, den Krieg mit Frankreich zu beenden. Es kam zum Frieden zu Nymwegen vom 5. Februar 1679, der die vollständige Wiederherstellung des Westfälischen Friedens – auch im Norden des Reiches – vorsah und Frankreich erlaubte, zu diesem Zweck Truppen über deutschen Boden marschieren zu lassen.

Der Friedensschluß und insbesondere die kaiserlichen Zugeständnisse riefen in dem Brandenburger maßlose Enttäuschung und Zorn hervor. Die Bestimmungen des Nymweger Vertrages trafen ihn in seiner Pommern-Politik doppelt und dreifach. Da Ludwig XIV. von Friedrich Wilhelm ultimativ die Aufgabe seiner Eroberungen forderte und seinem Willen glaubwürdig Nachdruck verlieh, sah sich der Kurfürst genötigt, am 29. Juni 1679 den Frieden von St. Germain-en-Laye abzuschließen. Mit ihm erhielt er von Schweden nur dessen rechts der Oder, des Haffs und der Dievenow gelegenen Gebietsstreifen mit den Städten Bahn, Greifenhagen und Cammin. Die Städte Damm und Gollnow blieben mit ihrem Areal weiterhin in schwedischem Besitz.

Dieser kleine Territorialgewinn stand in keinem Verhältnis zu den Kriegslasten, dem militärischen Erfolg und den daraus resultierenden Erwartungen des Brandenburgers. Doch er mußte sich den Forderungen Frankreichs, der westlichen Hegemonialmacht, beugen und das schwer erkämpfte Vorpommern wieder herausgeben. Als letzter größerer Ort wurde Ende 1679 Stettin den Schweden übergeben, das daraufhin wieder Zentrum – Sitz des Generalgouverneurs Graf Otto von Königsmarck – von Schwedisch-Pommern wurde.

Zur Wiederherstellung geordneter staatlicher Verhältnisse setzte König Karl XI. eine Kommission ein, die aber auch die Haltung der Städte während der Belagerungszeit überprüfen sollte. Im Fall Stettins wurde das Verhalten anerkannt und mit Unterstützung beim Wiederaufbau belohnt. Auch Anklam gewährten die Schweden eine Vergünstigung, und zwar eine dreijährige Steuerfreiheit. Stralsund vergaß man seine brandenburgische Einstellung nicht und behandelte es entsprechend, so daß das Wohlstandsniveau Stralsunds innerhalb weniger Jahre erheblich sank. Insgesamt waren die wirtschaftlichen Verhältnisse Schwedisch-Pommerns unerfreulich: Zum einen warfen die üblichen Erwerbszweige nur wenig Gewinn ab und erholten sich trotz aller Bemühungen nicht, zum anderen wurden wegen der Finanznöte Schwedens immer neue Abgaben erhoben. Dazu trugen auch die Belastungen durch Stationierung eines starken Truppenkontingents bei, denn Vorpommern blieb weiterhin die Militärbasis Schwedens in Mitteleuropa. Für die innere Sicherheit des Landes sollte eine neue Polizeiordnung vom 21. April 1680 sorgen. 1682 wurde die Gesindeordnung bestätigt. Gegen das Bauernlegen hatte man nichts einzuwenden.

Die vorpommersche Geistlichkeit begrüßte das Verbleiben des Landesteils bei Schweden, das seit seinem Eintritt in den Dreißigjährigen Krieg als Vormacht und Garant des Luthertums galt. Der Spruch »Bleibt so ein Fürst wie Karl auf Schwedens Thron stehn, so kann das Luthertum unmöglich untergehn« war geläufig. Viele pommersche Geistliche waren in jungen Jahren Militärpfarrer in schwedischen Diensten gewesen. Als aber Schweden zunehmend versuchte, die Kirche in Vorpommern zu reglementieren und der schwedischen Kirchenverfassung zu unterstellen, erhob sich in der Geistlichkeit Widerstand, der 1686 in einer Reise des Generalsuperintendenten Augustin Balthasar nach Schweden zu Kanzler Oxenstierna gipfelte. Er erreichte, daß zukünftig die pommerschen Wünsche respektiert und der Generalsuperintendent frühzeitig bei allen die Kirche betreffenden Angelegenheiten von der Regierung konsultiert werden sollte. Nach Balthasar, der von 1679 bis 1688 Generalsuperintendent war, bekleideten

Friedrich Rango (1689–1700) und Johann Friedrich Mayer (1701–1712) dieses höchste kirchliche Amt. Zu den äußeren Bedrängnissen traten innerkirchliche Auseinandersetzungen hinzu. Bereits seit dem ausgehenden 17. Jahrhundert versuchte der Pietismus auch in Schwedisch-Pommern Fuß zu fassen. Die Generalsuperintendenten Rango und Mayer, unterstützt von weiten Teilen der Kirche und der Regierung, wandten sich mit Entschiedenheit gegen diese religiöse Strömung. Es gelang ihnen, die Ausdehnung des Pietismus über kleine Zirkel hinaus zu verhindern.

Auch Brandenburg-Pommern bot wenig Voraussetzung zur Ausbreitung des Pietismus, in Hinterpommern dominierte ebenfalls das orthodoxe Luthertum. Es war ein Pommer, David Hollatz, Präpositus von Jacobshagen, der 1707 das letzte wissenschaftliche Werk der Orthodoxie in Deutschland veröffentlichte. Doch die brandenburgischen Landesherren, der Große Kurfürst und Kurfürst Friedrich III., seit 1701 Friedrich I., König in Preußen, waren erheblich liberaler als die schwedischen Monarchen, sie begünstigten sogar die Pietisten. So wurde 1688 mit Günter Heiler ein überzeugter Anhänger der neuen Religionsauffassung in das Amt des hinterpommerschen Generalsuperintendenten berufen. Vorkämpfer und Anführer der pommerschen Pietisten wurde jedoch Johann Wilhelm Zierold, der 1696 als Präpositus und Gymnasialprofessor nach Stargard kam. Eine Frucht des pommerschen Pietismus war die 1707 herausgegebene Stargarder Bibel, die schöne Bilder und Erläuterungen enthielt und allgemeine Bewunderung auslöste.

Ebenso wie westlich der Oder mußte in Hinterpommern, das 1688 nur 114 000 Menschen zählte, die Bevölkerung viele Steuern entrichten. Sie betrugen im letzten Herrschaftsjahr Friedrich Wilhelms – 1687 – 139 000 Taler. 1681 trat eine neue Jagd- und Holzordnung, 1682 eine neue Mühlenordnung in Kraft. Kurfürst Friedrich III. errichtete 1689 eine Münze in Stargard. Die Lage der Bauern, die der Gutsherrschaft des Adels unterworfen waren, war beklagenswert, denn man schritt im allgemeinen gegen das Bauernlegen nicht ein. Der Adel hatte zwar eine im kleinen machtausübende und starke wirtschaftliche Stellung im Staate inne, war aber als Landstand politisch ohne große Schwierigkeiten entmachtet worden. Viele Familien traten in brandenburgische Dienste, wie beispielsweise Feldmarschall Graf Heinrich von Flemming, der nach dem Tode von Georg von Derfflinger zum Statthalter Pommerns ernannt wurde. Seit 1706 bis zum Ende der Monarchie in Preußen wurde nach Flemming ein Mitglied des Königshauses mit dieser Ehrenstellung betraut.

Zwei große Kriege, der Spanische Erbfolgekrieg und der Nordische Krieg, bestimmten in den ersten Jahrzehnten des 18. Jahrhunderts das Geschehen in Europa. Beide Teile Pommerns waren davon betroffen. In den Truppen, die Preußen dem Kaiser für den Krieg gegen Frankreich zur Verfügung stellte, kämpften nicht wenige Hinterpommern. Vorpommern war als schwedische Provinz in den Nordischen Krieg einbezogen, der seit 1700 zwischen Schweden unter König Karl XII. und der Koalition von Dänemark, Sachsen-Polen und Rußland geführt wurde. Die anfänglichen Waffensiege des jungen Schwedenkönigs riefen in Vorpommern Begeisterung hervor: An dem schwedischen Kriegsruhm wollte man auch teilhaben. An den schwedischen Feldzügen der Jahre 1700 und 1701 waren zwar keine pommersche Truppen beteiligt, aber in der nachfolgenden Zeit kämpfte eine erhebliche Anzahl von Pommern unter schwedischer Fahne, so auch in der Schlacht bei Poltawa 1709, die die Wende im Nordischen Krieg brachte. Kriegsschauplatz wurde Pommern erst im Jahre 1711. Russische und sächsische Truppen waren nach Mecklenburg marschiert und drangen zusammen mit der dänischen Armee, die unter dem Kommando König Friedrichs IV. stand, Ende August 1711 in Vorpommern ein. Die Alliierten besetzten fast ganz Vorpommern. Die Schweden zogen sich in die beiden Festungen Stettin und Stralsund zurück, auch die Insel Rügen blieb unter schwedischer Herrschaft. Ein entscheidender Erfolg gelang den Alliierten weder 1711 noch 1712, das Land mußte jedoch wieder schwer leiden. So wurden als Vergeltung für die Einäscherung Altonas durch die Schweden auf russischen Befehl Gartz a. d. Oder und Wolgast 1713 geplündert und niedergebrannt.

Preußen war bisher in diesem Krieg neutral geblieben, aber König Friedrich Wilhelm I., der seit 1713 regierte, suchte nach einer Möglichkeit, die völlige Zerstörung Schwedisch-Pommerns, das er für sich zu gewinnen trachtete, zu verhindern. Es gelang ihm, mit Herzog Karl Friedrich von Holstein-Gottorp, der sich berechtigte Hoffnungen auf die Nachfolge des Schwedenkönigs machen konnte, am 22. Juni 1713 einen Vertrag über Pommern abzuschließen. Danach sollten Preußen und Holstein-Gottorp Stettin und Wismar besetzen und für Schwedisch-Pommern insgesamt Frieden hergestellt werden. Beim Friedensschluß sollte Schweden Vorpommern zurückerhalten, aber die entstandenen Kosten begleichen. Karl Friedrich erklärte jetzt schon, er werde bei Herrschaftsantritt den südlich der Peene gelegenen Teil Pommerns an Preußen abtreten. Während der schwedische Generalgouverneur diesen Regelungen zustimmte und Rußland und Sachsen sich damit einverstanden erklärten, lehnte General v. Meyerfeldt, der Kommandant Stettins, die Übergabe der Stadt ohne ausdrücklichen Befehl des schwedischen Königs, der sich in dieser Zeit in der Türkei aufhielt, ab. So kam es im August und September 1713 zum Angriff von Russen und Sachsen unter Führung des Fürsten A. D. Menšikov, eines engen Mitarbeiters Peters des Großen. Am 19. September 1713 kapitulierte General v. Meyerfeldt. Kurz danach – am 6. Oktober – vereinbarten Russen und Preußen in Schwedt, daß Preußen Stettin und das Gebiet bis zur Peene sowie die Inseln Usedom und Wollin zur Verwaltung übergeben werden sollten, allerdings gegen Zahlung von 400 000 Talern Belagerungskosten an Rußland und Sachsen. Noch am selben Tage marschierten die Preußen unter General v. Borcke in Stettin ein.

Die preußische Fiktion eines neutralen Verhaltens und sogar freundschaftlicher Beziehungen zu Schweden wurde durch die Erklärung Karls XII. zerstört, er betrachte sich an die von ihm nicht genehmigten Verträge nicht gebunden. Friedrich Wilhelm I. reagierte darauf am 12. Juni 1714 mit dem Abschluß eines Vertrages mit Rußland, in dem Preußen der endgültige Erwerb Vorpommerns bis zur Peene einschließlich der Oderinseln und Wolgasts zugesichert wurde. Ende 1714 nahm Karl XII. das Schicksal noch einmal in die eigene Hand. Er ritt von der Türkei nach Stralsund, wo er im November eintraf, umjubelt von der Stadtbevölkerung, um die Machtverhältnisse zugunsten Schwedens herumzureißen. Nach dem Scheitern diplomatischer Verhandlungen mit Preußen nahmen die Schweden im Februar 1715 Wolgast ein und besetzten zwei Monate später die Insel Usedom. Am 1. Mai 1715 erklärte Preußen Schweden den Krieg. Im Juli schlossen preußische Truppen, unterstützt von sächsischen Einheiten,

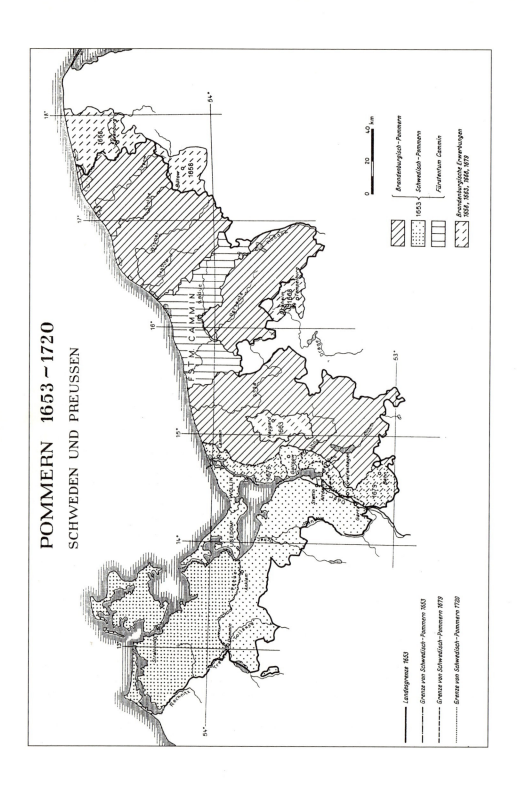

und ein dänisches Heer das vom Schwedenkönig verteidigte Stralsund ein. Erst nach zweimonatigem verlustreichen Kampf, der von weiteren Kriegshandlungen in Vorpommern begleitet war, kapitulierte die Festung unmittelbar vor Weihnachten. König Karl XII. hatte die Stadt kurz zuvor, am 22. Dezember, über See verlassen.
Nachdem die schwedische Herrschaft in Vorpommern beendet worden war, ließ sich der dänische König in Stralsund huldigen, während Preußen von dem Land südlich der Peene und den Inseln Usedom und Wollin Besitz ergriff. Hingegen hielt Karl XII. bis zu seinem Tode im Dezember 1718 an seinen Rechten auf Vorpommern fest. Erst Königin Ulrike Eleonore von Schweden, die jüngere Schwester und Nachfolgerin Karls XII., trat 1719 in Verhandlungen mit den Kriegsgegnern ein. Als Ergebnis der Friedensregelung fiel der von Preußen schon beherrschte Teil Vorpommerns im Frieden von Stockholm vom 21. Januar 1720 offiziell an Preußen, allerdings mußte es dafür zwei Millionen Taler an Schweden zahlen. Eine Abtretung Vorpommerns nördlich der Peene konnte Schweden vermeiden, so daß es seine faktisch verlorene Herrschaft dort wieder aufrichten konnte.

Zwischen preußischem Absolutismus und schwedischem Stillstand

Nachdem das Königreich Schweden, der bisherige Souverän, die Herrschaft Preußens in Vorpommern südlich der Peene anerkannt hatte, ließ sich König Friedrich Wilhelm I. von Preußen am 10. August 1721 in Stettin huldigen und begann zugleich mit dem Ausbau der Verwaltung. In den vorangegangenen Verhandlungen mit der Ritterschaft und den Städten hatte Friedrich Wilhelm zwar die Bestätigung der zahlreichen ständischen Privilegien abgelehnt, trotzdem verweigerte niemand die Huldigung, an der entsprechend dem königlichen Willen die Stettiner Bürgerschaft direkt teilnahm. Seine Freude und seinen Stolz über den Gewinn Stettins und des Landes zwischen Oder und Peene brachte Friedrich Wilhelm in dem 1724 und 1725 erfolgten Bau des Berliner Tores in Stettin mit einer entsprechenden Inschrift zum Ausdruck.
Bereits seit 1716 fungierte der Geheime Rat v. Massow als Präsident aller hinterpommerschen und preußisch-vorpommerschen Staatskollegien. Seine Aufgabe bestand darin, diese beiden Teile Pommerns unter preußischem Vorzeichen zusammenzuführen. Oberste Zentralbehörde der Provinz war die »Pommersche und Kamminsche Regierung«, der aber wichtige Kompetenzen fehlten und die seit 1720 von Philipp Otto v. Grumbkow geleitet wurde. Diese wurde 1723 von Stargard nach Stettin verlegt. Die wichtigste zentrale Behörde wurde jedoch die 1723 geschaffene Kriegs- und Domänenkammer, die ebenfalls in Stettin angesiedelt wurde. Sie war im Zuge der von Friedrich Wilhelm im Jahre 1722 vorgenommenen Umgestaltung und Konzentration der inneren Verwaltung des preußischen Gesamtstaates durch die Gründung des für ganz Preußen zuständigen und damit weisungsberechtigten Generaldirektoriums ins Leben gerufen worden.
Die Kriegs- und Domänenkammer Pommerns leitete ebenfalls Philipp Otto v. Grumbkow, der damit an die Stelle Massows getreten war. Die erhebliche Verringerung der

Kompetenzen der Regierung ließ diese vorrangig als oberstes Landgericht für das preußische Pommern erscheinen. Es gab zwei Hofgerichte, eines in Stargard, das 1739 nach Stettin verlegt wurde, und eines in Köslin, 1720 gegründet. Ein Medizinal- und Sanitätskollegium wurde 1725 in Stettin eingerichtet und der Kriegs- und Domänenkammer angeschlossen. Der Kammer direkt unterstellt waren die Landräte und die Steuerräte. Je ein Landrat war für die zunächst vier Kreise zuständig, in die das preußische Pommern eingeteilt worden war, nämlich Stettin, Pyritz, Kolberg und Stolp; 1724 erfolgte eine neue Kreiseinteilung. In den Städten, immer mehrere zusammengefaßt, wurden die königlichen Vollstreckungsbeamten Steuerräte genannt. Während die Steuerräte ausschließlich auf den landesherrlichen Willen festgelegt waren, war der Landrat gleichzeitig ständischer Interessenvertreter seines Kreises. Die Doppelfunktion des Landrats bestand auch später. Lokale Obrigkeiten wurden wie bisher vom Stadtrat, Rittergutsbesitzer oder Domänenamtmann gebildet. Friedrich Wilhelms Reformen erfaßten auch die Domänen. Mit Edikt vom 22. März 1719 wurde die Erbuntertänigkeit der Domänenbauern aufgehoben, was aber nicht überall verwirklicht wurde. Die Rechtslage der unter adliger Herrschaft stehenden Bauern wurde nicht verändert. In die städtischen Verhältnisse griff der König mit dem Erlaß von Reglements für die einzelnen Orte ein. Die neuen Ordnungen beschränkten die ausgeuferte städtische Bürokratie, grenzten die Befugnisse der Stadtämter ab, führten Sparsamkeit und genaue Rechnungsführung ein und beschnitten ganz erheblich die Rechte der jeweiligen Bürgervertretung. Ihre Selbstverwaltung hatten die Städte weitgehend verloren.

Den allgemeinen Reformen entsprach eine Reform auch im Militärwesen. Um die Verteidigungsfähigkeit zu verstärken, wurde Preußen in Kantone eingeteilt, die den einzelnen Regimentern zur Rekrutierung ihrer Mannschaften, hauptsächlich Bauern und Handwerker, zugewiesen wurden. Den Abschluß dieser natürlich auch in Pommern stattgefundenen Entwicklung bildete das Kantonsreglement von 1733. Daneben wurden Fortifikationsarbeiten in Angriff genommen. Da Friedrich Wilhelm entschlossen war, sich Süd-Vorpommern und Stettin nie wieder entreißen zu lassen, ließ er Stettin zu einer starken Festung ausbauen. 1724 begann man mit den Arbeiten. Im Vorfeld der Stadt wurden unter Verwendung bereits bestehender Verteidigungswerke neun große Bastionen angelegt. Die Arbeiten dauerten bis in das Jahr 1740, das Todesjahr Friedrich Wilhelms. Stettin galt seitdem als eine der stärksten Festungen Preußens.

Im schwedisch gebliebenen Vorpommern verlief das politische Leben nach dem Stockholmer Frieden in alten Bahnen. Unmittelbar vor der tatsächlichen Wiedererrichtung der schwedischen Herrschaft hatte König Friedrich von Schweden den nordvorpommerschen Landständen die Privilegien bestätigt und obendrein zahlreiche Wünsche erfüllt. Macht und wirtschaftliche Stellung des Adels hatten sich während des Krieges erheblich verstärkt, da viele Domänen an ihn verpfändet worden waren. Die Verwaltung wurde auf der Grundlage der alten Ordnung von 1663 wieder aufgebaut. Zum Statthalter wurde Johann August Graf Meyerfeldt ernannt, der zusammen mit der Regierung von Stralsund aus die politischen Geschäfte führte. Das Land war in die Distrikte Franzburg-Barth, Tribsees, Grimmen, Loitz, Greifswald, Wolgast und Rügen eingeteilt. Die Städte Damgarten, Barth, Tribsees, Grimmen, Stralsund, Loitz, Greifswald, Bergen und Wolgast waren Mitglied des Landtags, daneben gab es noch die Städte Franzburg, Richtenberg, Garz, Gützkow und Lassan. Die wirtschaftliche Stellung des Adels hatte sich erheblich verstärkt, da viele Domänen während des Krieges an ihn verpfändet worden waren.

Nach der Einnahme Stralsunds im Nordischen Krieg befand sich Preußen und damit auch sein pommerscher Landesteil ein Vierteljahrhundert lang nicht im Krieg. Während der als »Soldatenkönig« apostrophierte Friedrich Wilhelm I. nach dem vorpommerschen Feldzug gegen Karl XII. von Schweden dem weiteren Ausbau seines Heeres zwar große Aufmerksamkeit schenkte, aber keinen Krieg führte, griff sein Sohn, König Friedrich II., trotz seines im Antimachiavell veröffentlichten Bekenntnisses zu einer gerechten Politik bereits wenige Monate nach der Thronbesteigung zum Schwert. Friedrich II. war seinem Vater 1740 im Herrscheramt gefolgt und hatte im Dezember desselben Jahres mit dem Einfall in Schlesien den ersten Krieg mit Österreich unter seiner jungen Königin Maria Theresia ausgelöst. Dieser Krieg berührte das Territorium Pommerns nicht, aber es nahmen an ihm natürlich pommersche Landeskinder teil. Der höchstrangige pommersche Offizier jener Zeit war Feldmarschall Kurd Christoph v. Schwerin, einer der militärischen Hauptberater Friedrichs II. und der eigentliche Sieger der Schlacht bei Mollwitz. Im Zweiten Schlesischen Krieg, der ebenfalls das pommersche Land verschonte, trug das Pasewalker Dragoner-Regiment wesentlich zum Sieg in der Schlacht bei Hohenfriedberg am 4. Juni 1745 bei.

Im Gegensatz zu seiner auswärtigen Politik kamen Friedrichs II. in der Kronprinzenzeit erworbene Auffassungen vom aufgeklärten Absolutismus in seiner Rechtspolitik zum Tragen. So schaffte er kurz nach Herrschaftsantritt in allen Ländern seines Staates, also auch in Pommern, die Folter ab, was in anderen bedeutenden deutschen Staaten erst Jahrzehnte später geschah; 1743 wurde die Verhängung der Todesstrafe auf wenige Verbrechen beschränkt. In der Prozeßverschleppung waren die Pommern seit jeher wahre Meister: Die mehrmonatige Reise des preußischen Justizministers Großkanzler Samuel v. Cocceji 1746/47 durch Pommern beseitigte dieses Übel. Ein weiteres Ergebnis der Reise war die Vereinigung der Regierung Stettin mit dem dortigen Hofgericht und die Erweiterung des Hofgerichts in Köslin. Diese beiden Gerichte bildeten die Berufungsgerichte für die Stadt- und Patrimonialgerichte, an denen fortan nur noch staatlich geprüfte Juristen Recht sprechen durften. Letzte Instanz für alle Rechtsstreitigkeiten war seit 1746 das Berliner Obertribunal.

Ebenso wie in der Rechtspflege konnte Köslin in der kirchlichen Verwaltung einen Erfolg verbuchen, denn 1747 wurde hier ein Konsistorium errichtet. Es war für das östliche Hinterpommern zuständig, konnte aber keine theologischen Prüfungen abnehmen. Dieses Recht besaß allein das Stettiner Konsistorium. Daneben gab es in Lauenburg ein Unterkonsistorium für die von Polen zu Lehen genommenen Lande Lauenburg und Bütow. Greifswald war Sitz des Konsistoriums für den bei Schweden verbliebenen Landesteil, mit Ausnahme Stralsunds, das für sein Stadtgebiet im engeren Sinne ein eigenes Konsistorium besaß. Allgemein griff Friedrich II. nur wenig in die pommersche Kirche ein, und seine Maßnahmen wie das Verbot der in Pommern praktizierten Kirchenbuße und der Tadel der Stargarder Geistlichen zielten gerade gegen intolerantes kirchliches Verhalten.

Besondere Bedeutung für die zukünftige Geschichte Pommerns gewann das große friderizianische Kolonisationswerk, mit dem die Bevölkerungszahl vergrößert und die Wirtschaftskraft des Landes, aber ebenso des Gesamtstaates, dauerhaft gehoben werden sollte. In den Jahren von 1747 bis 1753 wurden als Teil dieser Maßnahmen die Oderniederung bis Stettin im Norden, der Westrand der Buchheide gerodet und eine Reihe von Dörfern angelegt.

Der innere Ausbau der preußischen Länder wurde durch den Siebenjährigen Krieg unterbrochen. In diesem 1756 beginnenden Krieg bildeten Österreich unter Kaiserin Maria Theresia, Frankreich unter König Ludwig XV., Rußland unter der Zarin Elisabeth, Schweden unter König Adolf Friedrich, das Kurfürstentum Sachsen unter Friedrich August II. und weitere deutsche Reichsfürsten die gegnerische Koalition. Unterstützung erhielt Preußen von England, das sich mit Frankreich weltweit im Krieg um die Kolonien befand und durch König Georg II. mit dem Kurfürstentum Hannover in Personalunion verbunden war. Von diesem mehrjährigen Ringen aller europäischen Großmächte wurden nicht nur die pommerschen Truppenteile erfaßt, sondern auch Pommern selbst.

Die Schweden, zu denen auch die vier vorpommerschen Infanterieregimenter gehörten, eröffneten im September 1757 die Feindseligkeiten. Sie überschritten den Grenzfluß Peene, nahmen Demmin ein, stießen bis Löcknitz an der Randow vor und besetzten die Inseln Usedom und Wollin. Herangeführte preußische Truppen vertrieben im Dezember die Eindringlinge, rückten in Schwedisch-Pommern ein und belagerten Stralsund bis in den nächsten Sommer hinein. Russische Truppen zogen nach ihrer Niederlage bei Zorndorf Ende August 1758 über Pyritz, Stargard, Dramburg und Tempelburg nach Osten. Einige russische Verbände wandten sich gegen Kolberg, das jedoch von Major von der Heyde erfolgreich verteidigt wurde. Die russischen Aktivitäten in Hinterpommern nutzten die Schweden zu einem erneuten Vordringen in den von Peene und Uecker begrenzten Raum, aus dem sie Anfang 1759 wieder nach Stralsund gedrängt wurden. Nach dem Sieg der Russen über Friedrich II. am 12. August 1759 bei Kunersdorf wiederholte sich die Struktur des Kriegstheaters aus dem vorangegangenen Jahr: Nachdem das kleine preußische Truppenkontingent in Vorpommern, dringend an anderer Stelle gebraucht, abgezogen wurde, stießen die Schweden wieder ins preußische Vorpommern vor, sie wurden jedoch schnell von aus Berlin herbeigeführten Verbänden über die Peene zurückgedrängt. Die Russen marschierten im August 1760 erneut auf Kolberg und belagerten die Festung. Russische und später auch schwedische Schiffe vervollständigten die Blockade. Nach etlichen Wochen gelangten Entsatztruppen in die Festung, die die Russen überraschten und in die Flucht schlugen.

Das Jahr 1760 sah den vierten schwedischen Feldzug in das preußische Vorpommern, der Erfolg war allerdings sehr begrenzt. Auch 1761 konnten die zahlenmäßig den Preußen weit überlegenen Schweden in Schach gehalten werden. Anders bei den Russen. Sie belagerten von neuem Kolberg. Mehrere Monate hielten die Verteidiger den Angriffen stand. Nachdem jedoch die Lebensmittel verbraucht worden waren, mußte Oberst von der Heyde am 16. Dezember 1761 kapitulieren. Der Fall Kolbergs war zusammen mit dem Verlust von Schweidnitz an die Österreicher ein schwerer Rückschlag für Friedrich II. Kolberg mußte der Zarin huldigen, und die Russen quartierten sich in Hinterpommern für den Winter ein. Doch nach drei Wochen hatte sich die Kriegslage völlig verändert: Anfang Januar 1762 starb die Zarin Elisabeth, und es folgte ihr auf dem Thron ihr Neffe Peter III., ein Bewunderer des Preußenkönigs. Rußland schied nach wenigen Monaten aus dem Krieg aus. Im August 1762 räumten die russischen Truppen Pommern. Schweden schloß sich dieser Veränderung an und vereinbarte am 7. April 1762 in Ribnitz mit Preußen einen Waffenstillstand, der am 22. Mai mit einem Friedensvertrag besiegelt wurde. 1762 endete also für Pommern der Siebenjährige Krieg insofern, als keine Feldzüge und Gefechte auf pommerschem Boden mehr stattfanden und die fremden Truppen das Land verließen.

Der Krieg, dessen allgemeines Ende der Hubertusburger Frieden vom 15. Februar 1763 besiegelte, hatte Pommern schwere Wunden geschlagen. Es waren hohe Kontributionen aufzubringen und manche Plünderungen hinzunehmen gewesen, viele Wohnhäuser und Wirtschaftsgebäude waren zerstört, dazu beigetragen hatten auch Brandschatzungen und systematische Verwüstungen durch den Kriegsgegner. Außerdem war es zu Mord, Totschlag und anderen Gewalttaten durch russische Truppen gekommen. Wie schwer die Kriegsfurie das preußische Pommern getroffen hatte, zeigt der dortige Bevölkerungsrückgang um 72 000 Personen auf 298 000. Preußisch-Pommern hatte damit etwa ein Fünftel seiner Bewohner verloren.

Bereits 1762 begann der Wiederaufbau des schwer geprüften Landes, mit dem der König Franz Balthasar Schönberg v. Brenckenhoff beauftragte. Zur Linderung der ersten Not wurden sofort erhebliche Mengen Roggen und Hafer herbeigeschafft und verteilt sowie nach Kriegsende 12 300 Militärpferde für die Feldarbeit ausgemustert. 1763 kaufte der Staat für mehr als 1 200 000 Taler Vieh und landwirtschaftliche Produkte zur Verteilung. Durch die Aussetzung von Bauprämien wurde der Wiederaufbau fast aller zerstörten Wohnhäuser und Wirtschaftsgebäude innerhalb eines Jahres ermöglicht. Pachtrückstände und Grundsteuern wurden erlassen. Ebenso nachhaltig wurde dem Land 1764 geholfen, denn der König stellte das gesamte pommersche Steueraufkommen, das sich auf nahezu 600 000 Taler belief, zur Beseitigung der Kriegsschäden zur Verfügung. Der Wiederaufbau erstreckte sich aber gleichfalls auf ein Projekt des Landesausbaus, mit dem vor dem Siebenjährigen Krieg begonnen worden war. Nachdem Friedrich in den Jahren 1740 bis 1747 die Swine hatte vertiefen und an ihrer Mündung einen Hafen, den Swinemünder Hafen, hatte anlegen lassen, der im Siebenjährigen Krieg von den Schweden erheblich beschädigt worden war, ließ er diese Arbeiten 1763 sofort wiederaufnehmen. Der Hafenausbau dauerte bis 1790. Friedrich verfolgte hiermit das Ziel, Stettin als dem wichtigsten Seehandelsplatz Preußens einen entsprechenden Schiffahrtsweg zu verschaffen. Der Handel Stettins stieg in den nächsten beiden Jahrzehnten in der Tat enorm an, die aufstrebende Ortschaft Swinemünde erhob der König 1765 zur Stadt.

Das Kolonisationswerk, mit dem Friedrich vor dem Siebenjährigen Krieg begonnen hatte, setzte er nun noch intensiver fort. Von den nach 1763 durchgeführten Maßnahmen sind insbesondere die Trockenlegung der Plöne-Brüche im Südosten des Landes,

des Thur-Bruchs auf der Insel Usedom und des Schmolsiner Bruchs zwischen Garder und Leba-See, die Absenkung der Madü und der Seen bei Neustettin sowie die Regulierung der Leba und der Ihna zu nennen. Die so für die Landwirtschaft gewonnenen Flächen wurden größtenteils von »Ausländern«, also nichtpreußischen Kolonisten, besiedelt, die hierfür geworben worden waren. Insgesamt sind während der Regierungszeit Friedrichs II. 26 000 Personen nach Pommern zugewandert. 33 % dieser Neusiedler stammten aus der Pfalz, 25 % aus Mecklenburg, fast 20 % waren Deutsche aus Polen, aber auch Pommern aus dem schwedischen Landesteil sowie Sachsen und Schwaben gehörten dazu. Die Kolonisten erhielten einen rechtlich und sozial besseren Status als die altansässigen Bauern. Der König zwang auch den Adel und die Städte, Ödland oder Wälder in Landwirtschaftsflächen umzuwandeln und Neubauern anzusetzen.

Pommern, hier Preußisch-Pommern, zu dem auch die mit einem Sonderstatus versehenen Lande Lauenburg und Bütow zu zählen sind, grenzte im Osten seit dem zweiten Thorner Frieden an das Königreich Polen. Diesen Grenzlandcharakter verlor das östliche Pommern, als Friedrich II. 1772 mit der ersten polnischen Teilung Westpreußen als Landbrücke nach Ostpreußen gewann. Im Warschauer Vertrag vom 18. September 1773, mit dem Polen die Annexionen großer Teile seines Landes durch seine drei Nachbarn sanktionierte, trat es auch ausdrücklich die Lande Lauenburg und Bütow sowie die Starostei Draheim an Preußen ab. Die Sonderrechte des ansässigen Adels und der katholischen Kirche wurden mit dem Abtretungsvertrag explizit aufgehoben, allerdings wurden das Recht der freien Religionsausübung und der dingliche Besitzstand der katholischen Kirche garantiert. Die beiden Gebiete wurden jetzt zu einem Kreis zusammengefaßt und Westpreußen zugeordnet. Wenig später jedoch – im Jahre 1777 – wurde der Lauenburg-Bütower Kreis an Pommern angegliedert, worauf eine lange Geschichte hingewiesen hatte. Dennoch verblieb der Kreis außerhalb des Deutschen Reiches.

Die Justizreform Friedrichs des Großen fand unter seinem Nachfolger, König Friedrich Wilhelm II., ihren Abschluß: Am 1. Juni 1794 trat das »Allgemeine Landrecht für die preußischen Staaten« – einer dieser Staaten war das Pommern rechts der Peene – in Kraft. In fast 20 000 Paragraphen, zusammengefaßt in 43 Titeln, legte es das bürgerliche Recht, das Handels-, Wechsel-, See-, Versicherungs-, Stände-, Kirchen- und Strafrecht in wohldurchdachter Form fest und enthielt staats- und verwaltungsrechtliche Bestimmungen. Durch die angestrebte Vollständigkeit und Volkstümlichkeit wollte man den durchschnittlich gebildeten Landesbewohner ansprechen. Das Allgemeine Landrecht stellt einen Höhepunkt der rationalen Rechtsauffassung der Aufklärungszeit dar. Die politisch tragenden Gedanken der Aufklärung wie die Abschaffung der Stände, die Gewaltenteilung und die Menschenrechte wurden im preußischen Allgemeinen Landrecht nicht berücksichtigt. Trotz dieser offenkundigen Mängel war das Landrecht wegen der weitgreifenden Kodifizierung des materiellen Rechts vieler Bereiche für den preußischen Staat und dessen pommerschen Teil von hoher Bedeutung.

Die Französische Revolution wirkte sich im letzten Jahrzehnt des 18. Jahrhunderts auf Pommern nur dadurch aus, daß es als Provinz Preußens mit seinen Soldaten am ersten

Ulrichshorst, Kr. Ostvorpommern: friderizianisches Siedlungshaus

Koalitionskrieg gegen Frankreich beteiligt war. 1795 beendete der unrühmliche Sonderfriede von Basel für Preußen den Krieg. In dem darauffolgenden Jahrzehnt blieben Preußisch-Pommern und seine Bevölkerung von jeder kriegerischen Auseinandersetzung verschont, da Friedrich Wilhelm II. und der ihm 1797 folgende Friedrich Wilhelm III. es für richtiger erachteten, Preußen aus jedem Konflikt mit dem nach Hegemonie strebenden und unter die Herrschaft Napoleons gelangenden Frankreich herauszuhalten. Nachdem so Preußen ungewollt dazu beigetragen hatte, daß das Heilige Römische Reich Deutscher Nation am 6. August 1806 unterging, erklärte es im Oktober 1806 Frankreich den Krieg. Nur drei kleinere deutsche Staaten unterstützten Preußen, wichtiger war die Rückendeckung durch Rußland.
Bereits wenige Tage nach Kriegsausbruch – am 14. Oktober – kam es bei Jena und Auerstedt zur entscheidenden Doppelschlacht, in der die Preußen vernichtend geschlagen wurden. Die Niederlage der preußischen Armee auf diesen beiden Schlachtfeldern war zum einen Ausdruck des militärischen Versagens sowohl an der Spitze als auch an der Basis und zum anderen Signal zur landesweiten Resignation. Ein krasses Beispiel der Mutlosigkeit gab die Festung Stettin ab, als die Franzosen Ende Oktober Pommern erreichten. Obwohl die Festung mit 5000 Soldaten, Munition und Verpflegung gut gerüstet war, kapitulierte ihr Kommandant bereits vor einer 800 Soldaten umfassenden Kavallerievorhut der französischen Armee. Beim Vormarsch der Franzosen durch

Hinterpommern war Kolberg unter dem Kommando von Oberst v. Loucadou der einzige Ort, der Widerstand leistete. Im März 1807 kam es zu Kämpfen im Vorfeld der Festung, die bald fast ganz von den Franzosen eingeschlossen wurde. Neben den sich besonders auszeichnenden Hauptmann v. Waldenfels, der Mitte Juni fiel, und den ebenso tüchtigen Rittmeister Ferdinand v. Schill trat als ein neues, wesentliches Moment der Verteidigung der Einsatz der Kolberger Bürgerschaft unter Anführung Joachim Nettelbecks. Ende April wurde Loucadou als Kommandant durch Major August Neidhardt v. Gneisenau abgelöst, der alle militärischen und zivilen Verteidigungsanstrengungen nutzbringend zu koordinieren verstand. Über See erhielt Kolberg mannigfache Unterstützung. Den Franzosen gelang es nicht, die Stadt bis zum französisch-preußischen Waffenstillstand vom 2. Juli, der zum Frieden von Tilsit führte, einzunehmen.

Französische Truppen drangen 1807 auch in Schwedisch-Pommern ein – es herrschte zwischen Schweden und Frankreich Kriegszustand –, sie mußten es zwar vorübergehend wieder verlassen, waren aber schon Ende September des Jahres 1807 im Besitz des gesamten Landes einschließlich Rügens. Einquartierungen und Kontributionen sogen jetzt das Land aus. Die Festung Stralsund wurde geschleift. Ferdinand v. Schill fand hier Ende Mai 1809 im Kampf gegen die Franzosen den Tod. Er und seine Schar gehörten zu den wenigen, die den Krieg Österreichs gegen Napoleon als ein Signal zur Erhebung Deutschlands gegen die Fremdherrschaft auffaßten und entsprechend handelten. Nachdem der franzosenfeindliche Schwedenkönig Gustav IV. Adolf 1809 abgesetzt und Karl XIII. die Nachfolge angetreten hatte, kam es am 6. Januar 1810 zum französisch-schwedischen Frieden, der Schweden u. a. seinen pommerschen Anteil beließ. König Karl hob die alte Verfassung von 1806 auf und erließ am 15. Dezember 1810 eine neue. Diese sah eine aus 27 Personen bestehende Landesvertretung vor.

Der Friede von Tilsit bedeutete für Preußen die größte Niederlage, die es je hinnehmen mußte. Der preußische Staat verlor mehr als die Hälfte seines Gebietes, war an seinen wichtigen Plätzen von den Franzosen besetzt und sah sich hohen Kontributionsforderungen ausgesetzt. Der von Friedrich Wilhelm III. in dieser Existenzkrise berufene Erste Minister, Heinrich Friedrich Karl Reichsfreiherr vom und zum Stein, sah für seine politische Arbeit zwei Aufgaben: die innere Reform Preußens und dessen Befreiung von der Stationierung französischer Truppen. Bereits am 9. Oktober 1807 zeichnete er in Memel das Edikt Friedrich Wilhelms III. gegen, mit dem die Erbuntertänigkeit der Bauern gegenüber dem Adel aufgehoben, also die persönliche Freiheit und Gleichheit aller Bewohner Preußens hergestellt wurde. Als zweites großes Reformwerk Steins wurde am 19. November 1808 seine Städteordnung in Kraft gesetzt. Mit ihr wurde den Bürgern das Recht auf kommunale Selbstverwaltung übertragen. Beide Edikte erfaßten in Preußisch-Pommern etliche Zehntausende von Personen. Den Abzug der Franzosen erreichte Preußen – Freiherr vom Stein war im Zusammenhang damit zur Demission gezwungen worden – erst im November 1808, für Pommern galt jedoch eine wichtige Ausnahme: Stettin blieb weiterhin besetzt. Die Kosten, die die Franzosen in den Jahren 1807 und 1808 für Pommern verursachten, waren immens; sie verringerten sich durch den Teilabzug der Franzosen, blieben aber weiterhin drückend. Obendrein wurde der Handel durch die von Napoleon über Preußen ver-

Mühle bei Benz, Kr. Ostvorpommern

hängte Kontinentalsperre und die Besetzung Stettins durch die Franzosen stark beeinträchtigt.
In Stargard, das die Franzosen 1808 verlassen hatten, wurde die pommersche Provinzialverwaltung aufgebaut. Dorthin verlegte auch Generalleutnant Gebhardt Leberecht v. Blücher als oberster preußischer Militärbefehlshaber in Pommern im November 1808 sein Hauptquartier, nachdem er seit August 1807 dieser Aufgabe vom unbesetzten Treptow a. d. Rega aus nachgekommen war. Die zivilen Behörden waren mit der Umsetzung der für ganz Preußen geltenden Reformen Steins stark beschäftigt. Blüchers schlecht verhüllte Bemühungen, Pommerns Militärkapazität zu verstärken, blieb den Franzosen nicht verborgen. Am 11. November 1811 erzwangen sie seine Abberufung. Zwei Monate später drangen französische Truppen in Schwedisch-Pommern ein und unterwarfen es. Bald besetzten sie auch Demmin, Anklam, Usedom und Swinemünde. Für die große Streitmacht, mit der Napoleon 1812 in Rußland einfiel, hatte Preußen ein Korps von 20 000 Mann, also auch manchen pommerschen Soldaten, stellen müssen. Auf dem Rückzug der von den Russen im Winter vernichtend geschlagenen französischen Armee und ihrer Zwangsverbündeten schied Generalmajor Johann David v. Yorck mit dem preußischen Korps durch die Konvention von Tauroggen am 30. Dezember 1812 aus dem Krieg gegen Rußland aus und leitete damit die Erhebung Preußens gegen die französische Herrschaft ein. Im Februar 1813 folgten viele Pommern den königlichen Aufrufen, zu den Fahnen zu eilen, und verbündete russische Truppen betraten hinterpommerschen Boden. In der ersten Märzhälfte

räumten die Franzosen Schwedisch-Pommern, das die Schweden nun wieder in Besitz nahmen. Stettin, das preußische und russische Truppen seit März umschlossen hatten, wurde ohne vorherige große militärische Einsätze am 5. Dezember 1813 an die Preußen übergeben. Damit waren die Kampfhandlungen auf pommerschem Boden beendet, wenn auch viele Pommern noch weiterhin freiwillig und seit Erlaß der allgemeinen Wehrpflicht im September 1814 als Wehrpflichtige an dem Befreiungskrieg bis 1815 teilnahmen.
Bei der territorialen Neuordnung Europas auf dem Wiener Kongreß spielte insbesondere auch Schwedisch-Pommern eine Rolle, nachdem Schweden es Dänemark im Frieden von Kiel vom 14. Januar 1814 als Gegenleistung für die Anbindung Norwegens an Schweden zugesprochen, es aber wegen des norwegischen Widerstands gegen die Vertragsregelung nicht an Dänemark herausgegeben hatte. Fürst Hardenberg, der preußische Staatskanzler, erreichte die einvernehmliche Regelung, daß Schwedisch-Pommern an Preußen fiel. Im Vertrag mit Dänemark vom 4. Juni 1815 löste Preußen mit dem Herzogtum Lauenburg, das es vom Königreich Hannover erhalten hatte, und 2 600 000 Talern die dänischen Ansprüche auf Schwedisch-Pommern ab. Im preußisch-schwedischen Vertrag vom 7. Juni 1815 erhielt Preußen das Land gegen Zahlung von dreieinhalb Millionen Talern. Am 23. Oktober 1815 wurde Schwedisch-Pommern an Preußen übergeben. Damit war die Spaltung Pommerns in einen schwedischen und einen brandenburg-preußischen Teil nach 167 Jahren beendet. Pommern war wieder vereint und gehörte seitdem in seiner Gesamtheit dem preußischen Staat an. Die alten Erbansprüche fanden jetzt Erfüllung.

Die preußische Provinz des 19. Jahrhunderts

Nach der Abschüttlung der napoleonischen Herrschaft und der umfassenden politischen Neuordnung Deutschlands auf dem Wiener Kongreß wurde die Verwaltung Pommerns in einer Vielzahl von Entscheidungen in dem Zeitraum bis Januar 1818 geregelt. Das historische Pommern und die nun dazugeschlagenen neumärkischen Kreise Dramburg und Schivelbein, die wie ein Daumen in das hinterpommersche Land hineingeragt hatten, bildeten als Provinz Pommern eine der zehn preußischen Provinzen. Die Provinz Pommern umfaßte rund 30 200 km² mit 688 000 Einwohnern, die Bevölkerungsdichte betrug also durchschnittlich 22 Personen auf 1 km².
Die Provinz bestand aus den drei Regierungsbezirken Stettin, Köslin und Stralsund. Stralsund war mit seinen 4014 km² der kleinste Bezirk. Er verdankte seine Existenz dem preußisch-schwedischen Vertrag vom 7. Juni 1815, in dem Preußen die Rechtslage Schwedisch-Pommerns zu beachten und Neuvorpommern, wie man Schwedisch-Pommern in Preußen nannte, nur vorsichtig und allmählich in den preußischen Staat einzugliedern versprach. So wurden das preußische Allgemeine Landrecht und die Städteordnung nicht auf den Regierungsbezirk Stralsund übertragen. Der größte Regierungsbezirk war der von Köslin; zu ihm gehörten mehr als 14 000 km².
Auch die pommerschen Kreise wurden reformiert. Sie wurden in der Regel sachgerechte Verwaltungsräume, die gebietsmäßig abgerundet waren und klare Grenzen

Altes Rathaus in Stettin

aufwiesen. Bis auf Ausnahmen wurden die Kommunionen und Exklaven abgeschafft. Am erfolgreichsten wurde die Kreisreform im Regierungsbezirk Stettin durchgeführt, zu dem die folgenden 13 Kreise gehörten: Demmin, Anklam, Usedom-Wollin (Kreisstadt Swinemünde), Ueckermünde, Randow (Kreisstadt Stettin), Stadt Stettin, Greifenhagen, Pyritz, Saatzig (Kreisstadt Stargard), Naugard, Regenwalde (Kreisstadt Labes), Cammin und Greifenberg. Im Regierungsbezirk Köslin waren die Reformen nur zum Teil durchgesetzt worden, er umfaßte die nachstehenden neun Kreise: Fürstentum (Kreisstadt Köslin), Schlawe, Stolp, Lauenburg-Bütow (Kreisstadt Lauenburg), Schivelbein, Belgard, Rummelsburg, Dramburg und Neustettin. Der Regierungsbezirk Stralsund bestand aus den Kreisen Franzburg, Rügen (Kreisstadt Bergen), Grimmen und Greifswald. Hier war gegenüber der schwedischen Zeit nichts geändert worden; bereits 1806 hatte man diese Verwaltungskörper geschaffen, die bis 1810 Ämter, dann Kreise genannt wurden.

Leiter der Kreisverwaltung war der Landrat. Er war ausschließlich Staatsbeamter und wurde vom König ernannt. Er hatte die Entscheidungen der Regierung durchzuführen. Sein Aufgabenbereich war sehr weit gefaßt. Die Regierungspräsidien stellten die Mittelinstanz dar. Sie unterstanden direkt dem preußischen Staatsministerium. Der Oberpräsident besaß nur wenige Verwaltungsaufgaben. Sein Amt war mehr ein politisches als eines der Verwaltung. Er sollte insbesondere die Einheit und die Interessen seiner aus mehreren Regierungsbezirken bestehenden Provinz vertreten.

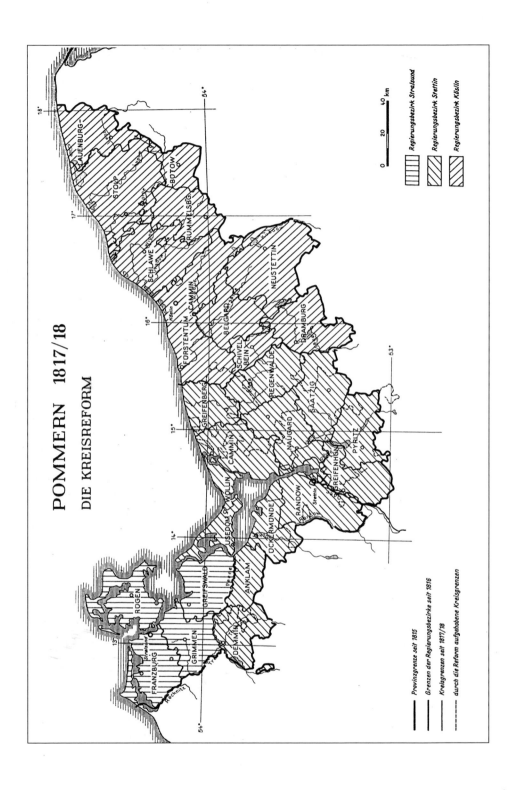

Bis 1882 befanden sich die Ämter des Oberpräsidenten der Provinz Pommern und des Regierungspräsidenten von Stettin in Personalunion. Einer der bedeutenderen Oberpräsidenten Pommerns war Johann August Sack, der ein Anhänger Steins war und von 1816 bis zu seinem Tode im Jahre 1831 im Stettiner Schloß amtierte. Insbesondere auf kulturellem Gebiet hatte sich der aus Kleve stammende Sack um Pommern Verdienste erworben.

Die höchsten Gerichte in Pommern waren die beiden Oberlandesgerichte in Stettin und Köslin sowie für den Regierungsbezirk Stralsund das Oberappellationsgericht in Greifswald. In den beiden Bezirken der Oberlandesgerichte gab es acht Stadtgerichte, denen meistens jeweils drei Richter angehörten, 37 Stadtgerichte, die in der Regel jeweils zwei Richter aufwiesen. Der Stettiner Sprengel war außerdem mit drei Land- und Stadtgerichten, der Kösliner mit vier Schloß-, Hof- und Burggerichten ausgestattet. Zum Greifswalder Bezirk gehörten vier Kreisgerichte und etliche Stadtgerichte. Im Stettiner und Kösliner Bezirk bestanden insgesamt 17 Justizämter, die jeweils von einem Justizamtmann geleitet wurden. Eine Angleichung der Gerichtsverfassung Neuvorpommerns an die Preußens wurde erst 1849 angeordnet.

Die Bevölkerung Pommerns wuchs im 19. Jahrhundert in starkem Maße. Nach der Volkszählung vom 1. Dezember 1871 betrug die ortsanwesende Bevölkerung 1 431 000 Personen, sie war also im letzten halben Jahrhundert auf mehr als das Doppelte angewachsen. Fast die Hälfte der Einwohner, nämlich 671 000, lebte 1871 im Regierungsbezirk Stettin, 552 000 im Regierungsbezirk Köslin und 208 000 im Regierungsbezirk Stralsund. In den nächsten Jahrzehnten verlief die Bevölkerungsentwicklung verhaltener. Am 1. Dezember 1910 zählte man 1 717 000 Provinzbewohner, davon 872 000, also mehr als die Hälfte, allein im Regierungsbezirk Stettin, im Regierungsbezirk Köslin 620 000 und im Regierungsbezirk Stralsund 225 000 Personen. Die 20prozentige Steigerung der Einwohnerzahl von 1871 bis 1910 war durch eine nicht nur absolut, sondern auch relativ hohe Zunahme im mittelpommerschen Regierungsbezirk beiderseits der Oder bedingt, da der Fluß Verkehr, Industrie sowie die gesamte Infrastruktur förderte. Ein Vergleich der Gesamteinwohnerzahl von 1818 und der von 1910 zeigt, daß die Bevölkerung innerhalb von drei Generationen auf das Zweieinhalbfache angewachsen war. Die pommersche Bevölkerungsentwicklung entsprach damit der allgemeinen Wachstumstendenz in Deutschland.

1816 gab es in Pommern nach dem Gebietsstand von 1818 72 Städte. Die größte von ihnen war Stettin mit 21 200 Einwohnern, mehr als 10 000 Einwohner hatte nur noch Stralsund mit 14 100 Bewohnern. Sonst ragten nur Stargard (8990), Greifswald (7300), Stolp (5200), Kolberg (5200) und Anklam (5200) aus der Vielzahl der pommerschen Städte etwas hervor. Allein 14 Städte hatten jeweils weniger als 1 000 Einwohner, so zählte man in Jarmen, der kleinsten Stadt, nur 615 Personen. Insgesamt lebten 187 300 Menschen in den pommerschen Städten. Das war nur gut ein Viertel (27,4 %) der Bevölkerung. Damit war Pommern ein in typischer Weise agrarisch geprägtes Land. Die Volkszählung des Jahres 1871 ergab für die Stadt-Land-Relation der Bevölkerung keine umwälzende Veränderung. Der Anteil der Städter an der Gesamtbevölkerung war zwar in den vorangegangenen 55 Jahren gestiegen, aber der Zuwachs um 4,2 % auf 31,6 % war doch recht mäßig. Mindestens zwei Drittel der

Erwerbstätigen arbeiteten noch in der Land- und Forstwirtschaft, während es im Deutschen Reich nur noch ca. 50 % waren. In den folgenden vier Jahrzehnten beschleunigte sich jedoch die Veränderung der Lebensumstände und der Erwerbsstruktur Pommerns. 1910 war Stettin auf mehr als 200 000 Einwohner angestiegen, danach folgten mit weitem Abstand die jeweils zu einem Stadtkreis erhobenen Städte Stralsund (34 000 Einwohner), Stolp (33 700 E.) und Stargard (27 500 E.). Etwas mehr als 20 000 Menschen lebten jeweils in Greifswald, für das 1913 ein Stadtkreis gebildet wurde, Kolberg und Köslin. Insgesamt wohnten 1910 etwas mehr als zwei Fünftel der pommerschen Bevölkerung in Städten, die Land- und Forstwirtschaft dominierte also nach wie vor. Selbst im Regierungsbezirk Stettin, der in der Zeit von 1871 bis 1910 von den drei Bezirken den bei weitem größten Bevölkerungszuwachs zu verzeichnen hatte, bildeten die Stadtbewohner nur die Hälfte der Einwohnerschaft. Zum Vergleich sei angemerkt, daß um diese Zeit im ganzen Deutschen Reich nur rund ein Drittel der Beschäftigten in der Land- und Forstwirtschaft tätig war.

Zu den Zielen der preußischen Reformer gehörte die Bildung einer Vertretungskörperschaft der Bevölkerung in ganz Preußen. Friedrich Wilhelm III. versprach mehrmals öffentlich die Realisierung dieses Wunsches. Die Nationalrepräsentation, wie Freiherr vom Stein diesen preußischen Landtag nannte, sollte aus den Provinziallandtagen hervorgehen, die in den meisten Fällen erst zu bilden oder umzuformen waren. Im Besitzergreifungspatent für Schwedisch-Pommern vom 19. September 1815 sicherte der König den Ständen die Einbindung in die geplante allgemeine Verfassung Preußens zu, und im Juni 1817 bestimmte er, daß als vorläufige Regelung acht Deputierte von Ritterschaft, Städten und Bauern unter Fürst Malte zu Putbus als Erblandmarschall den neuvorpommerschen Landtag bilden sollten. Diese Würde war der rügenschen Fürstenfamilie bereits 1661 verliehen worden. Geschickt knüpfte man hier an alte Traditionen an.

Bald nach 1820 setzten sich jedoch die Gegner eines Übergangs Preußens zu einem mehr oder weniger modernen Verfassungsstaat durch, so daß 1823 nur die Errichtung von Provinzialständen angeordnet wurde. Das Versprechen, einen allgemeinen Landtag wählen zu lassen, war vergessen. Für Pommern blieb es bei der Zweiteilung: Sowohl der altpreußische Teil, der die Regierungsbezirke Stettin und Köslin – in diesem Fall mit Ausnahme der Kreise Dramburg und Schivelbein – umfaßte, als auch der neuvorpommersche Teil, mit dem der Regierungsbezirk Stralsund identisch war, erhielten einen Provinziallandtag. Seine Rechte waren sehr begrenzt, eigenständige Gestaltungsmöglichkeiten – unter dem Vorbehalt königlicher Genehmigung – besaßen die Organe nur in Provinzangelegenheiten auf der Ebene von Kommunalverbänden. Zu den Aufgaben der Selbstverwaltung gehörten der Straßenbau, das Armen- und Fürsorgewesen sowie die Feuer- und Hagelversicherung. Wahlberechtigt für diese Gremien waren die Ritterschaft, die Städte und die nichtadligen Landbesitzer. Der Landtag für die altpreußischen Gebiete Pommerns bestand aus 20 Vertretern des Adels, zwölf der Städte und sechs der Bauern. Im Herbst 1824 trat er zu seiner ersten Sitzung in Stettin zusammen. Der neuvorpommersche Landtag zählte fünf Abgeordnete des Adels, vier der Städte und zwei der Bauern, er tagte im März 1826 in Stralsund zum ersten Mal.

Der revolutionären Unruhe des März 1848 stand Pommern – zusammen mit der Provinz Brandenburg – unter allen preußischen Provinzen am längsten fern. Erst am 12. März kam es in Stettin zu einer politischen Versammlung, man unterstützte die bekannten liberalen Forderungen. Am 1. Mai 1848 wurden – wie in den anderen Provinzen, so auch in Pommern – die allgemeinen und gleichen, aber indirekten Wahlen zur preußischen und zur deutschen Nationalversammlung durchgeführt. Das aktive Wahlrecht besaß jeder Pommer, der 23 Jahre alt und kein Empfänger öffentlicher Armenunterstützung war. Im allgemeinen wählte Pommern konservative Kandidaten in die beiden Nationalversammlungen, so für die preußische Eduard Baumstark, den Leiter der Staats- und Landwirtschaftlichen Akademie Eldena bei Greifswald, der dann die konservative Fraktion anführte. Aber ebenso wurden drei bedeutende Männer des linken Spektrums gewählt: der vorpommersche Gutsbesitzer Karl Rodbertus, der Stettiner Stadtsyndikus Julius Gierke und in Stolp der aus Neustettin stammende Jurist Lothar Bucher. Rodbertus verfocht einen Staatssozialismus und wurde Führer der linken Liberalen in der verfassunggebenden Versammlung Preußens. Für knapp zwei Wochen war er 1848 Kultusminister im liberalen Ministerium Auerswald-Hansemann. Auch Gierke empfing in jenem Kabinett Ministerehren, er war für die Landwirtschaft zuständig. Bucher gehörte zur äußersten Linken, floh 1850 nach England und war später einer der engsten Mitarbeiter Otto v. Bismarcks.

In die deutsche Nationalversammlung sandte Pommern in erster Linie ebenfalls konservative Politiker, als deren bekanntester Maximilian Graf v. Schwerin-Putzar gilt, der seit dem 19. März 1848 kurze Zeit preußischer Kultusminister und von 1859 bis 1862 preußischer Innenminister war. Mit dem bekannten Greifswalder Rechtshistoriker Georg Beseler wählten die Pommern auch einen wichtigen Repräsentanten des rechten Liberalismus in die Paulskirche. Der Gymnasialprofessor Ludwig Giesebrecht, der Stettin vertrat, gehörte ebenfalls der Kasino-Partei, der rechten Gruppierung der Liberalen mit großem politischen Gewicht, an. Prominente Mitglieder dieser Vereinigung waren zwei Pommern, die außerhalb ihrer Heimatprovinz lebten und gewählt worden waren: der hochbetagte und sich großer Wertschätzung erfreuende Ernst Moritz Arndt und der politisch stark engagierte Kieler Historiker Johann Gustav Droysen. Auch zu der radikalen Linken, und zwar zur Fraktion »Donnersberg«, zählte mit Arnold Ruge, 1832 bis 1840 Philosophiedozent in Halle, ein gebürtiger Pommer. Später wandelten sich Ruges politische Auffassungen, und seit 1876 bezog er einen Ehrensold des Deutschen Reiches.

Preußens Politik und Kriegführung in den sechziger und siebziger Jahren fügten Pommern in einen größeren festen politischen Rahmen. Der deutsch-dänische Krieg von 1864 hatte für Pommern und seine Bevölkerung keine nennenswerten unmittelbaren Auswirkungen. Der preußisch-österreichische Krieg des Jahres 1866 fand zwar auch fern von Pommern statt, nämlich hauptsächlich in Böhmen, er bedeutete aber das Ende des Deutschen Bundes und brachte noch im selben Jahr die Bildung des Norddeutschen Bundes unter Führung Preußens. Im Juli 1870 kam es zum Krieg zwischen Frankreich und dem Norddeutschen Bund bzw. Preußen, das alle süddeutschen Staaten durch ihren Kriegseintritt unterstützten. Im vereinigten deutschen Heer, das unter dem Kommando Wilhelms I. und Hellmuth von Moltkes, des Generalstabschefs, stand, war auch Pommern mit einem erheblichen militärischen Aufgebot vertreten. Es bestand aus acht Infanterieregimentern, dem Kürassierregiment Nr. 2 in Pasewalk, dem Husarenregiment in Stolp – nach dem früheren Kommandeur »Blüchersche Husaren« genannt –, neun weiteren Regimentern und einigen kleineren Verbänden.

Im Verlauf des deutsch-französischen Krieges gründeten die deutschen Fürsten und freien Städte unter Zustimmung der verschiedenen Parlamente und unterstützt vom Willen des deutschen Volkes einen neuen Deutschen Bund und bezeichneten ihn als Deutsches Reich, durch das der Norddeutsche Bund abgelöst wurde und das staatsrechtlich am 1. Januar 1871 ins Leben trat. Pommern war damit als Provinz des Mitgliedsstaates Preußen ein fester Bestandteil dieses Deutschen Reiches. An die Spitze des Reiches wurde König Wilhelm I. von Preußen, seit 1861 Nachfolger Friedrich Wilhelms IV., als deutscher Kaiser berufen. Man hatte sich darauf verständigt, die Kaiserwürde mit der Krone Preußens zu vereinen. Nach dem Tode Wilhelms I. im hohen Alter von fast 91 Jahren am 9. März 1888 gelangte sein bereits dem Tode geweihter Sohn Friedrich III. für 99 Tage auf den Thron. Beide Monarchen hatten vor Herrschaftsantritt einige Jahre lang das Ehrenamt des Statthalters für Pommern bekleidet, Friedrich III. war auch Kommandierender General in Stettin gewesen. Ihm folgte als Kaiser und König sein 29jähriger Sohn Wilhelm II., der 30 Jahre später – im revolutionären Umbruch Deutschlands am Ende des Ersten Weltkriegs – beide Herrscherämter verlor und damit das Ende der monarchischen Staatsform in allen Teilen Deutschlands herbeiführte.

Entsprechend seiner Bevölkerungszahl standen Pommern im Reichstag des Deutschen Reiches 14 von 382 bzw. seit 1873 von 397 Sitzen zu. Im Gegensatz zum preußischen Abgeordnetenhaus ging der Reichstag aus allgemeinen, gleichen, direkten und geheimen Wahlen hervor. Wie in den anderen östlichen Teilen des Reiches dominierte in Pommern die Konservative Partei. So erzielte sie in den drei Wahlen dieses Jahrhunderts – 1903, 1907 und 1912 – die absolute Mehrheit der pommerschen Mandate. Mit Hans A. T. Graf v. Schwerin, der von 1893 bis zu seinem Tode im November 1918 dem Hohen Hause angehörte, stellten die pommerschen Konservativen von 1910 bis 1912 sogar dessen Präsidenten und mit Oskar v. Normann von 1903 bis 1911 den Vorsitzenden der konservativen Reichstagsfraktion. Ein anderes prominentes pommersches Reichstagsmitglied – 1880–1893 – war der berühmte Pathologe, Archäologe, Berliner Barrikadenkämpfer des Jahres 1848 und Mitgründer der Fortschrittspartei Rudolf Virchow, wenn er auch nicht in Pommern gewählt worden war.

Für die preußischen Staatsangelegenheiten wurden nach der Reichsgründung weiterhin 26 der 432 Mitglieder des preußischen Abgeordnetenhauses von der pommerschen männlichen Bevölkerung gewählt. Das preußische Parlament ging zwar aus allgemeinen, aber ungleichen, indirekten und offenen Wahlen hervor. Die Ungleichheit und Mittelbarkeit der Wahlen entsprang der Einteilung der Wähler in drei Klassen verschieden hoher Steuerleistungen. Dieses Dreiklassenwahlrecht und die Öffentlichkeit der Wahl waren wenig geeignet, das preußische Abgeordnetenhaus als Repräsentation der preußischen Bevölkerung zu begreifen. In Pommern gingen die Konservativen aus allen elf Wahlen seit 1871 als Sieger hervor, anfänglich zwar in mehrere Fraktionen

Ernst Moritz Arndt
(1769–1860)

Philipp Otto Runge
(1777–1810)

Rudolf Virchow
(1821–1902)

Johann Gustav Droysen
(1808–1884)

zersplittert, seit 1882 aber mit jeweils mehr als 20 Sitzen der Deutschkonservativen Partei. Zu ihr gehörten der aus dem Kreis Cammin stammende Georg v. Köller, Abgeordneter von 1866 bis 1903, der 18 Jahre lang als Präsident des preußischen Abgeordnetenhauses amtierte, und Hans A. T. Graf v. Schwerin, der von 1912 bis 1918 das Amt innehatte. Die linksliberale Opposition gewann nur – allerdings kontinuierlich – das Stettiner Mandat. Von den 128 pommerschen Landtagsabgeordneten aus der Zeit von 1873 bis 1918 gehörten 82, also 64 %, dem Adel an, der rund 1 % der pommerschen Bevölkerung ausmachte.

In den siebziger Jahren kam es in Pommern wie in den anderen vier altpreußischen Provinzen zu einer Reform der Provinzialordnung. Die wesentlichen Änderungen betrafen die Selbstverwaltung der Provinz, die neben der durch Oberpräsident und siebenköpfigen Provinzialrat repräsentierten staatlichen Verwaltung bestand. Organe des Selbstverwaltungskörpers waren der Provinziallandtag, der Provinzialausschuß und der Landesdirektor. Die Mitglieder des Provinziallandtags wurden seitdem von den Kreistagen der inzwischen 28 Landkreise und den Stadtverordnetenversammlungen der Stadtkreise gewählt, von denen es damals mit Stettin und Stralsund zwei gab. Der Provinzialausschuß und der Landesdirektor, für den sich bald die Bezeichnung Landeshauptmann einbürgerte, wurden vom Provinziallandtag gewählt. Der Landesdirektor bzw. Landeshauptmann benötigte für seine Amtsführung außerdem die Bestätigung durch den König. Die Aufgaben des Provinziallandtags bestanden in der Errichtung von Provinzialstatuten und Reglements, in der Feststellung des Haushaltsplans des Provinzialverbands und in der Festsetzung von Abgaben. Provinzialausschuß und Landesdirektor führten die Beschlüsse des Provinziallandtags durch. In die Zuständigkeit des Provinzialverbands fielen die Selbstverwaltungsaufgaben des Provinziallandtags der ersten Hälfte des 19. Jahrhunderts, also u. a. Wohlfahrtsaufgaben, und weitergehende Bereiche der Landeskultur. Am Vorabend des Ersten Weltkriegs standen eine Reihe von Einrichtungen der Landarmenverwaltung, mehrere Blinden-, zwei Taubstummen-, vier Heilanstalten und eine Hebammenanstalt dem pommerschen Provinzialverband zur Verfügung. Weiterhin waren die Provinzialhilfskasse, die Witwen- und Waisenkasse für Kommunalbeamte, die Pommersche Feuersozietät, die Provinziallebensversicherungsanstalt, vier Meliorationsfonds, die land- und forstwirtschaftliche Berufsgenossenschaft mit ihrer Haftpflichtversicherungsanstalt und der frühere Vorpommersche Landkasten Einrichtungen der pommerschen Selbstverwaltung. Wegebau, Pflege und Erforschung der Denkmäler sowie Abwehr und Bekämpfung von Viehseuchen waren weitere Arbeitsgebiete des Provinzialverbandes.

Für die pommerschen Landkreise trat am 1. Januar 1873 eine neue Kreisordnung in Kraft. Auch im Kreis gab es jetzt eine staatliche Verwaltung, an deren Spitze der Landrat stand, und eine Selbstverwaltung. Die wichtigsten Organe des Kreisverbandes, wie die Selbstverwaltung zusammenfassend bezeichnet wurde, waren Kreistag und Kreisausschuß. Die Zuständigkeiten des Kreistages erstreckten sich insbesondere auf den Erlaß von Kreisstatuten, die Festsetzung von Abgaben an den Kreis und die Verabschiedung des Kreishaushalts. Zu den Aufgaben des Kreisausschusses gehörten in erster Linie die Aufsicht über die Gemeinden und die Ausübung der neu eingeführten Verwaltungsjustiz als erste Instanz. Während sechs Mitglieder des siebenköpfigen

Kreisausschusses vom Kreistag gewählt wurden, wurden dessen Mitglieder von den Gemeindevertretungen bestimmt. In beiden Gremien des Kreisverbands führte der Landrat den Vorsitz. Er selber wurde vom Kreistag vorgeschlagen, aber vom König ernannt. Der Wahlmodus zwang also Staat und Kreisverband zu einem Kompromiß, und mit Fug und Recht konnte der Landrat sowohl die staatliche als auch die Selbstverwaltung repräsentieren.

Eine neue Landgemeindeordnung gab es seit 1891. Sie verlangte von allen Gemeinden mit 30 und mehr wahlberechtigten Einwohnern die Wahl einer Gemeindevertretung. Wahlberechtigt waren die Männer, die in der Gemeinde Eigentümer eines Wohnhauses waren und deshalb Grundsteuern in Höhe von 3 Mark zahlten, und die männlichen Erwerbstätigen, die mindestens 4 Mark Einkommensteuer abführten. Diese neuen Bestimmungen bedeuteten zwar kein allgemeines Wahlrecht, aber die Festsetzung eines so geringen Steuerbetrags als Wahlvoraussetzung schloß praktisch keinen Erwerbstätigen mehr von der Gemeindewahl aus.

Die Gründung des Deutschen Reiches hatte auch eine Vereinheitlichung des Rechts in Deutschland zur Folge, wie man sie in diesem Maße bisher nicht gekannt hatte. Dazu gehörte auch die Gerichtsverfassung. Die Justizgesetze des Reiches, die zum 1. 10. 1879 wirksam wurden, bestimmten die Bildung von Amtsgerichten, von Landgerichten als zweiter Instanz, von Oberlandesgerichten als dritter Instanz und des Reichsgerichts in Leipzig als letzter Instanz. In Pommern gab es 1912 59 Amtsgerichte, fünf Landgerichte und ein Oberlandesgericht. Jede Kreisstadt hatte ein Amtsgericht, aber auch manche kleinere Stadt besaß ein solches. Die Landkreise Schlawe und Neustettin wiesen deshalb sogar je vier Amtsgerichte auf. Die Landgerichte hatten in Greifswald, Stettin, Stargard, Köslin und Stolp ihren Sitz, das Oberlandesgericht befand sich in Stettin.

Der Erwerb Schwedisch-Pommerns 1815 durch Preußen und die einige Jahre später erfolgende Zuordnung der neumärkischen Kreise Dramburg und Schivelbein zur Provinz Pommern vergrößerten auch die preußisch-pommersche Kirche. Aus der Neuordnung der kirchlichen Verhältnisse Pommerns ging das 1814 von Stargard nach Stettin verlegte Konsistorium als Verwaltungsbehörde der vereinigten pommerschen Kirche hervor; Präses des Konsistoriums wurde der Oberpräsident der Provinz. Erst dreieinhalb Jahre nach dem Tode des letzten für Neuvorpommern und Rügen eingesetzten und bis zu seinem Ableben amtierenden Generalsuperintendenten wurde 1828 dieser Teil Pommerns dem für Hinter- und Altvorpommern wirkenden Generalsuperintendenten unterstellt.

Das Thema, das die Kirche dieser Zeit heftig bewegte, war das Verhältnis zwischen Lutheranern und Reformierten. Friedrich Wilhelm III., wie seine Vorfahren der reformierten Kirche angehörend, hatte sich aus Anlaß der 300. Wiederkehr des Reformationstages 1817 zum Ziel gesetzt, eine Union zwischen Lutheranern und Reformierten zu bewirken. In der Tat feierte man Ende Oktober in den konfessionsverschiedenen Orten Pommerns gemeinsam die Reformation mit dem Abendmahl. Viele, aber nicht alle pommerschen Gemeinden bekannten sich in feierlichem Ritus zur Union. 1822 erschien eine neue Agende für Preußen, um die Liturgie in den protestantischen Gemeinden zu vereinheitlichen und der Union einen amtlichen Ausdruck zu geben. Auch sie fand in Pommern großen Widerhall. Viele Geistliche akzeptierten sie. Die Zahl der sich verweigernden Pastoren nahm in den darauffolgenden Jahren konstant ab, so daß Anfang der dreißiger Jahre die 1829 in Berlin veröffentlichte »Agende für die evangelische Kirche in den Königlich Preußischen Landen, mit besonderen Bestimmungen und Zusätzen für die Provinz Pommern« überall in Pommern eingeführt war.

Ebenso wie in anderen Teilen Deutschlands regte sich in Pommern gegen Aufklärung und Rationalismus in der Kirche Widerstand. Das persönliche Glaubenserlebnis wurde zum Mittelpunkt der religiösen Hinwendung. Diese Erweckungsbewegung breitete sich insbesondere in Hinterpommern aus. Seehof bei Stolp mit den Gebrüdern v. Below, Pyritz, Wusterwitz bei Dramburg, Zarben südwestlich von Kolberg mit den Pastoren Moritz Görcke und Gustav Knak waren Mittelpunkte des neuen religiösen Lebens. Besonders trifft das aber auf Trieglaff im Kreis Greifenberg zu, wo Adolf v. Thadden Hausandachten, die Landadel und Bauern vereinten, und Zusammenkünfte von Geistlichen und vornehmlich adligen Laien durchführte. Diese von 1829 bis 1845 regelmäßig stattfindenden Trieglaffer Konferenzen wurden zum geistigen Zentrum der Erweckungsbewegung in Norddeutschland. Der pommersche erweckte Adel, zu dem auch Johanna v. Puttkamer, die spätere Gemahlin Otto v. Bismarcks, gehörte, bewirkte in diesem den Wandel zu echtem Glauben. Die überwiegende Mehrheit der Erweckten blieb in der Landeskirche, wenn es ihr auch oft von der kirchlichen und weltlichen Obrigkeit nicht leicht gemacht wurde.

Widerspruch weniger gegen Kirchenunion und Agende, ausgelöst von der Zuspitzung dieser Auseinandersetzung in Schlesien, und heftige Ablehnung des bisherigen Kirchenlebens in einigen Kreisen der Erweckungsbewegung führten in der Zeit von 1835 bis zur Jahrhundertmitte zur Abspaltung von mehreren tausend Gläubigen von der Landeskirche und zur Bildung von altlutherischen Gemeinden, die sich dem Oberkirchenkollegium der Altlutheraner in Breslau unterstellten. Zur gleichen Zeit wanderten etwa 2000 Pommern nach Nordamerika aus, die ebenfalls die Kirchenunion nicht annehmen wollten.

Die Bildung von Kirchengemeindevorständen wurde 1860 angeordnet, nachdem sie schon jahrzehntelang im Gespräch und im Einzelfall vorhanden gewesen waren. Bei den Kreissynoden war es ähnlich. Provinzsynoden gab es in großen zeitlichen Abständen. An der Spitze der pommerschen Kirche stand ein Generalsuperintendent. Im zweiten Viertel des Jahrhunderts war es Georg Ritschl, der auch den Titel Bischof trug. Ihm folgte Albert Jaspis 1855 für 30 Jahre. Von 1885 bis 1904 repräsentierte Heinrich Poetter die pommersche Kirche, danach leitete sie Johannes Büchsel. Selbst dieser kurze Abriß der pommerschen Kirchengeschichte des 19. Jahrhunderts wäre unvollständig, wenn in ihm nicht auf den Pastor und späteren Camminer Superintendenten Karl Meinhold hingewiesen würde, der insbesondere mit dem 1848 gegründeten Lutherischen Verein jahrzehntelang das konfessionelle Luthertum mit großem Elan in Pommern und darüber hinaus vertrat.

1911 bestand die pommersche Kirche aus 55 evangelischen Kirchenkreisen, die jeweils ein Superintendent leitete, einer deutsch-reformierten Synode und der französisch-reformierten Gemeinde in Stettin. In den 55 unierten Kirchenkreisen existierten

Cammin, Dom – Innenansicht

817 Pfarrstellen, die deutsch-reformierte Synode bestand aus vier Pfarrstellen, so daß es in der pommerschen Kirche zusammen mit der französisch-reformierten Pfarre insgesamt 822 Pfarrstellen gab.

Die katholische Kirche blieb auch im 19. Jahrhundert in Pommern ein sehr kleine Religionsgemeinschaft, wenn ihre Seelenzahl auch zunahm. Sie stieg von 8400 Gläubigen im Jahre 1843 auf 56 300 im Jahre 1910, prozentual bedeutete dieser Anstieg eine Erhöhung von 0,77 % auf 3,28 %, da die Bevölkerung in diesem Zeitraum stark gewachsen war. Seit Anfang des 19. Jahrhunderts gehörte Pommern zum Bistum Breslau, dessen Aufgaben für Pommern der Propst der Berliner Hedwigskirche wahrnahm. 1816 zählte man in den pommerschen Städten 2 800 Juden, 1843 in der ganzen Provinz 7500, und 1925 lebten 7800 Juden in Pommern.

Von 1914 bis 1939

Die friedliche Entwicklung der Provinz endete mit Ausbruch des Ersten Weltkriegs. Die am 1. August 1914 verkündete allgemeine Mobilmachung und die am Abend desselben Tages erfolgte Kriegserklärung Deutschlands an Rußland leiteten ein neues, blutiges Kapitel auch der pommerschen Geschichte ein. Am Tag zuvor waren als Reaktion auf die russische Mobilmachung vom 30. Juli bereits militärische Sicherheitsmaßnahmen angeordnet und der Kriegszustand über das Deutsche Reich verhängt worden. Die Erklärung des Kriegszustandes bedeutete in Pommern – hier galt sogar der verschärfte Kriegszustand – den Übergang der vollziehenden Gewalt auf den Stellvertretenden Kommandierenden General des II. Armeekorps mit Sitz in der Provinzhauptstadt. Die zivilen Behörden blieben zwar bestehen, hatten aber Verfügungen des Militärbefehlshabers auszuführen. Das Notstandsrecht, das durch die Verhängung des Kriegszustands in Kraft trat, polemisch als Militärdiktatur bezeichnet, galt bis zum 12. November 1918. Die Mobilmachung verlief planmäßig und vollzog sich ohne Schwierigkeiten. Sie war wie überall in Deutschland auch in Pommern insbesondere eine Leistung der Eisenbahn. Der Großteil der pommerschen Verbände wurde auf dem rechten Flügel der Westfront eingesetzt, um den Schlieffen-Plan zu verwirklichen.

Je länger der Krieg dauerte, desto fühlbarer wirkte sich die Zerstörung des internationalen Handelsverkehrs aus. Die britische Seeblockade traf den deutschen Warenaustausch mit dem neutralen Ausland empfindlich. Der Arbeitskräftemangel in der Industrie machte sich bald bemerkbar. Auch in der pommerschen Landwirtschaft fehlten viele Beschäftigte. Aber es mangelte dort ebenso an Zugvieh, Kraftfuttermitteln, die man in Friedenszeiten in nennenswertem Umfang aus dem Ausland bezogen hatte, und Dünger. So nahmen die Erträge der pommerschen Landwirtschaft erheblich ab. Dies hatte für die deutsche Ernährungswirtschaft um so nachhaltigere Folgen, als Pommern bis 1914 ein landwirtschaftliches Überschußgebiet war. Die schlechte Kartoffelernte 1916 führte zum berüchtigten »Steckrübenwinter«. Viele Städter mußten sich in der zweiten Kriegshälfte in der agrarisch bestimmten Provinz trotz aller staatlichen Maßnahmen um ihre Ernährung sorgen.

Im Amt des Oberpräsidenten trat im August 1917 ein Wechsel ein. Der Amtsinhaber Wilhelm v. Waldow wurde wegen seiner Sachkenntnis und Erfolge in Ernährungsfragen zum Staatssekretär des Kriegsernährungsamts und zum preußischen Staatskommissar für Volksernährung im Rang eines Staatsministers ernannt. Nachdem der neue Oberpräsident Hermann Freiherr von Ziller krankheitsbedingt bereits ein halbes Jahr später aus dem Amt hatte ausscheiden müssen, wurde der gescheiterte ehemalige Reichskanzler Georg Michaelis, der allerdings auf eine erfolgreiche Beamtenlaufbahn zurückblicken konnte, als Oberpräsident von Pommern berufen.

Im November 1918 kam es in Stettin und anderen Städten zur Bildung von Arbeiter- und Soldatenräten. Doch der große revolutionäre Schwung fehlte, vielmehr kam es zur Zusammenarbeit mit den Behörden. Die faktische Thronentsagung Kaiser Wilhelms II. am 9. November 1918 und die beiden revolutionären Proklamationen der Republik vom selben Tag in Berlin bewirkten, daß Pommern zum ersten Male in seiner damals 800jährigen Geschichte Bestandteil eines freistaatlichen Gemeinwesens wurde. Die in Weimar erarbeitete Verfassung des Deutschen Reiches vom 11. August 1919 bestätigte die republikanische Staatsform Deutschlands, dem Pommern als Provinz des Gliedstaates Preußen angehörte.

Der Waffenstillstand vom 11. November 1918 bedeutete auch für Pommern das Ende des Weltkrieges und brachte in den nächsten Wochen und Monaten die Rückführung der Soldaten in ihre Heimat sowie ihre Entlassung aus dem Militärdienst. Da sich das Tätigkeitsfeld der Obersten Heeresleitung in dieser Zeit nach Osten verlagerte, verlegte sie ihr Hauptquartier im Februar 1919 nach Kolberg. Nach Abschluß des Versailler Friedensvertrages, der den Krieg rechtlich beendete, legte Generalfeldmarschall Paul v. Hindenburg den Oberbefehl über das Heer nieder, und die Heeresleitung wurde aufgelöst. Oberpräsident Michaelis wurde unmittelbar nach Bildung der ersten demokratisch legitimierten Landesregierung Preußens am 1. April 1919 in den Ruhestand versetzt. Zu seinem Nachfolger wurde der 54jährige Stettiner Justizrat Julius Lippmann, Mitglied der Deutschen Demokratischen Partei, berufen. Er war Rechtsanwalt und hatte dem preußischen Abgeordnetenhaus von 1908 bis 1918 als Mitglied der Fortschrittlichen Volkspartei angehört. Der seit 1917 amtierende Landeshauptmann Sarnow leitete die Provinzialverwaltung auch nach dem politischen Umbruch, und zwar bis zu seinem Tode im Jahre 1924. Der Provinziallandtag wählte im darauffolgenden Jahr den langjährigen Naugarder Landrat Ernst v. Zitzewitz zum ersten Repräsentanten der pommerschen Selbstverwaltung.

Die militärischen Bestimmungen des Versailler Friedensvertrages betrafen vornehmlich in Form der neuen deutschen Wehrverfassung auch Pommern. So gab es keine Wehrpflicht mehr. Seit Oktober 1919 war Deutschland in sieben Wehrkreiskommandos gegliedert, das Wehrkreiskommando II hatte seinen Sitz in Stettin. Der Wehrkreis II erstreckte sich aber nicht nur auf Pommern, sondern auch auf die grenzmärkischen Kreise Schlochau, Deutsch Krone, Flatow, den Netzekreis und den Stadtkreis Schneidemühl, außerdem auf die brandenburgischen Kreise Arnswalde und Friedeberg sowie auf ganz Mecklenburg, Schleswig-Holstein, Hamburg und Lübeck.

Die Abschaffung der preußischen Dynastie und die damit ausgelöste Trennung von Staat und Kirche bereiteten der evangelischen Kirche des Landes erhebliche Schwierigkeiten. Sie organisierte sich als »Evangelische Kirche der altpreußischen Union«, in der Pommern eine Kirchenprovinz darstellte. An der Spitze der Kirchenprovinz Pommern standen ein, seit ihrer Teilung in zwei Sprengel im Jahre 1923 zwei Generalsuperintendenten und als Behörde das Konsistorium. Die katholische Kirche zählte 1925 3,5 % der pommerschen Bevölkerung als ihre Gläubigen. 1929 wurde der Delegaturbezirk Pommern zusammen mit denen von Berlin und Brandenburg aus dem Bistum Breslau herausgelöst und aus ihnen das neue Bistum Berlin gebildet. Pommern bestand aus den Archipresbyteraten Stralsund, Stettin und Köslin mit 41 Geistlichen. Außerdem gab es elf Ordensniederlassungen.

Die Geldentwertung während des Krieges und in der Nachkriegszeit bis November 1923 führte auch in Pommern zu erheblichen wirtschaftlichen und sozialen Veränderungen. Die Inflation traf hauptsächlich das Bürgertum, insbesondere Rentiers, selbständige Handel- und Gewerbetreibende sowie Lohn- und Gehaltsempfänger. Sie verloren ihr Geldkapital oder büßten die Kaufkraft ihres Arbeitsentgelts ein. Die Landwirtschaft dagegen profitierte durch die Währungsumstellung. Güter und Höfe wurden durch sie fast schuldenfrei. Die durch die Weltwirtschaftskrise ausgelöste Arbeitslosigkeit erreichte in Pommern Ende Februar 1932 mit 142 300 Arbeitslosen ihren Höhepunkt, sie lag damit allerdings erheblich unter dem Reichsdurchschnitt.

Die preußische Verwaltungsreform des Jahres 1932 betraf auch Pommern. Mit Wirkung vom 1. Oktober wurde der Regierungsbezirk Stralsund, der kleinste der drei pommerschen Bezirke, aufgelöst. Sein Gebiet wurde dem Regierungsbezirk Stettin zugeschlagen. Gleichzeitig wurden die beiden bevölkerungsschwächsten Kreise Pommerns mit ihren Nachbarkreisen vereinigt, und zwar der größte Teil des Kreises Bublitz mit dem Kreis Köslin und dem dortigen Kreissitz sowie fast der gesamte Kreis Schivelbein mit dem Kreis Belgard, dessen Landratsamt bestehen blieb. Rund ein Jahrzehnt vorher waren für Kolberg und Köslin Stadtkreise gebildet worden.

Die Wahlen zur Nationalversammlung am 19. Januar 1919 brachten den beiden sozialistischen Parteien 42,7 % der abgegebenen gültigen Stimmen, etwas weniger als im Reichsdurchschnitt. Die liberalen Parteien erzielten mit 32,3 % ein Ergebnis, das deutlich über dem Reichsergebnis lag. Die Deutschnationale Volkspartei, in der die früheren konservativen Parteien aufgegangen waren, erhielt 23,4 %, mehr als das Doppelte des Reichsdurchschnitts. Ihr Anteil wuchs bis zur Reichstagswahl im Dezember 1924 auf 49,1 %; auch auf Reichsebene erzielte die konservative Partei bei diesem Urnengang das beste Ergebnis, es belief sich dort aber nur auf 20,5 %. Die für die liberalen Parteien abgegebenen Stimmen gingen bis Ende 1924 auf rund 10 % zurück und unterschritten damit weit das Reichsergebnis. Während 1928 die Nationalsozialisten mit 1,5 % ihre an sich schon schlechte Reichsbilanz von 2,6 % nicht erreichten und ihre Partei deswegen in Pommern als völlig bedeutungslos eingestuft werden konnte, stimmte 1930 fast jeder vierte pommersche Wähler für die NSDAP und übertraf damit die sensationellen 18,3 % des gesamten Reichsgebiets noch erheblich. In den Reichstagswahlen des Jahres 1932, die beide eine aus NSDAP und KPD bestehende demokratiefeindliche Parlamentsmehrheit hervorbrachten, entfielen 48 % und 43,1 % der in Pommern abgegebenen Stimmen auf die Partei Adolf Hitlers.

Am 30. Januar 1933 wurde Adolf Hitler zum Reichskanzler ernannt. Mit diesem Vorgang begann ein neuer Abschnitt der Geschichte Deutschlands und damit auch Pommerns. Am 28. Februar wurde aus Anlaß des Reichstagsbrandes auf Veranlassung des neuen Kanzlers mit der Verordnung des Reichspräsidenten »zum Schutz von Volk und Staat« vor »kommunistische(n) staatsgefährdende(n) Gewaltakte(n)« eine Reihe von Grundrechten aufgehoben. Damit war u. a. die Freiheit der Person nicht mehr gewährleistet. Im März wurden in Pommern mehr als 200 Personen, überwiegend Mitglieder und Funktionäre der KPD, festgenommen und viele Hausdurchsuchungen vorgenommen. In Stettin-Bredow wurde im Oktober 1933 ein Lager errichtet, das man als »wildes KZ« bezeichnen kann und das im März 1934 aufgelöst wurde. Die Verordnung vom 28. 2. 1933 blieb während der ganzen Zeit der nationalsozialistischen Herrschaft in Kraft und war Grundlage vieler Verhaftungen, Verurteilungen, Hausdurchsuchungen, Postkontrollen und Zensurmaßnahmen. Bei den Reichstagswahlen vom 5. März 1933, den dritten innerhalb eines Dreivierteljahres, errang die NSDAP in Pommern 56,3 % der abgegebenen gültigen Stimmen, während sie auf Reichsebene 43,9 % erzielte und nur zusammen mit der DNVP die absolute Mehrheit von 51,9 % für die Koalitionsregierung unter Hitler erhielt. Obwohl die NSDAP bei den Wahlen der Jahre 1930 bis 1933 in Pommern großen Zuspruch erfuhr, war der pommersche Wähler der NSDAP kein Nationalsozialist par excellence. Keiner der überregionalen Gefolgsleute Hitlers war ein gebürtiger Pommer oder in Pommern aufgewachsen. Selbst der eigene Gauleiter und sein Stellvertreter stammten nicht aus Pommern. Kein Konzentrationslager trägt einen pommerschen Namen, wenn man einmal von dem Lager Stettin-Bredow 1933/34 absieht. Unter den hervorragendsten Vertretern des Widerstandes gegen die NS-Herrschaft gab es auch Pommern, hier ist insbesondere der noch 1945 hingerichtete Ewald v. Kleist-Schmenzin zu nennen.

Das Ermächtigungsgesetz vom 23. März 1933 zerstörte die Weimarer Demokratie und legte die Macht zum großen Teil in die Hand der Reichsregierung, praktisch in die Hitlers. In den nächsten Monaten wurden die Gewerkschaften und die Parteien außer der NSDAP verboten, soweit sie sich nicht selbst aufgelöst hatten. Das gesellschaftliche Leben wurde der nationalsozialistischen Ideologie gleichgeschaltet. Dies ist auch in der Verwaltung Pommerns nachweisbar. Oberpräsident v. Halfern, seit 1930 als Nachfolger Lippmanns in diesem Amt, ließ sich im Oktober 1933 60jährig pensionieren. Doch der Gauleiter der NSDAP für Pommern, der junge Rechtsanwalt Wilhelm Karpenstein, der vielfach in die staatliche Verwaltung eingegriffen hatte, wurde nicht Oberpräsident. Nach längerer Vakanz wurde dieses Amt vielmehr mit Franz Schwede-Coburg, einem frühen NSDAP-Mitglied und Oberbürgermeister von Coburg, im Juli 1934 besetzt; wenige Tage zuvor hatte er Karpenstein als Gauleiter abgelöst. Die Selbstverwaltung der Provinz wurde 1933 und 1934 beseitigt. Sie wurde dem Oberpräsidenten übertragen. Der Landeshauptmann wurde diesem nachgeordnet. Landeshauptmann war von April 1934 bis Anfang 1935 Rechtsanwalt Ernst Jarmer, von Gauleiter Karpenstein als Nachfolger von Ernst v. Zitzewitz ernannt, von Juli 1936 bis März 1940 SS-Oberführer Robert Schulz, danach SS-Gruppenführer Emil Mazuw. Die Aufgaben der bisherigen Selbstverwaltung wurden von der ehemaligen Behörde des Landeshauptmanns, der Provinzialverwaltung, weiterhin wahrgenommen.

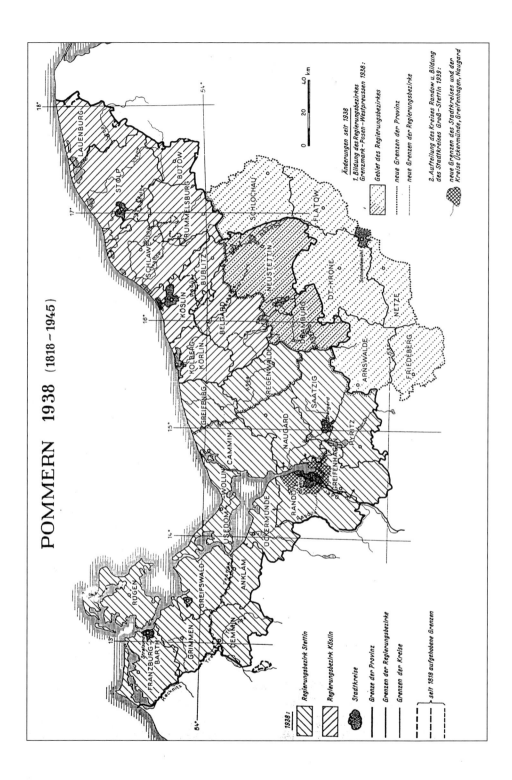

Auch die evangelische Kirche sollte ihres eigenständigen Charakters beraubt werden. Doch die von Staat und Partei stark unterstützten Deutschen Christen, die anfänglich im Kirchenvolk erheblichen Widerhall fanden und Pfarrer Karl Thom zum Bischof von Cammin wählten, konnten sich nicht durchsetzen. Die Freiheit der Kirche verteidigte insbesondere die Bekennende Kirche, die in Pommern im Herbst 1934 entstanden war und der ungefähr ein Drittel der Pastorenschaft angehörte. Die bekanntesten Repräsentanten waren Reinhold v. Thadden-Trieglaff, Professor Rendtorff und Konsistorialrat Baumann. Ein Höhepunkt des Kirchenkampfes war die Verhaftung von 55 pommerschen Pastoren am 17. März 1934. Dietrich Bonhoeffer, aus Breslau gebürtig, 1943 verhaftet und Anfang April 1945 hingerichtet, leitete das 1935 von der Bekennenden Kirche eingerichtete Predigerseminar in Finkenwalde bei Stettin bis zu seiner Schließung durch die Geheime Staatspolizei im Herbst 1937. Von Dezember 1937 bis März 1940 führte Bonhoeffer die illegale Kandidatenausbildung in Köslin und Gr. Schlönwitz, Kr. Schlawe, bzw. Tychow durch. Trotz aller staatlichen Bedrückung auch in den folgenden Kriegsjahren konnte sich die evangelische Kirche in Pommern – wenn auch stark eingeschränkt – behaupten.

Die Juden Pommerns waren wie alle Juden in Deutschland seit dem 1. April 1933 besonderen, zentral gelenkten Benachteiligungen, gesetzlichen Einschränkungen und auch gesteuerten Übergriffen ausgesetzt. Viele Juden emigrierten. Nach der Zerstörung der Synagogen in Pommern und anderer jüdischer Gebäude in Stettin am 9. November 1938 wurden alle Stettiner Juden männlichen Geschlechts verhaftet und in das Konzentrationslager Oranienburg verbracht, aus dem sie in den nachfolgenden Wochen wieder entlassen wurden. Im Februar 1940 wurde fast die gesamte, durch Auswanderung allerdings sehr stark geschrumpfte Stettiner jüdische Gemeinde zusammen mit den übrigen noch verbliebenen pommerschen Juden in die Gegend von Lublin deportiert. Es handelte sich um rund tausend Personen. Diese Deportation war die erste Massenverschleppung deutscher Juden im nationalsozialistischen Deutschland. Nur ganz wenige erlebten ihre Befreiung 1945.

Die Wiederherstellung der deutschen Wehrhoheit 1935 war mit der Einführung der allgemeinen Wehrpflicht verbunden, die zunächst in einem einjährigen Militärdienst zu erfüllen war, der im August 1936 auf zwei Jahre ausgedehnt wurde. Im Wehrkreis II, der wieder die Hauptbezeichnung »II. Armeekorps« trug und Schleswig-Holstein, Hamburg und Lübeck abtrat, wurden jetzt die Wehrersatzinspektionen Schwerin, Stettin und Köslin errichtet, denen Wehrbezirkskommandos unterstanden. Im Herbst 1936 fand in der Nähe des neuen Truppenübungsplatzes Gr. Born bei Neustettin ein Korpsmanöver, im darauffolgenden Jahr in Mecklenburg und Vorpommern ein großes Wehrmachtsmanöver statt.

Am 1. Oktober 1938 wurde das Gebiet der Provinz Pommern erheblich nach Südosten erweitert. Die bis zu diesem Zeitpunkt bestehende Provinz Grenzmark Posen-Westpreußen wurde zum größeren Teil als gleichnamiger Regierungsbezirk Pommern eingegliedert. Die aufgelöste Grenzmarkprovinz, deren Hauptstadt Schneidemühl war, war aus den nach dem Ersten Weltkrieg beim Deutschen Reich verbliebenen Gebieten der preußischen Provinzen Westpreußen und Posen gebildet worden. Die neun Kreise der Provinz lagen in drei räumlich getrennten Teilen. Der nördliche umfaßte auf

5787 km² die Landkreise Schlochau, Flatow, Deutsch Krone, den Netzekreis und den Stadtkreis Schneidemühl mit ca. 251 000 Einwohnern in insgesamt 15 Städten und 296 anderen Gemeinden. Dieser sich vom Rummelsburger Weichbild im leichten Südost-Bogen bis in den Netze-Drage-Winkel erstreckende Landstrich wies nur wenig ertragreiche Böden auf. Land- und Forstwirtschaft und entsprechend Gewerbe und Handel bildeten die Lebensgrundlagen der Bevölkerung, Industrie gab es nur wenig. Die Bevölkerungsdichte des Nordteils der Grenzmarkprovinz war mit durchschnittlich nur 43 Personen auf 1 km² sehr gering. Dieser Teil kam 1938 zu Pommern. Zur Abrundung wurden ihm von der Provinz Brandenburg die neumärkischen Kreise Arnswalde und Friedeberg, von dem Regierungsbezirk Köslin die Kreise Dramburg und Neustettin zugewiesen, so daß der neue pommersche Regierungsbezirk Grenzmark Posen-Westpreußen zumindest flächenmäßig den damals üblichen Anforderungen entsprach. Der Regierungsbezirk Köslin erhielt als Ausgleich die Kreise Greifenberg und Regenwalde vom Regierungsbezirk Stettin.

Die Volkszählung vom 17. Mai 1939 ergab eine Einwohnerzahl von 1 237 800 für den Regierungsbezirk Stettin, von 676 800 für den Regierungsbezirk Köslin, von 479 200 für den Regierungsbezirk Grenzmark Posen-Westpreußen. Insgesamt lebten also im Mai 1939 2 393 800 Personen in Pommern. Es zählte zu dieser Zeit acht Stadt- und 32 Landkreise mit insgesamt 2807 Gemeinden. Die Zahl der Landkreise verringerte sich am 15. Oktober 1939, als eine erhebliche Anzahl von Gemeinden und Gemeindeteilen der Kreise Randow, Greifenhagen und Naugard, darunter die alten Städte Altdamm und Pölitz, mit insgesamt 95 565 Einwohnern in Stettin eingemeindet und die anderen Randower Gemeinden und Gemeindeteile mehreren pommerschen Nachbarkreisen zugeordnet wurden und infolgedessen der Kreis Randow aufgelöst wurde. Stettin erstreckte sich nach der Erweiterung über das außerordentlich große Areal von 460 km² und hatte nun 382 984 Einwohner. Es gab jetzt 2759 Gemeinden in Pommern. Die Provinz war ohne das Stettiner Haff und die Küstengewässer 38 400,8 km² groß, davon entfielen 14 178,9 km² auf den Stettiner Bezirk, 12 765,6 km² auf den Kösliner Bezirk und 11 456,3 km² auf die Grenzmark.

Am 1. September 1939 begann der Zweite Weltkrieg, an dessen Ende die Zerstörung der deutschen Landschaft Pommern steht.

Kulturgeschichte

Kultur der Pomoranen

Die Pomoranen und die benachbarten Lutizen westlich der Oder lebten in dörflichen Gemeinschaften und unbefestigten Großsiedlungen. Ihre Lebensgrundlage waren Akkerbau, Viehzucht, Jagd und Fischerei, in geringerem Umfang Handwerk und Handel in den slawischen Städten, von denen Kolberg, Wollin und Stettin am bekanntesten waren. Deutlichste Hinterlassenschaft der Slawen sind zahlreiche Burgwälle. Sie waren Zufluchtsort der Bevölkerung in Notzeiten und das Grundelement jeder slawischen überörtlichen Herrschaft.
Die slawische Bevölkerung glaubte an Götter, die den Naturkräften entsprachen und keine sittlichen Mächte darstellten. Die bekanntesten Heiligtümer des slawischen Pommern waren das des Swantewit auf Arkona, das seit ca. 1070 religiöser Mittelpunkt der Lutizen war, und der Triglaw-Tempel in Stettin. Die Anfertigung der Götterstatuen und die Tempelbauten erforderten ein nicht unbeträchtliches Maß handwerklichen Könnens. Die Priester hatten insbesondere auf Rügen einen beachtlichen Einfluß auf Politik und Bevölkerung.
Mit ihren Toten verfuhren die Slawen auf unterschiedliche Art, man kann jedenfalls keine einheitliche Kultur erkennen. Sowohl Körperbestattung als auch Brandbestattung war üblich. Eine Grabform ist das in der Landschaft leicht erkennbare Hügelgrab, das als rundes oder viereckiges Grab vorkommt. Im Gegensatz zum Rundgrab, das auch früheren Siedlungsepochen angehören kann, ist das Viereckgrab ein Relikt ausschließlich der Slawenzeit und meistens ein Einzelgrab. Neben dem Hügelgrab gibt es das Flachgrab, in den meisten Fällen als Skelettgrab. Ungeschützt, also ohne Holzsarg und fast immer auch ohne umrahmende Steine, wurden die Verstorbenen beigesetzt. Dies geschah vorwiegend in ost-westlicher Orientierung. Sowohl die Hügel- als auch die Flachgräber liegen im allgemeinen einzeln oder in kleinen Gruppen. Von den wenigen Gräberfeldern Pommerns ist das 1892 bis 1895 auf dem Galgenberg südlich von Wollin ausgegrabene mit 75 runden Hügelgräbern das größte.
Hier muß erwähnt werden, daß die sechs sich in Pommern befindlichen Bildsteine spätslawische Grabsteine sind, die im Zusammenhang mit missionszeitlichen Kirchen stehen und wahrscheinlich von nichtslawischen Steinmetzen bearbeitet wurden, denn weder für Grabdenkmäler noch für den Bau von Häusern oder Kirchen verwendeten die Slawen den Stein, ihr Baumaterial was das Holz.
Ein wichtiger Gegenstand war das Tongefäß, das den Slawen als Gebrauchsgeschirr, Schatzbehälter und Leichenbrandbehälter diente. Oft wurden die Tongefäße ohne

Drehscheibe hergestellt, selbst noch in spätslawischer Zeit, also noch im 11. und 12. Jahrhundert. Die frühesten Urnen gehören in Pommern dem mittelslawischen Stil an, stammen also aus der Zeit zwischen 850 und 1000. Insgesamt gesehen war die slawische Keramik einfach. Als Schmuck verwandten die Pomoranen und Lutizen Finger- und Armringe, vielleicht auch den Ohrring, gewiß aber Hals- und insbesondere Schläfenringe, wie man die offenen Ringe, die meistens aus Silber oder Bronze bestanden, nennt und die recht zahlreich vorkommen. Auch mit Perlenketten aus Glas, Ton und Bernstein schmückte man sich. Hervorzuheben ist, daß man bei den slawischen Grabbeigaben weder eine Lanze, die wichtigste Waffe des einfachen Kriegers, noch ein Schwert, die Hauptwaffe der Fürsten und Adligen, gefunden hat.

Kultur der deutschen Einwanderer

Eine tiefgreifende Veränderung erfuhr die Kultur in Pommern durch die Christianisierung im 12. Jahrhundert, wenn dies auch vielfach nur eine oberflächliche Bekehrung war. Da die christlichen Sendboten Deutsche und Dänen waren – letztere jedoch nur zu einem geringen Teil –, war Pommern den kulturellen Einwirkungen der jeweiligen Herkunftsländer und darüber hinaus des gesamten Abendlandes ausgesetzt. Im Zuge der deutschen Ostsiedlung, die im 13. Jahrhundert ihren Höhepunkt erreichte, wurde dann die Kultur der einwandernden Deutschen prägend. Ein Kennzeichen war die Verwendung des Steins als Baumaterial, wenn auch bei weitem nicht jedes Haus aus Stein errichtet wurde.
Die Deutschen bauten sich Dutzende von Städten, über das ganze Land verteilt. Der Stadtgrundriß offenbart oft noch heute mit seinen sich rechtwinklig schneidenden Straßen die durchdachte Anlage der Stadt. Ein Viereck des schachbrettartigen Musters wurde für den Marktplatz, auf dem meistens das Rathaus oder die Kirche steht, ausgespart. Nach außen wurde die Stadt von der Stadtmauer, die von Wehrtürmen besetzt und durch Stadttore unterbrochen war, abgeschlossen. Pyritz hatte sich seinen Stadtmauerring bis 1945 fast vollständig erhalten, es wurde deswegen auch das »pommersche Rothenburg« genannt. Baumaterial für Stadtkirchen und Profanbauten in den Städten war der Backstein. Als Vorbild und Maßstab der städtischen Sakralbauten diente meistens Lübeck. Die Zugehörigkeit zur norddeutschen Backsteingotik schloß nicht aus, daß die vier Stralsunder und Greifswalder Nikolai- und Marienkirchen, der Camminer Dom und der Kolberger Dom als die größten und bedeutendsten, im wesentlichen aus dem 13. Jahrhundert stammenden pommerschen Kirchen eine jeweils eigene, unverwechselbare Architektur hervorbrachten.
Die Dorfkirchen der Kolonisationszeit sind aus Granitquadern, Findlingen oder Backstein erbaut. Im südlichen Pommern beiderseits der Oder findet man für diese Zeit ausschließlich Granitquaderbauten, Ergebnis ausgezeichneter Steinmetzarbeit. Kirchen aus unbehauenen oder nur wenig bearbeiteten Steinen gibt es mit Ausnahme von Rügen in allen Teilen Pommerns, wenn auch in Hinterpommern in stärkerem Maße. Auf Rügen dagegen erbaute man seit dem 13. Jahrhundert die Dorfkirchen nur aus Backstein, dessen Herstellungstechnik aus Dänemark übernommen worden war und

der hier erstmalig in Pommern verwendet wurde. Die Backsteinbauweise Rügens strahlte zwar auch auf das gegenüberliegende Festland aus, stieß hier aber auf die von Lübeck kommende, auch die Dorfkirchen bestimmende Backsteingotik. Bei aller Verschiedenheit des Baumaterials stimmen die Landkirchen im Grundriß stark überein. Die kleinen Kirchen sind nur ein einfacher rechteckiger Bau, ein besonderer Chor und ein Turm fehlen. Größere Kirchen besitzen einen rechteckigen eingezogenen Chor und einen Turm, der auf einer Halle steht, die ebensobreit wie das Langhaus und diesem im Westen vorgebaut ist. Einen vieleckigen Chor, eine Übernahme von den Stadtkirchen, kann man nur bei Backsteinkirchen sehen. Eine einfache Balkendecke schließt in der Regel den Innenraum nach oben ab.

Die Gotteshäuser in Stadt und Land enthielten die meisten Kunstwerke, die damals hauptsächlich eine Funktion in der Religionsausübung besaßen. Nur ein Bruchteil der frühen kirchlichen Kunst Pommerns ist erhalten geblieben. Altäre mit ihren Aufsätzen, Wandmalereien, Kelche, Patenen, Taufsteine waren ganz oder teilweise kunstvoll hergestellt, viele von ihnen wiesen künstlerische Zutaten auf.

Auf dem Lande siedelten die Einwanderer nicht einzeln, sondern in Gemeinschaft. Die häufigste Siedelform ist das planmäßig angelegte Dorf mit einem Platz in seiner Mitte. In diesem von geschlossenen Gehöftzeilen umbauten Dorfinnenraum steht die Kirche, befindet sich der Teich, falls der Ort diese Attribute besitzt. Diese Dorfart wird als Angerdorf bezeichnet.

Beim Bauernhaus treten zwei Formen in den Vordergrund: das altsächsische Bauernhaus und das märkische Dielenhaus. Das altsächsische Bauernhaus, reiner Ständerbau, hat in Pommern ursprünglich eine durchgehende Diele mit dem Herd in der Mitte. Das Einfahrtstor auf der Giebelseite stellt die Verbindung zwischen Dorfstraße und Diele her. An den Seitenwänden befinden sich vorne die Ställe, dahinter die Wohn- und schließlich Wirtschaftsräume. Das märkische Dielenhaus wendet zwar auch seinen Giebel der Straße zu und hat ursprünglich eine große Diele, um die sich Wohn- und Wirtschaftsräume gruppieren, besitzt aber hinter seinen Ställen einen Hof, der durch eine Scheune und Zäune begrenzt wird. Die Auffahrt zu dem Hof entlang dem Dielenhaus trennt dieses von einem nicht sehr breiten, ursprünglich wohl nur Wirtschaftszwecken dienenden Gebäude. Den Vierkanthof – das sei hier noch erwähnt – gab es in der frühen deutschen Zeit in Pommern nicht. Er hat sich erst später aus dem altsächsischen Bauernhaus entwickelt.

Zu den von den Deutschen eingeführten Kulturgütern gehört die Schrift. Eine zunehmende Anzahl von Rechtsvorgängen wurde jetzt schriftlich festgehalten. Das geschah zum großen Teil in Urkunden, die im 12. und 13. Jahrhundert fast durchweg lateinisch abgefaßt wurden. Alle Urkunden, die Pommern betreffen, also auch diejenigen, die außerhalb Pommerns ausgestellt worden sind, sind für die Zeit bis zum Jahre 1345 im Pommerschen Urkundenbuch abgedruckt. Das Urkundenbuch mit seinen elf Bänden, die 6457 Nummern enthalten, ist damit die wichtigste Quelle der pommerschen Geschichte vom 12. bis zum 14. Jahrhundert. Vorwiegend aus späterer Zeit stammen die zahlreichen Stadtbücher. Das älteste und die weitaus meisten Bücher besitzt Stralsund, gefolgt von Greifswald. Insbesondere für die Ortsgeschichten bilden die Stadtbücher eine unschätzbare Quelle.

Die einwandernden Deutschen brachten durch die Geistlichen das kirchliche Recht, durch die Siedler das deutsche Recht nach Pommern. Völlig neu in Pommern war, daß die Einwohner einer größeren Siedlung in der Regel unter einem besonderen Recht lebten. Die Pomoranen kannten die Stadt im Rechtssinne, wie sie in Deutschland, Süd- und Westeuropa gang und gäbe war, nicht. Herzog Barnim I. war es, der das Stadtrecht am häufigsten verlieh, und zwar seinen neuen Untertanen, soweit sie in Großsiedlungen lebten. Es ist hervorzuheben, daß es in seinen Städten mit Magdeburger Stadtrecht zu einer Weiterentwicklung dieses Rechts kam. Es bildete sich hier das Stettiner Stadtrecht heraus, das ebenso eine Abwandlung des Magdeburger Stadtrechts war wie das Stendaler, Brandenburger, Görlitzer, Breslauer, Neumarkter und Kulmer. Die deutschen Bürger Stettins und der anderen Städte des Odermündungsraums waren aus der Mark Brandenburg gekommen oder hatten ihren Weg durch sie genommen. Sie hatten ihre Vorstellungen vom Recht, ihre rechtlichen Grundsätze, ihre Rechtsordnungen, also ihr materielles Recht, aus der Heimat in Pommern beibehalten. Dieses Recht war das Magdeburger Stadtrecht. Doch neben dem materiellen Recht gehörte die Herrschaftsstruktur der Stadt, die städtische Verfassung, die sich in den Formen der Stadtregierung und des Gerichts manifestierte, zum Stadtrecht. Die Einwanderer erstrebten für sich mehr Freiheit und Selbstbestimmung, als ihnen ihre Heimat und auch das Magdeburger Stadtrecht im 13. Jahrhundert boten. Sie wünschten sich eine starke eigenverantwortliche Position auf Kosten der Machtstellung des Stadtherrn. Das Stettiner Stadtrecht kam diesen Wünschen weit entgegen, beließ dem Herzog jedoch noch verschiedene Rechte. Sein Vertreter war der Schultheiß, der zusammen mit den Schöffen, die Personen des Vertrauens des Stadtherrn waren, die niedere Gerichtsbarkeit ausübte. Ihnen gegenüber stand die Stadtgemeinde als Korporation der Bürger einer Stadt. Die Stadtgemeinde wurde vom Rat, der aus zwölf Mitgliedern bestand, vertreten. Diese Ratmannen wurden von der Stadtgemeinde in einer jährlich stattfindenden Wahl bestimmt. Der Rat besaß die Wehrhoheit der Stadt, das Innungsrecht, die Befugnis, die Stadtfeldmark durch Kauf zu erweitern, öffentliche Gebäude zu errichten, und trat als Schiedsrichter in Grundstücksstreitfällen auf. Man darf aber bei aller Polarität zwischen der stadtherrlichen und der bürgerlichen Seite nicht übersehen, daß erst ein gemeinsames Auftreten des Schultheißen, des Schöffenkollegiums, des Rates und der Stadtgemeinde die Stadt vollständig repräsentierte. Um die Rechtseinheit in seinen Städten Magdeburger Rechts zu wahren, hatte Herzog Barnim I. 1243 Stettin zum Oberhof für diese Städte bestimmt. Das bedeutete, daß man sich an Stettin als Appellationsinstanz wenden mußte.

Von den brandenburgischen Markgrafen erhielten Dramburg und Falkenburg brandenburgisches Stadtrecht, das andere Stadtherren auch Bahn und Freienwalde verliehen. Lauenburg und Bütow empfingen vom Deutschen Ritterorden das bei diesem übliche Kulmer Stadtrecht. Herzog Wartislaw III. verlieh ausschließlich das lübische Stadtrecht, gleichgültig, ob er allein oder im Zusammenwirken mit Herzog Barnim I., seinem Vetter, oder mit Hermann von Gleichen, dem Bischof von Cammin, als Stadtherr auftrat. Die Herkunft der deutschen Einwanderer im ganzen Teilherzogtum Wartislaws III. aus Nordniedersachsen und Westfalen und deren Wanderungsweg durch Holstein oder Mecklenburg erklären die alleinige Bewidmung mit lübischem

Stadtrecht. Da dieses Stadtrecht im Gegensatz zum Magdeburger Recht zur Zeit seines Eindringens in den pommerschen Raum bereits eine Ratsverfassung kannte, also bürgerfreundlicher als das damalige Magdeburger Recht war, kam es nicht wie dort zu einer Abwandlung. Erwähnenswert ist jedoch, daß Greifswald durch die Initiative Herzog Wartislaws III. zum Oberhof für etliche pommersche Städte mit lübischem Recht geworden ist. Zu dieser Greifswalder Stadtrechtsfamilie gehörten Kolberg, Cammin und Usedom. Das bedeutete, daß diese Städte eine authentische Interpretation ihres lübischen Stadtrechts aus Greifswald einholen mußten. Der lübischen Enkelstadt Kolberg gelang es um 1300, seinen Rechtszug nach Greifswald durch die unmittelbare Appellation nach Lübeck zu ersetzen. Kolberg erhielt 1297 als erste Stadt eine Abschrift des Gesamtkodex des lübischen Stadtrechts, der 1294 von Albrecht von Bardewik in niederdeutscher Sprache abgefaßt worden war. Der Kodex war ein prachtvolles Schriftstück, befand sich im Kolberger Ratsarchiv, wurde im Zweiten Weltkrieg ausgelagert und ist seit Kriegsende verschollen. Heute kann man diesen Kolberger Prachtkodex des Jahres 1297, wie die Abschrift des Bardewik-Werkes auch bezeichnet wird, nur noch als Farbfoto im Lübecker Archiv betrachten. Kolberg selber wurde nun Oberhof für mehrere Städte mit lübischem Stadtrecht. Zur Kolberger Stadtrechtsfamilie zählten Bublitz, Köslin, Stolp, Schlawe und sicher auch Naugard und Körlin.

Zur Zeit des Baues der großen Dome und hohen Stadtkirchen Pommerns reihte sich diese Landschaft auch in die deutsche Literatur- und Musikgeschichte ein. Dies geschah durch Fürst Wizlaw III. von Rügen. Er wurde um 1265 als ältester Sohn des Fürsten Wizlaw II. von Rügen und dessen Gemahlin Agnes, Tochter des Herzogs Otto des Kindes von Braunschweig-Lüneburg, geboren und regierte nach seines Vaters und seines Bruders Sambor Tod seit 1304 in Alleinherrschaft. Wizlaw III. war der letzte einheimische Fürst von Rügen, denn sein einziger Sohn und Erbe, Jaromar, starb im Mai 1325, ein halbes Jahr vor ihm. Wizlaw hat Sprüche und den Text von mehr als einem Dutzend Minneliedern verfaßt und diese wohl auch vertont. Sein Werk ist durch die Jenaer Liederhandschrift überliefert. Es stellt eine Mischung von Hochdeutsch und Niederdeutsch dar, so daß sich daran die Streitfrage entzündete, in welcher Sprachform der rügische Fürst dichtete. Man neigt in den letzten Jahrzehnten zu der Auffassung, Wizlaw habe die hochdeutsche Grundform gewählt, ihr aber in starkem Maße Niederdeutsch beigefügt. Seine Zeitgenossen Heinrich Frauenlob aus Meißen, ein geschätzter Minnesänger, und Goldener sprachen ihm hohes Lob und Anerkennung aus. Fällt auch das Urteil der Nachwelt über den literarischen Wert der Dichtung des Rügenfürsten unterschiedlich aus, so ist doch bemerkenswert, daß es in Norddeutschland überhaupt einen bekannten Minnesänger gab, der sich obendrein wenigstens zum Teil niederdeutsch ausdrückte. Unbestritten sieht man in ihm den »ersten Meister der weltlichen Musikgeschichte Pommerns« (Werner Schwarz, S. 11). Wizlaws Lehrer war wahrscheinlich der Minnesänger Ungelarde, ein Stralsunder Bürger, der der Dichter von fünf Strophen sein soll, die in der Kolmarer Liederhandschrift übermittelt sind. Vermutlich stammte Ungelarde aus Braunschweig und wurde von dort durch die Fürsten- und Dichtermutter nach Stralsund berufen. Ein Interesse an Dichtung und Musik kann man auch an Wizlaws Schwester Eufemia feststellen, die mit König

Hakon V. von Norwegen vermählt war, denn sie veranlaßte als norwegische Königin die Übersetzung einer Liedersammlung, nach ihr Eufemiavisor benannt, ins Schwedische. Daß der Umgang Wizlaws III. mit der deutschen Sprache sich auch in amtlichen Quellen niederschlug, ist nicht weiter verwunderlich. 1304 stellte er gemeinsam mit seinem Bruder in Stralsund die erste rügische Urkunde in niederdeutscher Sprache aus. Die Weitergabe geistiger Bildung war im Pommern des 12. und 13. Jahrhunderts wie überall in Deutschland eine Angelegenheit fast ausschließlich der Kirche. Diese bildete in Kloster-, Dom- und Pfarrschulen ihren geistlichen Nachwuchs aus. Grundlage und Voraussetzung der theologischen Unterweisung, deren Inhalte der römischen Kirche entstammten und damit den Gebrauch der lateinischen Sprache erforderten, waren die sieben freien Künste. Im ersten vorchristlichen Jahrhundert war dieser Kanon von Künsten, die der Ausübung eines Freien würdig waren, aus der umfassenden Bildung der Griechen in Rom festgelegt worden. Die sieben freien Künste bestanden aus dem Trivium, das Grammatik, Rhetorik und Dialektik umfaßte, und dem höherstufigen Quadrivium, das sich aus Arithmetik, Geometrie, Musik – im Sinne von Musiktheorie – und Astronomie, die im Mittelalter nur der Berechnung des Osterfestes diente, zusammensetzte.

Den ersten Hinweis auf eine Schule in Pommern gibt eine Urkunde des Camminer Bischofs, die für 1189 einen Camminer Domherrn als Magister nennt. Aus dem vierten und fünften Jahrzehnt des 13. Jahrhunderts sind vier Camminer Geistliche als Lehrer bekannt, in diese Zeit fallen auch die Belege für eine Schule in Kolberg und Pasewalk. In der zweiten Hälfte des 13. Jahrhunderts wird zusätzlich für Stettin und Greifswald die Existenz jeweils mehrerer Schulen, für Pyritz, Greifenhagen, Stargard und Demmin je eine Schule genannt. Darunter, zumindest in Stargard und Greifenhagen, befanden sich Schulen des Stadtrates, der überall im 13. Jahrhundert begann, der Kirche die uneingeschränkte Herrschaft über das Schulwesen abzutrotzen. Im 14. und 15. Jahrhundert gab es in vielen pommerschen Städten eine Schule, in Stettin, Greifswald und Stralsund jeweils mehrere. Das Patronat über die Lehranstalten besaß in etlichen Fällen die Stadt.

Wissenschaft, Kunst und Geschichtsschreibung im Mittelalter

Für die Bildungs- und Wissenschaftsgeschichte Pommerns ist die Gründung der Universität Greifswald im Jahre 1456 von hoher Bedeutung. Im 12. und 13. Jahrhundert hatte sich der Gedanke, unabhängig von der Kirche zu lehren und zu lernen, in Süd- und Westeuropa durchgesetzt und zur Gründung von Universitäten geführt. Die Gemeinschaft der Lehrer und Schüler gab dieser neuen Einrichtung, der Universität, ihren Namen. Gegenstände der gelehrten Beschäftigung waren Theologie und Recht, und zwar römisches und kanonisches. Daneben gab es die Medizin. Das Studium an einer dieser drei Fakultäten setzte den erfolgreichen Besuch der sogenannten Artistenfakultät voraus, an der der Scholar die sieben freien Künste beherrschen lernte und sich damit die Allgemeinbildung der damaligen Zeit auf hohem Niveau aneignete. Dieser Aufbau der Universität blieb bis zur Humboldtschen Bildungsreform bestehen, die mit der Gründung der Universität Berlin 1810 die Artistenfakultät durch die Philosophische Fakultät ablöste und diese zum Mittelpunkt der Universität erhob. Die mittelalterliche Universität bildete neben Theologen und Ärzten, diese jedoch in weit geringerer Zahl, Juristen aus, die in Bürgermeisterämtern und fürstlichen Kanzleien ihr Betätigungsfeld fanden. Diese allgemeine Beschreibung der Universitäten trifft auch für die Universität Greifswald zu, die sich mit ihren vier Fakultäten am 17. Oktober 1456 in die Reihe der hohen Schulen Deutschlands und des Abendlandes eingliederte. Erster Greifswalder Rektor wurde Heinrich Rubenow. Die wichtigste Fakultät war die juristische, denn ihr gehörten außer Rubenow fünf Professoren an. Für die Theologie gab es nur zwei Lehrer, für die Medizin gar nur einen. In der Artistenfakultät waren vier Lehrer tätig.

Vor der Greifswalder Universitätsgründung waren bildungseifrige Pommern gezwungen, zum Studium in die Ferne zu ziehen. Die angesehene Universität Bologna besuchten vor 1456 mehrere Dutzend Pommern, darunter 1301 Friedrich von Eickstedt, der spätere Bischof von Cammin. Nachdem Prag als älteste Universität im Deutschen Reich 1348 gegründet worden war, studierten viele Pommern dort. Während die späteren Gründungen Wien, Heidelberg und Köln nur wenige Pommern aufsuchten, wurden in Leipzig zwischen 1409 und 1450 etwa 160 Pommern immatrikuliert. Heinrich Rubenow aus Greifswald, der eigentliche Gründer der Universität seiner Vaterstadt, studierte in Rostock und Erfurt, wo er 1447 den Grad des Doktors beider Rechte erwarb. Die 1419 gegründete Rostocker Hochschule, die wegen des Unfriedens in ihrer Stadt 1437 nach Greifswald auswich und dort bis 1443 tätig war, erfreute sich wachsender Beliebtheit bei der pommerschen Studentengeneration.

Nach Gründung der Greifswalder Universität studierten junge Pommern auch weiterhin an landesfernen Universitäten, doch viele ließen sich in Greifswald immatrikulieren. So stammte in den ersten sechs Jahren mehr als die Hälfte der Greifswalder Studenten aus Pommern, insbesondere aus dem Herzogtum Wolgast. Unter den ausländischen Studenten waren die Skandinavier zahlenmäßig am stärksten vertreten, mehr als ein halbes Hundert fand aus dem universitätslosen Norden den Weg nach Greifswald. Die vielen Feinde Heinrich Rubenows erreichten bereits 1457 seine Ablösung, als er durch den Tod Wartislaws IX. den herzoglichen Rückhalt verlor. Doch 1459 wurde Rubenow als Rektor wiedergewählt. Am 31. Dezember 1462 endete sein Leben gewaltsam. Rubenows unerschütterliche Liebe zu seiner Schöpfung äußerte sich auch in größeren materiellen und finanziellen Zuwendungen an die Universität, der er u. a. seine Bibliothek geschenkt hat. Infolge der guten Fundierung überstand die Universität die heftigen Auseinandersetzungen um Rubenow und dessen Ermordung. In den ersten vier Jahrzehnten ihres Bestehens herrschte die Scholastik unangefochten. Erst im beginnenden 16. Jahrhundert meldete sich der Humanismus in Greifswald zu Wort. Der Lehrkörper blieb zahlenmäßig in dem Gründungsrahmen. Als einen der bedeutendsten Studenten Greifswalds wird man Johannes Bugenhagen bezeichnen müssen. Er studierte von 1502 bis 1504 an der Artistenfakultät und erwarb dort den Grad eines Magisters.

Im westlichen Vorpommern entstand um 1460 ein wichtiges Werk, nämlich das nach seinem späteren Aufbewahrungsort benannte Stralsunder Vokabular. Es ist ein Wör-

Universität Greifswald und Turm der Nikolaikirche

terbuch, das dem volkssprachigen Ausdruck das entsprechende lateinische Wort zuordnet. Mit seinen 15 700 Stichwörtern – ein Nachtrag fügte um 1490 ca. 530 Ausdrücke hinzu – umfaßt das Vokabular mehr als 90 % des mittelniederdeutschen Wortschatzes des 15. Jahrhunderts. Seit kurzem liegt die insbesondere für die Philologie, aber auch für die Historie wertvolle Handschrift des Stadtarchivs Stralsund in einer vorbildlichen Edition vor.

Die Kunst des gesamten Ostseeraums wurde in der zweiten Hälfte des 15. Jahrhunderts von Bernt Notke bestimmt. In Lassan, der kleinen, am linken Ufer des Peenestroms gelegenen Stadt, deren Geschichte nichts Wesentliches vorzuweisen hatte und die auch später recht bedeutungslos war, wurde Bernt Notke geboren. Das Geburtsjahr ist nicht genau bekannt, wahrscheinlich ist er 1440 oder kurz zuvor geboren worden. Notkes bedeutendste Skulpturen und Malereien schmücken Lübeck und Reval, Århus und Stockholm. Im Dom zu Lübeck kann man den Lettner und das mit zahlreichen Figuren ausgestattete mächtige Triumphkreuz als zwei seiner künstlerischen Großwerke bewundern. Sein ca. 30 m langer und knapp 2 m hoher, berühmter Lübecker Totentanz, mit Öl auf Leinen gemalt, ist 1701 verlorengegangen, durch Kriegseinwirkung 1942 auch dessen Kopie. Dagegen ist der später hergestellte Totentanz in der Antoniuskapelle der Nikolaikirche zu Reval auf einer Länge von 7,5 m, die ungefähr ein Viertel des gesamten Zyklus darstellen, erhalten. Reval besitzt mit dem Altarschrein in der Heiligengeistkirche eine weitere Kostbarkeit von Notke. 1479 wurde nach mehrjähriger Arbeit der Hochaltar im Dom zu Århus fertiggestellt. In der Stockholmer Hauptkirche ist die St.-Jürgen-Gruppe, die einzige dieser Art nördlich der Alpen, zu sehen. Das Bildwerk mit seinen riesigen Maßen ist 1489 geweiht worden. Daneben bewahren das nordschwedische Skellefta, Danzig und das flandrische Löwen neben einigen anderen Orten Werke von Bernt Notke. Die monumentalen Ausmaße der Werke Notkes sagen auch dem Laien, daß Notke sie nicht allein geschaffen haben kann. In seiner Werkstatt gab es immer eine ganze Reihe von Mitarbeitern. Notke selber teilte die Arbeit ein und erfüllte die unternehmerischen Aufgaben. Die Tüchtigkeit Notkes in diesen beiden Tätigkeitsbereichen bot die Voraussetzung dafür, daß sich sein künstlerisches Talent in so zahlreichen Werken entfalten konnte.

Keiner der Kunstschätze Notkes befindet und befand sich jedoch in Pommern. Auch seine Lebensspur führte nicht in sein Geburtsland zurück, berührte es nicht einmal; Pommern spielte in den äußeren Umständen von Notkes Leben keine Rolle, außer daß es Ausgangspunkt war. Man vermutet, daß Bernt Notke einer Revaler Kaufmannsfamilie entstammte, die für ihren Flandernhandel Lassan als Zwischenstation gewählt hatte. Weiterhin nimmt man an, daß Notke seine Ausbildung nicht in dem Städtchen Lassan, sondern in den Tapisseriewerkstätten Pasquier Greniers im flandrischen Tournai erhalten hat. Vor 1467 ließ sich Notke in Lübeck nieder und baute ein Unternehmen mit etlichen Helfern auf. Zunächst wohnte er an der Südseite der früheren oberen Johannesstraße, ab 1479 besaß er in der repräsentativen Breiten Straße ein Haus, für das er bis 1506 Steuern zahlte. Von 1491 bis 1496 war Notke Reichsmünzmeister Schwedens in Stockholm. Zwei Jahre später siedelte er wieder nach Lübeck über, war ab 1505 Leiter des Ziegelhofs der dortigen Petrikirche und starb 1509.

Wenn Bernt Notke auch kein Werk für eine Kirche seiner Heimat schuf, so waren diese doch nicht bar aller Kunstwerke. Unter den Madonnen, Kruzifixen, Aufsätzen von Hochaltären, Flügelaltären und Kreuzigungsgruppen gab es manche nicht unbedeutende Schnitzarbeit. Ein Teil von ihnen ist gewiß außerhalb Pommerns hergestellt worden. Zu den Produkten einheimischer Werkstätten zählt man beispielsweise die monumentalen Kreuzigungsgruppen in den Kirchen von Gustow, Poseritz, Wiek und Schaprode auf Rügen. Wohl zu jeder mittelalterlichen Kirche gehörten Wandmalereien. Leider sind von ihnen und der Gewölbemalerei nur geringe Reste erhalten geblieben. Mindestens in Stralsund gab es eine Wandmalerwerkstatt. Ein weiteres künstlerisches Element war die Glasmalerei. Nur in den Kirchen von Kenz, südlich von Barth, und Verchen am Kummerower See findet man heute noch einen aus dem 15. Jahrhundert stammenden beachtlichen Bestand zusammengehöriger Scheiben. Ein Werk von besonderem Rang ist die Rubenow-Tafel in der Greifswalder Nikolaikirche. Sie ist das älteste Gruppenbild in Deutschland. Bronzegußarbeiten von hervorragender Qualität – ein siebenarmiger Leuchter, ein großes Taufbecken, Glocken aus dem 13. und 14. Jahrhundert – gehören insbesondere zum Kolberger Domschatz. Ältester Bestandteil eines kirchlichen Innenraumes ist zumeist der Taufstein. Sie sind aus Kalkstein oder Granit und stammen aus dem 13. und 14. Jahrhundert. Die Taufsteine aus

Taufstein von Neu Boltenhagen, Kr. Ostvorpommern,
aus der Mitte des 13. Jahrhunderts

Kalkstein sind in den großen Steinhauerwerkstätten auf Gotland hergestellt worden, die granitenen Taufsteine dagegen in Pommern aus Findlingen geschlagen.

Im Glaubensleben nahm die Verehrung der Heiligen, die fast alle in Pommern vertreten waren, einen hohen Rang ein. Besonders verehrt wurde Maria, es folgten Nikolaus, Jakobus und Katharina sowie gegen Ende des 15. Jahrhunderts Anna. Erstaunlich ist, daß des Pommernmissionars kaum gedacht wurde. In engem Zusammenhang mit der Heiligenverehrung standen die in Pommern sehr beliebten Pilger- und Wallfahrten. Kenz, südlich von Barth gelegen, war der berühmteste pommersche Wallfahrtsort, aber auch zu den Kapellen auf dem Gollen und dem Revekol pilgerte man oftmals. Daneben gab es noch eine ganze Reihe weiterer pommerscher Wallfahrtsorte.

Während in diesen Bereichen der mittelalterlichen Frömmigkeit kein wesentlicher Unterschied zu anderen Landschaften bestand, verhielten sich die Pommern gegenüber dem Reliquienwesen erheblich zurückhaltender und distanzierter als die Gläubigen anderer Gegenden in Deutschland. Den umfangreichsten Reliquienschatz besaß der Camminer Dom, dazu gehörten auch die Cordula-Reliquien in einem wertvollen Schrein, der um das Jahr 1000 von Wikingern hergestellt worden war und vielleicht bei einer Raubfahrt Herzog Ratibors I. von Pommern in die norwegische Königsstadt Konghelle am Götaälf im Jahre 1135 von dort nach Pommern gelangt war.

Ein weiterer Teil kirchlicher Pflichten und Aufgaben umfaßte die Pflege der Musik. Eigens dafür bestimmte Geistliche bemühten sich um das Niveau des Gesangs. So sind aus dem Mittelalter neun Prälaten im Kantorenamt aus Cammin namentlich bekannt. Außer den gregorianischen Gesängen der Priester und Mönche waren mehrstimmiger Chorgesang der unterschiedlichsten Kompositionsrichtungen und christliche Hymnen in volkstümlichem Deutsch, die von der Gemeinde gesungen wurden, in der Kirche zu hören. Einstimmige Lieder und Sprechgesang kamen bei den im Rahmen der kirchlichen Liturgie aufgeführten Spielen wie der Marienklage, dem Krippenspiel, dem Dreikönigsspiel, dem Spiel von den klugen und törichten Jungfrauen zur Geltung. Im 14. Jahrhundert erfolgte der Einbau von Orgeln in einzelnen Kirchen.

Einen wichtigen Bestandteil der Kultur bildet die Geschichtsschreibung. Die Anfänge der pommerschen Historiographie sind in den Annalen des von dänischen Mönchen angelegten Klosters Kolbatz zu finden. Diese brachten ihre geschichtlichen Aufzeichnungen aus ihrer Heimat mit und setzten sie spätestens 1183 an ihrem neuen Wirkungsort fort. So stellen die Kolbatzer Annalen, die bis zur Reformation reichen, den Beginn und später einen Teil der einheimischen Geschichtsschreibung Pommerns dar, wenn man sich auch davor hüten muß, ihre geschichtsdarstellende Leistung zu überschätzen. Die Eintragungen sind oft sehr knapp, zu manchen Jahren ist gar nichts vermerkt, und schließlich ist davon auszugehen, daß den Annalisten klösterliche Gesichtspunkte bei der Faktenauswahl bestimmten. Auch in anderen pommerschen Klöstern wurden Annalen geführt, allerdings ist viel von diesen Aufzeichnungen verlorengegangen.

Eine andere Gattung historischer Literatur sind die Denkschriften und Rechenschaftsberichte. Die erste Schrift dieser Art ist die Descriptio Gryphiswaldensis, mit der die Stadt Greifswald den rügischen Erbfolgekrieg (1326–1328) und insbesondere ihren Anteil an dem erfolgreichen Ausgang des Waffengangs mit Mecklenburg engagiert beschreibt. Eine Denkschrift für die organisatorische Unabhängigkeit des Bistums Cammin ist die »Protokollum« genannte Arbeit des Bruders Angelus, der Lektor im Stargarder Augustinerkloster war. Angelus verfaßte dieses Memorandum wahrscheinlich auf Anregung des Camminer Bischofs, der ihn bereits in dieser Angelegenheit nach Rom geschickt hatte. Es entstand nach 1345 als pommersche Antwort auf eine Gnesener Streitschrift. Um die gleiche Zeit begann man, sich mit der Genealogie des Herzogshauses zu beschäftigen, insbesondere ist auf die sogenannte Camminer Genealogie hinzuweisen, die zwar sehr fehlerhaft ist, aber doch auch später verwendet wurde. Eine Verteidigungsschrift ist die »Chronik vom Herzogtum Stettin«, deren Abfassung um 1475 durch den Stettiner Erbfolgestreit hervorgerufen wurde. Der Autor war wahrscheinlich der Greifswalder Rechtsprofessor Johannes Parleberg, der die Ansprüche der Wolgaster Linie auf das Stettiner Herzogtum zu begründen versuchte und dadurch einen wertvollen Bericht über die Geschichte des Erbfolgestreits liefert.

Ebenso wie manche Klöster legte auch die 1456 gestiftete Universität Greifswald Annalen an, die in den ersten Jahren von Heinrich Rubenow, dem Gründungsrektor, später von dem soeben genannten Johannes Parleberg verfaßt wurden und in denen natürlich die Geschichte der Universität und ihrer Angehörigen im Mittelpunkt steht. Die typische Form der mittelalterlichen Geschichtsschreibung in den deutschen Städten ist die der Chronik. In Pommern gibt es nur eine Stadt mit dieser Tradition, nämlich Stralsund: Der Zusammenhang von politischer Macht und Geschichtsbewußtsein wird am Beispiel dieser Stadt offenkundig. Die älteste der fünf mittelalterlichen Stralsunder Chroniken endet 1436 und ist im Original nicht mehr vorhanden. Die Reise Herzog Bogislaws X. in den Süden – zu Kaiser Maximilian I., nach Jerusalem und Rom – in den Jahren 1496 bis 1498 wurde Gegenstand einer ausführlichen Darstellung, deren Autor der aus Kolberg stammende Martin Dalmer war.

Einen wesentlichen Fortschritt erfuhr die pommersche Geschichtsschreibung durch Johannes Bugenhagen. Herzog Bogislaw X. hatte ihn, den 31jährigen Belbucker Mönch, aufgrund einer Bitte des Kurfürsten von Sachsen, in Pommern nach schriftlichem Material zur sächsischen Geschichte suchen zu lassen, im Sommer 1517 beauftragt, die pommerschen Archive und Bibliotheken insgesamt nach historischen Schriften durchzusehen. Dies geschah auf einer Forschungsreise durch ganz Pommern im Sommer 1517. Wahrscheinlich auf Anregung des humanistisch gebildeten herzoglichen Rates Valentin von Stojentin verfaßte Bugenhagen nach Beendigung der Reise anhand der aufgefundenen pommerschen Schriftstücke die Pomerania, das erste zusammenhängende Werk der pommerschen Geschichte. Bereits Ende Mai 1518, also in acht Monaten, war die 69 Blatt umfassende Pomerania fertiggestellt, geschrieben in einem korrekten Latein jener Zeit. Die Pomerania besteht aus vier Büchern; das erste, in 15 Kapitel gegliedert, beschreibt die geographischen und grundlegenden politischen Verhältnisse Pommerns. Das zweite Buch berichtet in 29 Kapiteln über die Christianisierung der Pomoranen und Ranen. Das bei weitem umfangreichste Buch ist das dritte. Es beschreibt die Geschichte des Landes von der Annahme des Christentums bis in die unmittelbare Gegenwart des Autors. Bugenhagen bewältigt diese Aufgabe, indem er »über die berühmtesten Fürsten der Pommern« schreibt, wobei ihm aber in der Genealogie gravierende Fehler unterlaufen. In einem relativ knappen vierten Buch

Teil einer Wandmalerei in der Kirche von Görmin, Kr. Demmin,
Entstehungszeit zwischen 1350 und 1375

erwähnt Bugenhagen eine Reihe von Ereignissen des 14. und 15. Jahrhunderts, die von späteren Schreibern fortzusetzen sei. Dem ganzen Werk sind zwei Widmungsschreiben vorangestellt, das eine ist an Herzog Bogislaw X. und seine drei Söhne, das andere an Valentin von Stojentin gerichtet. Bugenhagen gab größere Quellen meistens selber in Randbemerkungen zu seinem Text an. Man hat festgestellt, daß er für die Abfassung seines Werkes 36 Urkunden von Kaisern, Päpsten, den pommerschen Herzögen und Bischöfen sowie von nichtpommerschen Fürsten ausgewertet, ebenfalls Inschriften berücksichtigt und die mündliche Überlieferung herangezogen hat. Oft übernimmt Bugenhagen kritiklos Gelesenes, obwohl ihn eine ausgesprochene Wahrheitsliebe kennzeichnet. Die Bedeutung der Pomerania liegt hauptsächlich darin, daß sie die erste Gesamtsicht der pommerschen Geschichte darstellt und außerdem Nachrichten aus Aufzeichnungen enthält, die später verlorengegangen sind.

Kultur im Zeitalter der Reformation

Die Reformation belebte die Geschichtsschreibung. In Pommern war es Thomas Kantzow, der sich intensiv mit der Geschichte des Landes beschäftigte. Er wurde in den ersten Jahren des 16. Jahrhunderts in Stralsund geboren und studierte seit 1525 in Rostock. Dort geriet er unter den Einfluß der Humanisten, die in Rostock das Niederdeutsche betonten. Seit 1528 arbeitete Thomas Kantzow als herzoglicher Sekretär in Stettin. Von der Teilung des Landes im Jahre 1532 an sehen wir ihn und Nikolaus v. Klempzen in Wolgast als Sekretäre im Dienste des dort residierenden Herzogs Philipp I. Der Umgang mit amtlichen Schriftstücken und die Möglichkeit, das herzogliche Archiv zu benutzen, erleichterten Kantzow die historischen Studien. Seine erste Chronik von Pommern schrieb er in niederdeutscher Sprache. Die Chronik behandelt in der Hauptsache drei Themen: die slawische Frühzeit bis 1184, die Christianisierung Pommerns durch Otto von Bamberg und die jüngste Vergangenheit (seit 1460). Diese Darstellung ist wohl 1535 und 1536 entstanden. Kantzow strebte immer nach Erweiterung und Vertiefung seines Wissens, so daß er kurz darauf in einer erneuten Bearbeitung die Geschichte Pommerns darstellt. Diese Chronik ist in Hochdeutsch verfaßt, das jetzt in die norddeutschen Kanzleien einzog. Sie erstreckt sich bis 1523 und wird von einer Landeskunde Pommerns beschlossen. 1538 nahm Kantzow an der Universität Wittenberg ein zweites Studium auf und wurde Schüler von Melanchthon. Durch Melanchthon lernte er die antiken Quellen über die Germanen kennen und sieht nun die Vorgeschichte Pommerns ganz anders, denn er erfährt, daß vor den Slawen Germanen in Pommern gelebt haben. In Wittenberg verfaßte Kantzow seine zweite erweiterte und berichtigte hochdeutsche Chronik von Pommern, die in 13 Büchern die Geschichte bis 1531 darstellt und im 14. Buch eine Landeskunde bietet. Ein starker Patriotismus und viel Sagenhaftes durchziehen das Werk. Er schrieb zum Ruhme Pommerns. Seine Objektivität war dadurch beeinträchtigt. Am 25. September 1542 – noch nicht 40 Jahre alt – starb Thomas Kantzow in Stettin. Gedruckt wurden seine Chroniken erst im 19. und 20. Jahrhundert, waren aber handschriftlich weit verbreitet.

Da in den reformatorischen Kirchen die Bibel die Grundlage des Glaubens bildete und jeder Gläubige in der Lage sein sollte, sie zu lesen, widmete man sich im evangelischen Pommern des 16. Jahrhunderts in starkem Maße dem Bildungswesen. In Stettin, Stralsund und Greifswald entstanden größere Stadt- oder Ratsschulen, die ihre Absolventen für ein Universitätsstudium befähigten. Auch Stargard, Kolberg und Stolp boten ihrer Jugend tüchtige Ratsschulen als Bildungsstätten an. In kleineren Städten gab es ebenfalls Stadtschulen. Meistens waren diese Stadt- oder Ratsschulen aus einer oder mehreren kirchlichen Schulen hervorgegangen. Oft gab es daneben sogenannte deutsche Schulen, also Lehranstalten ohne Latein. Vereinzelt bestanden auch auf dem Lande Schulen. Eine Bildungsstätte besonderer Art war das 1544 eröffnete Pädagogium in Stettin, das von den Herzögen finanziert wurde. Dort wurden nur Schüler aufgenommen, die schon Lateinkenntnisse besaßen. Der Lehrbetrieb vollzog sich in akademischen Formen, und das Niveau der Schule war hoch. Etliche Absolventen des Pädagogiums konnten deshalb unmittelbar nach dem Schulbesuch als Pfarrer oder Jurist tätig sein. Das Pädagogium wurde so etwas wie eine zweite Landesuniversität. Von 1667 bis 1805 trug es die Bezeichnung Akademisches Gymnasium, und danach wurde es Marienstiftsgymnasium genannt.

Die Landesuniversität in Greifswald hatte unter der Glaubensspaltung schwer zu leiden. Die Auseinandersetzungen in der Religionsfrage führten 1527 zur Einstellung des Lehrbetriebs. Erst zwölf Jahre später – im November 1539 –, als sich die lutherische Lehre im Lande durchgesetzt hatte, eröffnete Herzog Philipp I. von Wolgast die Universität wieder. 88 Studenten ließen sich immatrikulieren. Der Lehrkörper bestand aus einem Theologieprofessor – dieser war Johann Knipstro, Generalsuperintendent des Wolgaster Teilherzogtums –, dem Juraprofessor Johannes Otte aus Stettin, dem Medizinprofessor Ambrosius Scala, der zugleich Rektor der Universität war, und drei Lehrpersonen der Artistenfakultät. 1547 traten neue Statuten in Kraft.

Der Buchdruck hielt erst spät in Pommern Einzug. Die bedeutendste Druckerei war die 1582 von Herzog Bogislaw XIII. in Barth eingerichtete. Hier erschien 1588 als bekanntestes Werk die niederdeutsche Bibel Pommerns.

Von den Bauten des 16. Jahrhunderts nach dem Tode Bogislaws X. sind das Herzogsschloß in Ueckermünde, der bereits erwähnte Ausbau des Stettiner Schlosses, das Blücherschloß zu Plathe und das Greifswalder Universitätsgebäude hervorzuheben. Letzteres wurde unter reger Teilnahme von Herzog Ernst Ludwig geplant und ausgeführt. Es entstand ein großes, nüchternes Universitätsgebäude, das Collegium Ernestinum, der Vorgängerbau des heutigen Hauptgebäudes. Das in der Mitte des 16. Jahrhunderts von Herzog Philipp I. zu einer großzügigen vierflügeligen Anlage ausgebaute Ueckermünder Schloß weist in seinem heute allein erhaltenen Südflügel die Charakteristika der späten Gotik auf. Während in Stettin ein aufwendiger Renaissancebau als Neubau entstand, wurde das alte Schloß zu Plathe Ende des 16. Jahrhunderts von seinem neuen Eigentümer, dem kunstbeflissenen Hermann v. Blücher, im Renaissancestil verändert, das betraf insbesondere das Innere.

Um 1553 beauftragte Herzog Philipp I. von Pommern-Wolgast den Tapetmacher Peter Heyman in Stettin, einen Gobelin für sein Wolgaster Residenzschloß anzufertigen. Philipp I. wünschte, daß in den Wandteppich die Annahme der lutherischen Lehre in

Croy-Teppich

seinem Lande und die Verbindung Pommerns mit Sachsen, dem Ausgangsland der Reformation, symbolisiert in Philipps I. Eheschließung mit Maria von Sachsen 1536 in Torgau, eingewirkt wurde. Peter Heyman webte einen Teppich von fast sieben Meter Breite und mehr als vier Meter Höhe. So konnten die abgebildeten Personen lebensgroß dargestellt werden. In der oberen Hälfte des Teppichs sind Luther, der von der Kanzel predigt, und die Wappen der beiden Fürstenhäuser zu sehen. Der untere Teil zeigt Mitglieder des sächsischen und des pommerschen Herrschergeschlechts sowie Melanchthon und Bugenhagen. 1556 war der imposante Gobelin fertiggestellt, der auch der pommersche Reformationsteppich genannt wird. Er gelangte schließlich in den Besitz des Herzogs Ernst Bogislaw von Croy, der der Neffe des letzten Pommernherzogs war und 1684 in Königsberg ohne Nachkommen starb. Dieser letzte Nachfahre der pommerschen Herzöge hatte den Teppich der Universität Greifswald vermacht, die das unter der geläufigen Bezeichnung Croy-Teppich bekannte Kunstwerk im Jahre 1707 endlich erhielt. Es gehört bis auf den heutigen Tag zu den größten Kunstschätzen der pommerschen Landesuniversität. Entsprechend den Bestimmungen des Erblassers wurde der Croy-Teppich von 1710 bis 1930 bei den Feiern zur Erinnerung an Herzogin Anna von Croy, die im zehnjährigen Rhythmus begangen wurden, der Öffentlichkeit präsentiert.

Vom 17. bis zum beginnenden 19. Jahrhundert

Unter den pommerschen Herzögen war Philipp II., der Anfang des 17. Jahrhunderts im Stettiner Landesteil herrschte, der größte Kunstfreund und -mäzen. Sein weitgespannter Sammeleifer war stark ausgeprägt und setzte früh ein. Sammelgegenstände waren insbesondere antike Münzen, Medaillen, Gemälde, Bücher, für die er später eine Kunstkammer in Form eines neuen Schloßflügels erbaute. Für seine Münzen und Gemälde schrieb er selber Verzeichnisse. Der Kontakt zu Philipp Hainhofer aus Augsburg führte zum Erwerb eines Kunstschranks und eines Meierhofes en miniature, beides Augsburger Prachtstücke.

Der Meierhof war das Modell eines süddeutschen Gutes, das mit Menschen, Tieren, Pflanzen und verschiedenen Geräten ausgestattet war. Er war eine kunstvolle Tischlerarbeit, an der etliche Fachkräfte ein halbes Jahrzehnt in der süddeutschen Reichsstadt gearbeitet hatten. Bereits im 17. Jahrhundert verlor sich seine Spur. Der Kunstschrank war mehr oder weniger das einzige, was die Nachwelt von den Schätzen, die Herzog Philipp II. zusammengetragen hatte, bewundern konnte. Der Schrank, der auf einem bald verlorengegangenen höhenverstellbaren Tisch stand, war aus Ebenholz gefertigt, in das Ahorn-, Palisander- und Rosenholzstücke eingelegt waren. Er war 1,15 m breit und 1,36 m hoch und bestand aus drei Geschossen, die sich nach oben verjüngten. Im Schrank, teilweise mit doppelten Böden und anderen abschließbaren und verriegelbaren Geheimfächern ausgestattet, befanden sich wissenschaftliche Meßinstrumente, eine vollständige Apotheke, eine Baderstube, Gebrauchsgegenstände des gehobenen täglichen Bedarfs, Toilettenartikel, Silberbesteck und Tafelgeschirr, verschiedene Spiele, Schreibzeug und ein Pultbrett, insgesamt mehr als 200 Gegenstände. Am 11. März 1945 zerstörte ein Luftangriff auf Berlin den pommerschen Kunstschrank, der sich dort seit 1684 befand. Nur Silberreste des Beschlages blieben erhalten. Der ausgelagerte Inhalt des Schrankes überlebte dagegen fast vollzählig alle Gefahren.

Auch der Rügenwalder Silberaltar ist einer Initiative Philipps II. zu verdanken. Er hatte den aus Braunschweig stammenden Stettiner Hofgoldschmied Johann Körver beauftragt, eine Reihe von silbernen Relieftafeln mit Szenen aus der Passionsgeschichte herzustellen. Doch der frühe Tod Körvers ließ diese Arbeit zunächst unvollendet. Erst durch die Vermittlung Hainhofers erstellten einige Jahre später mehrere Augsburger Goldschmiede, insbesondere Christoph und Zacharias Lencker, die restlichen in Silber getriebenen Reliefs. Den Altar mit diesen Stettiner und Augsburger Silberplatten vollendete erst Philipps II. Schwägerin Elisabeth, die nach dem Tode ihres Gemahls, Herzog Bogislaws XIV., 1637 in Rügenwalde lebte. Den Zweiten Weltkrieg und die Nachkriegszeit überstand der Rügenwalder Silberaltar nicht. Nur acht obendrein stark beschädigte der insgesamt 27 Relieftafeln werden heute im Rügenwalder Herzogsschloß verwahrt.

Von Philipps sonstigen Aktivitäten sind zwei Aufträge für wissenschaftliche Arbeiten hervorzuheben. Nachdem der Jurist und herzogliche Rat Jürgen Valentin v. Winther den Herzog auf die allgemeinen Vorzüge eines historischen und landeskundlichen Werkes über Pommern, einer Pomeranographia, brieflich hingewiesen hatte, beauftragte dieser ihn im August 1624 mit der Anfertigung eines solchen Werkes, das jedoch unvollendet blieb. Der 1610 dem Rostocker Professor Eilhard Lubin erteilte Auftrag, eine Karte von Pommern zu zeichnen, führte mit ihrer Veröffentlichung 1618 zum Ziel. Ihr Maßstab beträgt ungefähr 1:235 000. Die Karte besteht aus zwölf Teilen, die insgesamt 2,21 m breit und 1,25 m hoch sind. Auf zwei umlaufenden Friesen findet man 49 Veduten pommerscher Städte und Flecken, die in 46 Fällen die erste Ortsansicht darstellen, und 353 Abbildungen pommerscher Adelswappen. Weiterhin enthält das Kartenwerk die Stammbäume der pommerschen und rügischen Fürsten sowie die Porträts der fünf damaligen Pommernherzöge. Auf der Rückseite der Karte befindet sich eine in Latein abgefaßte »Kurze Beschreibung« Pommerns von Lubin. Das Kartenwerk bietet eine Fülle von Material über Pommern kurz vor dem Dreißigjährigen Krieg, die Karte selber bestimmte im 17. und 18. Jahrhundert die geographischen Kenntnisse über Pommern.

In Stettin blühte zu Anfang des 17. Jahrhunderts auch ohne herzoglichen Auftrag die historische Wissenschaft. Zum einen ist Paul Friedeborn, ein gebürtiger Stettiner und damals Sekretär seiner Vaterstadt, zu erwähnen, der 1613 seine »Historische Beschreibung der Stadt Alten-Stettin« dort veröffentlichte. Damit war die erste ausführliche Stadtgeschichte Pommerns vorgelegt. Zum anderen ist Daniel Cramer zu nennen. Cramer war aus dem neumärkischen Reetz gebürtig, wurde 1593 Rektor des Stettiner Pädagogiums, 1595 Lizentiat der Theologie, zwei Jahre später Hofprediger und Archidiakon an der Marienkirche, erhielt 1598 die Doktorwürde der Universität Wittenberg und amtierte von 1613 bis 1619 auch als Stettiner Generalsuperintendent. Bereits in den Jahren 1602 bis 1604 veröffentlichte er seine Kirchengeschichte Pommerns dreimal, zweimal auf deutsch, einmal auf lateinisch. 1628 kam sein »Großes Pomrisches Kirchen-Chronicon« in Stettin heraus. In vier Büchern beschreibt Cramer auf rund 700 Seiten ausführlich die Christianisierung Pommerns durch Otto von Bamberg, relativ kurz das Mittelalter, die Reformation sowie die Jahre bis 1573 und als vierten Abschnitt die Zeit von 1573 bis zum Tode des Wolgaster Herzogs Philipp Julius im Jahre 1625. Cramer hat für seine Darstellung vielfach Quellen benutzt, darunter auch einige, die wir nur durch ihn kennen. Bereits zwölf Jahre später veröffentlichte der Stettiner Schulmann Johannes Micraelius, der 1597 in Köslin geboren war, »Sechs Bücher vom alten Pommernlande«. Dieses viel gelesene, in Stettin gedruckte Werk umfaßt die ganze Geschichte Pommerns, ist aber unkritisch und nur für die Zeit des Dreißigjährigen Krieges aussagekräftig.

Die pommersche Schullandschaft veränderte sich im zweiten Drittel des 17. Jahrhunderts. Der Stargarder Bürgermeister Peter Gröning vermachte seiner Stadt, in der er auch geboren worden war, kurz vor seinem Tode im Jahre 1631 mehr als 20 000 Gulden, damit in ihr ein Collegium, also eine Schule, entstünde, die ihre Absolventen für den Universitätsbesuch befähige. Es wurde ein Auditorium neben der bestehenden Ratsschule erbaut, ein Rektor und zwei weitere Lehrkräfte berufen und ein Ortsgeistlicher zur Mitarbeit gewonnen, so daß das Collegium seine Arbeit 1633 aufnehmen konnte. Man sah einen einjährigen Unterricht mit 32 Wochenstunden in Form von Vorlesungen vor. Doch die Kriegsereignisse zerstörten schon zwei Jahre später das Auditorium und jeden Lehrbetrieb. Erst 20 Jahre nach Beendigung des Dreißigjährigen

Krieges wurde das Collegium Groeningiani mit fünf Lehrpersonen und 37 Schülern wiedereröffnet. 1724 erhob König Friedrich Wilhelm I. das Groeningianum zu einem Collegium illustre. Die Lehrkräfte erhielten den Professorentitel.

Wenige Jahre nach der ersten Errichtung des Groeningianums – 1640 – wurde im östlichen Hinterpommern eine höheren Ansprüchen genügende Schule gegründet: Gründerin war Herzogin Hedwig, die Witwe des Pommernherzogs Ulrich, die seit dessen Tod in Neustettin lebte. Aus den Einkünften des ihr zur Verfügung stehenden Amtes Neustettin bestritt sie die einmaligen und laufenden Ausgaben der Schule. Es wurden zwei Lehrer berufen, und der Neustettiner Präpositus wurde als Inspektor der Lehranstalt eingesetzt, der auch sechs Unterrichtsstunden zu erteilen hatte. Ein wichtiger Zweck der Schulgründung bestand in der Abwehr gegenreformatorischer Maßnahmen in der zum polnischen Reich gehörenden Nachbarschaft, die in der Gründung einer Jesuitenresidenz in Deutsch Krone 1618 einen Höhepunkt erreicht hatten. Durch Aufnahme evangelischer Kinder und Jugendlicher aus diesen Gebieten sollte das Hedwigianum den Rekatholisierungsbestrebungen entgegentreten. Bis Anfang des 19. Jahrhunderts war das nach seiner Gründerin benannte Fürstin-Hedwig-Gymnasium in Ostpommern die einzige Schule, die höchsten Anforderungen entsprach.

Als dritte Bildungsinstitution wurde 1653 in Kolberg vom Kurfürsten, der Hinterpommern gerade in Besitz genommen hatte, eine Ritterakademie gegründet. In ihr wurden viele Söhne des hinterpommerschen Adels erzogen. Anfang des 18. Jahrhunderts wurde die Ritterakademie in eine Kadettenanstalt umgewandelt und 1716 nach Berlin verlegt.

Die ersten Jahre nach dem Dreißigjährigen Krieg brachten ein neues Element in die pommersche Kultur: einen Sängerbund, der sich obendrein seine eigenen Lieder schuf. Der Greifenberger Bürgermeister Johann Möller, aus Greifenberg auch gebürtig, begründete mit 20 weiteren Persönlichkeiten aus der Stadt und ihrer Umgebung die »Gottsingende Gesellschaft«. Man sang in den Häusern der Mitglieder, die Pfarrer, Ratsmitglieder, Advokaten, Rittergutsbesitzer oder Schulrektoren waren. Die meisten vorgetragenen geistlichen und weltlichen Lieder waren von Johann Möller gedichtet und viele von ihnen vom Rensekower Pastor Thomas Hoppe vertont worden. Mehr als 150 Lieder des Repertoires der Gesellschaft sind in dem nur noch in wenigen Exemplaren vorhandenen Buch »Greiffenbergische Psalter- und Harffen-Lust...« von Johann Möller und Thomas Hoppe veröffentlicht worden. In der Einleitung des Buches rechtfertigen die beiden Herausgeber die individuelle Zuwendung zu Gott, in ihrem Fall die besondere Greifenberger Art der Hinwendung in Form der Lieder der Gottsingenden Gesellschaft. Darin war die Pflege einer gehobenen Geselligkeit und des Patriotismus eingebettet. Der Tod ihres Gründers Johann Möller im Jahre 1680 scheint für die Gottsingende Gesellschaft das Ende bedeutet zu haben.

Der Barock hinterließ in Pommern etliche Bauten. Von ihnen sind insbesondere die drei Schlösser Schwerinsburg, Stargordt und Karlsburg sowie das Greifswalder Universitätsgebäude zu nennen. Das südlich von Anklam gelegene Schloß Schwerinsburg wurde von dem später in den Grafenstand erhobenen friderizianischen Feldmarschall Kurd Christoph v. Schwerin in den Jahren 1720 bis 1738 erbaut. Es bestand aus einem mächtigen Mittelbau und zwei Seitenflügeln, der eine ein Theater, der andere eine

Kapelle enthaltend. Größe und Schlichtheit waren es, die das Schloß, an dessen Bau italienische Künstler und Handwerker beteiligt waren, auszeichneten. Am 1. Mai 1945, wenige Tage nach Einnahme des Gebiets durch die Rote Armee, brannte dieser prächtige Bau vollständig nieder.

Ein Schloß von etwas kleineren Ausmaßen als Schwerinsburg baute sich Feldmarschall Adrian Bernhard Graf v. Borcke von 1717 bis 1720 an der mittleren Rega: Stargordt. In Anlage und Gliederung entsprach Schloß Stargordt dem Stil seiner Zeit. Ein wesentlicher Bestandteil der Innenausstattung war die Sammlung kunsthistorisch bedeutender Gobelins des frühen 18. Jahrhunderts mit Motiven der antiken Mythologie, der größte Wandteppich war 8 m breit. Bei ihrem Vordringen schossen sowjetische Truppen 1945 das Schloß in Brand. Erhalten blieb dagegen Schloß Karlsburg zwischen Greifswald und Anklam. Es wurde 1732-1739 von Carl Heinrich Behrend v. Bohlen als großartige und dennoch unvollendet gebliebene Anlage gebaut. Dem Hauptgebäude schließt sich nach Osten eine 25 m lange eingeschossige Galerie und ein sie begrenzender zweigeschossiger Pavillon an. Eine entsprechende Planung nach Westen wurde nicht verwirklicht. Das auf einer Anhöhe stehende Schloß wird als »eine der schönsten Schöpfungen des pommerschen Hochbarocks« (Sieber, S. 53 f.) angesehen. Heute wird das Schloß von der Universität Greifswald genutzt.

Das Kollegiengebäude der Greifswalder Universität wurde in den Jahren von 1747 bis 1750 durch einen Neubau ersetzt, der mit nur wenigen Veränderungen auch heute als Hauptgebäude der Alma mater dient. Der dreigeschossige Neubau wird vom vorspringenden Mittelteil dominiert. In ihm befindet sich unten das prachtvoll ausgestattete damalige Auditorium maximum, darüber der Bibliothekssaal, der bis 1882 als solcher, seitdem als Aula benutzt wird. Das neue Universitätsgebäude war das Werk des Greifswalder Mathematikprofessors Andreas Meyer, der in Augsburg als Sohn eines Baumeisters geboren war. Die strenge Gliederung des barocken Gebäudes nimmt klassizistische Tendenzen der zweiten Jahrhunderthälfte vorweg, so daß man diesen Greifswalder Baustil als akademischen Spätbarock oder Rokoko-Klassizismus bezeichnet.

1747 erhielt die Universität Greifswald in dem damals 28jährigen Johann Carl Dähnert ihren ersten eigenen Bibliothekar. In den 38 Jahren seiner Tätigkeit erhöhte Dähnert den Bestand der Greifswalder Universitätsbibliothek, der größten pommerschen Bibliothek, von knapp 5300 Bänden auf rund 26 000 Bände. Das war ein hervorragendes Ergebnis seiner Lebensarbeit; denn die meisten deutschen Universitätsbibliotheken besaßen damals weniger als 20 000 Bände. Die Greifswalder Universitätsbibliothek erlangte in der gelehrten Welt aufgrund der erfolgreichen unermüdlichen Arbeit Dähnerts einen hohen Ruf. Als eine bibliothekarische Meisterleistung wurde und wird sein 1775/76 auf eigene Kosten gedruckter dreibändiger Katalog der Bibliothek angesehen. Auch in Hinterpommern gab es zu dieser Zeit einen leidenschaftlichen Buchliebhaber und -sammler: Friedrich Wilhelm von der Osten auf Schloß Plathe. In unermüdlicher Tätigkeit trug er in mehr als 30 Jahren bis zu seinem Tode im Jahre 1786 ca. 4500 Bände, darunter rund 300 handschriftlicher Art, rund 200 Karten und mehrere hundert Stiche zusammen. Es waren in der Regel Pomeranica. Bis 1945 wuchs die Plather Schloßbibliothek auf mehr als 14 000 Bände und war damit die größte Biblio-

Schloß Schwerinsburg

thek eines Privatmannes in Pommern. 1945 konnte nur ein kleiner Teil in den Westen Deutschlands gerettet werden.
In den siebziger Jahren des 18. Jahrhunderts erblickten in Vorpommern zwei Künstler das Licht der Welt, deren Ansehen internationalen Rang hat. Es waren dies Caspar David Friedrich, der 1774 in Greifswald als Sohn eines Seifensieders geboren wurde, und Philipp Otto Runge, der 1777 seinen Lebensweg in Wolgast als Sohn eines Reeders und Kaufmanns begann. Beide sind bedeutende Repräsentanten der Romantik. Ihre Gemälde hängen in den großen Museen und Galerien der Welt.
C. D. Friedrich erhielt Zeichenunterricht bei dem Universitätszeichenlehrer Quistorp, der in ihm auch durch Wanderungen in der Umgebung Greifswalds und auf Rügen ein tiefes Naturgefühl weckte. 1794 ging Friedrich an die Kunstakademie Kopenhagen, wo er vier Jahre blieb. Danach studierte er in Dresden, dem Mittelpunkt der deutschen Romantik. Dort erhielt er später an der Akademie der Künste einen Lehrstuhl für Landschaftsmalerei. Oft suchte er seine pommersche Heimat auf. Ein Schlaganfall im Jahre 1835 beendete die künstlerische Arbeit Friedrichs, 1840 starb er in Dresden. Pommersche Motive spielten im Schaffen Friedrichs eine große Rolle, es ist hier an die Gemälde »Kreidefelsen auf Rügen«, »Ruine einer Zisterzienserabtei in Eldena bei Greifswald«, »Wiesen bei Greifswald« und »Hafen von Greifswald« zu denken, aber

auch in etlichen anderen Werken sind sie, insbesondere in der Darstellung der Klosterruine Eldena, feststellbar. Die Gedächtnisausstellung in Hamburg 1974 und ihre Resonanz zeigen, welch großen Anklangs sich das Gesamtwerk des pommerschen Malers auch heute noch erfreut.

Trotz begnadeter Fähigkeiten im Scherenschnitt suchte Ph. O. Runge erst im Oktober 1799 eine Kunstakademie auf. Wie für Friedrich kam auch für Runge nur die in Kopenhagen in Betracht. Im März 1801 verließ er Kopenhagen und ging nach Dresden. Von 1804 bis zu seinem frühen Tode am 2. Dezember 1810 lebte er mit Ausnahme eines Wolgaster Jahres 1806/07 in Hamburg. Sein Bruder Daniel bot ihm dort in seiner Firma die Möglichkeit der Existenzsicherung. Runges Schlüsselwerk sind »Die vier Zeiten: Der Morgen, Der Tag, Der Abend, Die Nacht«. Seine hierzu im Mai 1805 fertiggestellten Radierungen von je 25 Exemplaren machten den Künstler in ganz Deutschland bekannt. Die große Nachfrage führte zwei Jahre später zu einer zweiten Auflage, die vermutlich je 250 Exemplare umfaßte. Auch die Kinderbildnisse Runges wurden einem breiten Publikum bekannt, unter ihnen ragt die Darstellung der »Hülsenbeckschen Kinder« aus dem Jahre 1805 heraus. Von Runges Familienbildnissen sind das ebenfalls 1805 entstandene und 1931 verbrannte Gemälde »Wir drei«, das den Maler, seine Frau und seinen Bruder Daniel zeigte, und sein Elternbildnis hervorzuheben. Letzteres malte Runge 1806 in Wolgast. Mit 131 cm Breite und 196 cm Höhe ist es das größte von Runge je begonnene und fertiggestellte Werk. Das Porträt ist ein Zeugnis seiner Dankbarkeit, ausgeprägte Kindes- und Geschwisterliebe gehörten zu den Charakteristika des vom lutherischen Glauben bestimmten Hauses Runge. Diese Darstellung der Eltern ist Maßstab für alle deutschen Elternbildnisse im 19. Jahrhundert geworden, sie ist Runges bedeutendstes Bildnis, vielleicht sein gelungenstes Werk.

Der aufstrebende preußische Staat des 18. Jahrhunderts erfaßte in seiner Politik, soweit sie sich kulturell auswirkte, auch die Landbevölkerung. Nachdem König Friedrich Wilhelm I. auf seinen Domänen die Schulpflicht verordnet hatte, verfügte sein Sohn ein knappes halbes Jahrhundert später mit dem General-Landschul-Reglement vom 12. 8. 1763 eine allgemeine Schulpflicht. Diese wurde 1825 auch in den pommerschen Gebieten, die 1815 an Preußen gefallen waren, eingeführt. Der politische Wille der preußischen Könige wurde jedoch nur mangelhaft umgesetzt. Einem wesentlichen Mangel, unter dem die Dorfschule litt, nämlich dem Fehlen qualifizierter Lehrer, wollte der Stettiner Pastor Schinmeyer durch die Gründung eines Lehrerseminars 1732 abhelfen. Doch Schinmeyer scheiterte einige Jahre später. Dies bedeutete auch das Ende dieser ersten preußischen Ausbildungsstätte für Dorfschullehrer. Die Ausbildung der Lehrer an den Volksschulen wurde erst zu Beginn des 19. Jahrhunderts geregelt und in Lehrerseminaren organisiert. So entstanden in Pommern die folgenden evangelischen Seminare: Köslin (1816), Pyritz (1827), Cammin (1838), Pölitz (1854), Bütow (1859), Dramburg (1867) und Anklam (1902). Im schwedischen Teil Vorpommerns gab es seit 1791 in Greifswald ein Seminar; 1853 wurde es nach Franzburg verlegt. In der zweiten Hälfte des 19. Jahrhunderts und Anfang des 20. Jahrhunderts wurde für jedes pommersche Lehrerseminar eine Präparandenanstalt errichtet. Auch in Tribsees (1867), Plathe (1868), Massow (1875) und Rummelsburg wurden staatliche evangeli-

Klosterruine Eldena

sche Präparandenanstalten ins Leben gerufen, in Belgard 1894 eine städtische Präparandie. Durch die Neuregelung der Lehrerausbildung in der Weimarer Republik wurden die Präparandenanstalten 1922/23 und die Seminare 1925/26 geschlossen. An ihre Stelle traten Pädagogische Akademien; erst 1930 wurde eine solche Einrichtung in Stettin gegründet, die allerdings bereits 1932 wieder geschlossen wurde. 1933 wurde dann in Lauenburg eine Hochschule für Lehrerbildung geschaffen, seit 1936 gab es in Schneidemühl eine Hochschule für Lehrerinnenbildung. 1939 unterrichteten in Pommern 5374 Lehrer und 1061 Lehrerinnen an 3039 öffentlichen Volksschulen mit rund 7150 Klassen.

Im 19. und 20. Jahrhundert

Als Pommern im Jahre 1815 vereinigt wurde, besaß es fünf schon seit langem bestehende Gymnasien, und zwar in Stettin, Stralsund, Greifswald, Stargard und Neustettin. Im Ausbau des höheren Schulwesens zeigte man sich in der ersten Hälfte des 19. Jahrhunderts recht zurückhaltend. Köslin erhielt als Hauptstadt eines Regierungsbezirkes 1821 ein Gymnasium, Putbus 1836 und Anklam 1847. In der zweiten Jahrhunderthälfte wurde das Netz höherer Schulen enger. 1912 bestanden in Stettin zwei weitere Gymnasien und außer den genannten zusätzliche in Belgard, Demmin, Dramburg, Gartz/O., Greifenberg, Kolberg, Lauenburg, Pyritz, Stolp und Treptow/R. Dazu kamen als gleichberechtigte höhere Schulen folgende Bildungsstätten: fünf Realgymnasien in Kolberg, Pasewalk, Stettin (zwei) und Swinemünde, drei Oberrealschulen in Stargard, Stolp und Stralsund sowie sechs Oberlyzeen in Greifswald, Kolberg, Stargard, Stettin (zwei) und Stolp. Etliche Progymnasien, Realprogymnasien, Realschulen und Lyzeen befriedigten den Bildungsbedarf in den kleineren pommerschen Städten.

Für die gewerbliche Jugend gab es eine Reihe von Fortbildungsschulen. Die Navigationsschulen in Stettin, Stralsund und Barth mit ihren Vorschulen in Swinemünde, Prerow und Zingst, die Landwirtschaftsschulen in Eldena und Schivelbein, die Haushalts- und Gewerbeschule in Falkenburg, die Schiffsingenieur- und Seemaschinistenschule, die Höhere Maschinenbauschule und die Baugewerkschule, letztere drei in Stettin, rundeten aus dem Fachschulbereich die pommersche Palette des Bildungswesens vor dem Ersten Weltkrieg ab.

Das Gedenken der ersten Missionsreise Ottos von Bamberg nach Pommern vor 700 Jahren führte 1824 zur Begründung eines eigenständigen Pommerschen Provinzialarchivs, des späteren Preußischen Staatsarchivs Stettin, und der Gesellschaft für pommersche Geschichte und Altertumskunde. Die Gesellschaft hat sich um die Erforschung der pommerschen Geschichte und um die historische Bildung der Bevölkerung Pommerns große Verdienste erworben. Wesentlich trug dazu die Zeitschrift »Baltische Studien« bei, die die Gesellschaft herausgab und die 1832 erstmalig erschien. 88 Bände sind bis 1945 herausgekommen, nach ihrer Wiederbegründung 1954 in Hamburg weitere 38, so daß die »Gesellschaft für pommersche Geschichte, Altertumskunde und Kunst«, wie sich der eingetragene Verein seit 1954 nennt, mit den 126 Bänden ihrer

Baltischen Studien eine der längsten Publikationsreihen der regionalen deutschen Geschichtsvereinigungen aufweist. Die »Monatsblätter« der Gesellschaft erschienen seit 1887 in 56 Jahresbänden, sie brachten kleinere Arbeiten und berichteten über die Aktivitäten der Gesellschaft und deren lokale Abteilungen. 1899 bildete sich der Rügisch-Pommersche Geschichtsverein und gab seit 1900 die »Pommerschen Jahrbücher« in 34 Bänden heraus. Um den Forschungen über den frühen Teil der pommerschen Geschichte in einem wichtigen Quellenbereich eine sichere Grundlage zu geben, veröffentlichte das Stettiner Staatsarchiv seit 1868 das Pommersche Urkundenbuch, das auch nach dem Zweiten Weltkrieg im Westen Deutschlands fortgesetzt wurde und von dem heute elf Bände vorliegen. 1911 wurde die Historische Kommission für Pommern gebildet, die sich durch Quelleneditionen, die Bearbeitung des Historischen Atlas, Untersuchungen und Darstellungen »zu einer zentralen wissenschaftlichen Instanz der landesgeschichtlichen Forschung in Pommern« (Roderich Schmidt, 1969) entwickelte. Die Kommission wurde 1951 wiedergegründet und entfaltet eine rege wissenschaftliche Tätigkeit.

1834 wurde in Stettin der »Kunstverein für Pommern« gegründet. Seine Erwerbungen auf den von ihm im Rhythmus von zwei Jahren durchgeführten Ausstellungen bildeten den Grundstock der Galerie der Stadt Stettin, deren Raumnot erst durch den 1911 fertiggestellten prächtigen Bau des Stadtmuseums auf der Anfang des Jahrhunderts angelegten Hakenterrasse behoben wurde. Die Gemäldegalerie wurde im März 1945 nach Coburg gebracht und ist heute in der Stiftung Pommern in Kiel zu sehen. Kurze Zeit nach der Gründung des Kunstvereins für Pommern – 1837 – entstand auf Initiative von Carl August Dohrn der Stettiner Entomologische Verein, dessen Zeitschrift, die Stettiner Entomologische Zeitung, von 1840 bis 1944 existierte und internationales Ansehen besaß. Die vom Verein, Carl August Dohrn und seinem Sohn Heinrich zusammengetragene entomologische Sammlung im naturkundlichen Teil des Stettiner Stadtmuseums gehörte zu den drei größten Beständen der Welt.

In Stralsund bildeten 1858 angesehene Bürger einen Verein, um neuvorpommersche und rügische Altertümer zu sammeln und ein Museum zu errichten. Die rügensche Steinzeit war im Stralsunder Museum stark vertreten. Sein Glanzstück war und ist jedoch der Hiddenseer Goldschmuck, eine wertvolle Wikingerarbeit, der im November 1872 am Strand von Neuendorf auf Hiddensee gefunden wurde. Unter der Leitung von Fritz Adler erhielt das »Stralsundische Heimatmuseum für Neuvorpommern und Rügen« in den zwanziger Jahren dieses Jahrhunderts im ehemaligen Katharinenkloster ideale Räumlichkeiten.

Im Stettiner Stadtmuseum herrschte dagegen zu dieser Zeit arger Platzmangel. Deswegen gestaltete der Provinzialverband das freigewordene Alte Landeshaus für eine museale Verwendung um und eröffnete dort 1928 das Provinzialmuseum pommerscher Altertümer, nachdem die Gesellschaft für pommersche Geschichte und Altertumskunde dem neuen Museum ihre seit 1924 amtlich »Provinzialsammlung pommerscher Altertümer« genannten vor- und kulturgeschichtlichen Bestände übereignet hatte. 1934 wurde das neue Museum, das während seiner ganzen Existenz von Otto Kunkel geleitet wurde, in »Pommersches Landesmuseum« umbenannt. Außer diesen drei Museen entstanden im 19. und 20. Jahrhundert in Pommern mehr als 30 Museen,

allerdings von sehr unterschiedlicher Qualität. In der 1938 zu Pommern gelangten Grenzmark ist das Grenzmarkmuseum in Schneidemühl erwähnenswert.
Die größte und wertvollste Büchersammlung Pommerns besaß die Universitätsbibliothek Greifswald mit 450 000 Bänden Ende 1944. Bedeutende alte Bibliotheken waren die des Stettiner Marienstiftsgymnasiums mit ca. 35 000 Bänden, die der pommerschen Geschichtsgesellschaft in Stettin, die des Neustettiner Gymnasiums mit rund 12 000 Bänden und die bereits erwähnte Plather Schloßbibliothek. Neueren Datums war die ungefähr 30 000 Bände umfassende Bücherei der Hochschule für Lehrerbildung in Lauenburg. Die erste pommersche Stadtbibliothek schuf man 1874 in Stettin, 1939 besaß diese 184 000 Bände. In Stargard wurde 1899, in Stralsund 1900 und in Stolp 1903 eine Stadtbibliothek eröffnet. Im Zweiten Weltkrieg gab es in Pommern 800 städtische und ländliche Büchereien, die im Verband pommerscher Büchereien zusammengeschlossen waren und von der 1913 eingerichteten Staatlichen Beratungsstelle für das Volksbüchereiwesen der Provinz Pommern betreut wurden. Der Provinzialverband baute 1923 die Pommersche Landeswanderbücherei auf. Im deutschen Volksbüchereiwesen waren Stettin und Pommern dank der initiativreichen, von 1905 bis 1945 währenden Tätigkeit Erwin Ackernknechts führend.
Ackerknecht baute im Winter 1918/19 auch die Stettiner Volkshochschule auf; sie mußte 1934 ebenso wie die erst 1932 in Stettin gegründete Staatliche Büchereischule für Volksbibliothekare ihre Pforten schließen. Regelmäßige Theateraufführungen gab es in Stettin seit 1805, ein eigenes Gebäude seit 1849. Stralsund jedoch besaß schon seit 1766 einen Theaterbau, wenn er auch für andere Zwecke errichtet worden war; 1913/14 erfolgte ein Neubau. In Schneidemühl gab es für die Grenzmark seit 1929, als diese noch eine eigene Provinz war, ein Landestheater.
In dem reichen Musikleben der pommerschen Hauptstadt nahm im 19. Jahrhundert jahrzehntelang der städtische Musikdirektor Carl Loewe eine herausragende Stellung ein. Bekannt und berühmt wurde der Wahlpommer durch seine Balladenkompositionen. Einen Leserkreis erreicht bis heute die 1838 erstmalig erschienene »Bernsteinhexe« des von der Insel Usedom stammenden Pastors Johannes Wilhelm Meinhold. Gleiches gilt für die 1921 veröffentlichte »Besonnte Vergangenheit« des in Stettin geborenen Berliner Arztes Carl Ludwig Schleich. 1970 beschreibt der in Bansin geborene Hans Werner Richter, Begründer der »Gruppe 47«, mit viel Liebe und Einfühlungsvermögen seine Landsleute, insbesondere Fischer und andere »kleine Leute«, in seinem Buch »Deutschland – deine Pommern«.

Wirtschaftsgeschichte

Wirtschaft der Pomoranen

Lebensgrundlage der Pomoranen war der Ackerbau. Mit dem hölzernen Haken wurde das Land bearbeitet. Dieser riß den Boden auf, wendete ihn jedoch nicht oder nur ganz unzulänglich. Das geerntete Getreide wurde in Handmühlen gemahlen. Außerdem hielten die Pomoranen Vieh und jagten in den weiten Wäldern. Man verstand sich gut auf die Gewinnung von Honig. Weit verbreitet war der Fischfang, zu dem die vielen Flüsse, Seen und die Ostsee mit ihren starken Heringsbeständen reichlich Gelegenheit boten.
Von diesen Nahrungsmitteln gelangten Hering und Honig sowie das bereits früher erwähnte Kolberger Salz zu den Verbrauchern außerhalb Pommerns. Zu den pommerschen Ausfuhrgütern zählten auch Wachs und Bernstein, möglicherweise Leinen. Als Gegenleistung empfingen die Pomoranen Werkzeuge, Waffen und Schmuck. Der Handel mit anderen Stämmen oder Völkerschaften lag sicher zum größeren Teil in den Händen auswärtiger Kaufleute. Dennoch sind von den Missionsaufenthalten Ottos von Bamberg zwei pomoranische Persönlichkeiten aus Stettin sogar namentlich bekannt – Domazlaus für 1124 und Wirtschachus aus dem Jahre 1128 –, die man als Fernhändler wird ansehen müssen. Diesen beiden Stettiner Männern werden hohes Ansehen, außerordentlicher Reichtum und damit verbundene Macht in allen sich auf ihren Heimatort beziehenden Fragen zugeschrieben. Selbst der pommersche Herzog soll sich der Zustimmung von Domazlaus versichert haben, wenn seine Vorhaben dessen Belange berührten; gleiches darf man für Wirtschachus unterstellen. Stettin war zu jener Zeit vielleicht schon der bevölkerungsreichste Ort Pommerns, ungefähr die gleiche Größenordnung besaß Wollin. In Stettin wohnten ungefähr 900 Familien, wie man einer der Otto-Viten entnehmen kann, so daß man die Einwohnerzahl auf etwa 5 000 schätzen kann. Auch in Demmin, Gützkow, Wolgast, Wollin, Pyritz und Kolberg hat es in den ersten Jahrzehnten des 12. Jahrhunderts Gruppen von einheimischen Kaufleuten gegeben. Diese Orte gehörten zu den bedeutendsten »nichtagrarischen Wirtschaftszentren« (Herbert Ludat) der Slawen in Pommern, die gleichzeitig militärischer, administrativer und in einigen Fällen auch religiöser Mittelpunkt waren. In diesen Handelsplätzen wohnten die Personengruppen, die ihren Lebensunterhalt nicht in erster Linie einer Tätigkeit in der Landwirtschaft oder einem verwandten Bereich verdankten. Es waren dies insbesondere das herzogliche Militär- und Verwaltungspersonal, die Priester und die Kaufleute einschließlich ihrer jeweiligen Hilfskräfte.

Eine der wichtigsten Handelsstraßen, die die Pomoranen mit ihren Nachbarn und auch entfernteren Ländern verband, war die Oder, aber auch die beiden Wege rechts und links der Oder dienten dem Handel von und nach Pommern. Salz und zumindest im 13. Jahrhundert auch Hering waren die beiden Massengüter, die hier transportiert wurden. Sie gelangten so zu den wichtigen Umschlagplätzen Lebus und Guben an der Lausitzer Neiße, vielleicht nach Polen und nachweisbar zu den mittelschlesischen Klöstern Leubus und Trebnitz. Mit Polen war Pommern insbesondere durch die zwei nachfolgend beschriebenen Wege verbunden: Der eine führte von Stettin über Pyritz und das an der Mündung der Netze in die Warthe gelegene Zantoch ins Nachbarland, der andere von Kolberg über Belgard in die Gegend des späteren Neustettin und von dort über Usch, an der Küddow-Mündung gelegen, nach Polen. Der zweite Handelsweg ist die »Salzstraße«. Das Kolberger Salz gelangte auf ihr nach Polen, und es ist keineswegs auszuschließen, daß die Kolberger Fernhändler mit ihrer wertvollen Ware über Polen hinaus auch nach Rußland reisten und sie dort verkauften. Seehandel trieben drei pomoranische Großsiedlungen: Wollin, Stettin und Kolberg. Ihre Geschäftspartner fanden sie vornehmlich auf den dänischen Inseln. Die Stettiner Handelswege führten nach der Fahrt über das Haff sicher vorrangig über den Peenestrom. Die Wassertiefe der Dievenow nahm im beginnenden 12. Jahrhundert ab, dies wird aber nicht einmal der entscheidende Grund für die Verlagerung des Handels von Wollin nach Stettin gewesen sein.

Im ersten Drittel des 12. Jahrhunderts ließen sich deutsche Kaufleute in Stettin nieder, nachdem Pommern durch die Missionsfahrten des Bamberger Bischofs in das Gesichtsfeld der Deutschen gerückt war. Ihre erste Siedlung ist unmittelbar südlich der slawischen Großsiedlung an der Oder zu vermuten, und zwar zwischen der Hackgasse und der Hagenstraße. Im Laufe des nächsten halben Jahrhunderts übte Stettin auf Kaufleute weiterhin große Anziehungskraft aus, so daß es dort zur Bildung der ersten deutschen stadtähnlichen Gemeinde in Pommern kam. Quellenmäßig greifbar wird diese Entwicklung für 1187, als der Bau der Jakobikirche vollendet wurde. Diese Kirche war der Mittelpunkt der Stettiner deutschen Siedlung, zu der zu dieser Zeit auch Bauern und Handwerker gehörten. Das Gotteshaus wird deswegen in einer Urkunde des Bischofs von Cammin, deren Original im Hauptstaatsarchiv München gehütet wird, für das Bamberger Michelskloster geradezu als »Kirche der Deutschen« bezeichnet. Von polnischer Seite wird die Zahl der in Stettin lebenden Deutschen auf 600 bis 1 000 für das beginnende 13. Jahrhundert geschätzt. Die tonangebende Schicht in dieser planmäßig angelegten, mit einem Marktplatz ausgestatteten zweiten deutschen Stettiner Siedlung, kurz Jakobi-Siedlung genannt, waren natürlich die Kaufleute. An sie war der Stettiner Handel der Pomoranen zumindest zum Teil übergegangen.

Wirtschaft der deutschen Siedler

Die deutsche Besiedlung veränderte die Wirtschaft Pommerns in starkem Maße. Der Wandel des Wirtschaftslebens vollzog sich hauptsächlich im 13. Jahrhundert, als die deutsche Ostsiedlung am stärksten war. Aus den letzten Jahrzehnten des 12. Jahrhunderts sind nur die oben beschriebene stadtähnliche Stettiner Jakobi-Siedlung und wenige deutsche Dörfer bekannt. Schon in dieser frühen Zeit zeigten sich bei den einwandernden Deutschen zwei verschiedene Formen des Zusammenlebens, nämlich die städtische und die des Dorfes. Daneben bestand das Klosterleben. Städtische und ländliche Besiedlung erfolgten in jeder pommerschen Region mehr oder weniger gleichzeitig. Stadt und Dorf bedeuteten zwar verschiedenartiges Wirtschaftsleben; beide Siedlungsweisen und Wirtschaftsarten ergänzten aber einander.

Die ins Land kommenden Sachsen, Westfalen, Friesen und Flamen rodeten viele Wälder und entwässerten Sümpfe. So gewannen sie bebaubare Bodenflächen, ohne den Pomoranen die Lebensgrundlage zu nehmen. Diese von ihnen schon generationenlang durchgeführten Kultivierungsmaßnahmen, die die Pomoranen nicht kannten, aber auch nicht benötigten, steigerten das Wirtschaftspotential Pommerns für eine allerdings auch zahlenmäßig weitaus höhere Einwohnerschaft erheblich. Als wichtigstes landwirtschaftliches Gerät brachten die deutschen Bauern den eisernen Scharpflug mit, den ihre alte Heimat seit vielen Jahrhunderten kannte. Mit diesem Pflug konnten auch schwere Böden angemessen bearbeitet werden, überhaupt garantierte das Pflügen höhere Erträge als die Verwendung des Hakens, der den Boden nur ritzte, aber nicht umbrach. Als dritte wesentliche Neuerung der Landbestellung führten die Neusiedler die Dreifelderwirtschaft ein, die nach der Bestellung eines Ackers dessen Brache im darauffolgenden Jahr und im dritten Jahr den Anbau von Wintergetreide vorsah. Dieser Dreijahresrhythmus in der Feldbestellung war in Deutschland seit eh und je üblich. Die agrartechnischen Verbesserungen bewirkten, daß in Pommern viel mehr Getreide geerntet werden konnte als vordem.

Den zweiten Wirtschaftsbereich bildete das Handwerk. Es war reich gegliedert. In den pommerschen Urkunden beggegnen uns Bäcker, Fleischer, Wollweber, Schuster, Kürschner, Müller, Zimmerer, Steinmetze, Wagner, Schmiede. Wenn es auch schon zur slawischen Zeit in Pommern eine handwerkliche Produktion gab, so war das deutsche Handwerk doch differenzierter, besaß die besseren Werkzeuge und wies Berufe auf, die den Slawen unbekannt waren. Dazu gehörten die Müller. Das zuvor bekannte übliche von Hand betriebene Mahlen wäre dem jährlichen Anfall großer Getreidemengen nicht gewachsen gewesen. Jetzt besorgten Mühlen, vom Wind oder vom Wasser angetrieben, den Mahlbetrieb. Dutzende von pommerschen Orten werden in den schriftlichen Quellen als Mühlenstandort des 13. Jahrhunderts angegeben. Die meisten deutschen Handwerker wohnten und arbeiteten – bald in berufsständischen Vereinigungen zusammengefaßt – in den Städten.

Ausschließlich in der Stadt lebten die Kaufleute. Es ist hier nicht an den regionalen Handel gedacht, der sich auf dem städtischen Marktplatz mit Produkten des heimischen Handwerks und Agrarerzeugnissen der näheren Umgebung vollzog, sondern an den Fernhandel. Dieser stellte den dritten größeren Wirtschaftsbereich dar. Die Kaufleute schlossen sich zu Gilden zusammen. Überliefert sind die ausführlichen Statuten der Kolberger Salzkochergilde, die durch den Rat der Stadt Kolberg im Jahre 1302 festgesetzt wurden. Gegenüber der pomoranischen Zeit hatte der Fernhandel im 13. Jahrhundert an Umfang und Zahl der Güter zugenommen, und die Handelsströme hatten sich teilweise verändert.

Handwerk und Fernhandel, die beiden Wirtschaftsbereiche neben der Landwirtschaft, hatten, wie bereits erwähnt, ihren Mittelpunkt in der deutschen Stadt. Der jeweilige Stadtherr stattete seine Gründung nicht nur mit einem speziellen Verfassungsrecht, also mit den Rechtsformen der Stadtregierung, und einem materiellen Recht, d. h. den Rechtssätzen für das Zusammenleben der Bürger, aus, sondern auch mit wirtschaftlichen Privilegien. Diese den Städten gewährten Freiheiten und Gerechtsame nehmen schon rein äußerlich viel Platz in den Stadtrechtsurkunden ein. Die Wirtschaftsbestimmungen machten natürlich einen nicht unerheblichen Teil der Attraktivität der neuen deutschen Städte aus.

Für die von Herzog Barnim I., dem »Städtegründer Pommerns«, in Mittelpommern gegründeten Städte läßt sich – stellvertretend für alle deutschen Städte in Pommern – im folgenden einiges zusammenfassend sagen. In der Regel erließ der Herzog den Bürgern seiner Städte Zoll und Ungeld in den anderen Städten seines Herzogtums, allerdings in unterschiedlichem Ausmaß. Stettin gehörte zu den Städten, deren Bürger voll befreit waren. Mehreren Städten gegenüber verzichtete Barnim auf den Fähr- oder Brückenzoll, der für Flußübergänge in unmittelbarer Stadtnähe erhoben wurde. Auf diese Weise begünstigte der Landesherr in seinen Städten den Handel der Kaufleute. Ein weiterer Abschnitt der Wirtschaftsbestimmungen in den Stadtrechtsurkunden befaßt sich mit der städtischen Landausstattung. Durchschnittlich erhielten die Städte zwischen 100 und 135 Ackerlandhufen, die Zahl der Hufen an Weideland war geringer. Außerdem vergab der Herzog seinen Städten nicht in Hufenzahl angegebene Landstücke und Nutzungsrechte wie den Holzschlag. Von den Ackerlandhufen nahm er jedoch den Hufenzins, der in der Regel $1/8$ Mark Silber betrug. Auch von den privaten Grundstücken erhob der Herzog einen wenn auch sicher nur kleinen Zins, nämlich den Arealzins. Dennoch war für die Städte die herzogliche Landausstattung ein großer materieller Gewinn, wobei hinzuzufügen ist, daß obendrein meistens eine mehrjährige Abgabenfreiheit eingeräumt wurde. Die Landausstattung bildete neben Handwerk und Handel eine der soliden Grundlagen des städtischen Lebens und zeigt, wie stark die deutsche Stadt mit dem Agrarsektor der Wirtschaft verwoben war. In allen überlieferten Stadtrechtsurkunden mit Ausnahme der für Prenzlau, das damals zu Pommern gehörte, verlieh Herzog Barnim seinen Städten auch Fischereigerechtsame, und zwar meistens je eine Meile flußauf- und flußabwärts. Die Camminer durften im Camminer Bodden und in der Ostsee vor der Küste des Camminer Landes fischen. Mit Ausnahme der Altdammer Fischer war allerdings keiner Bürgerschaft die Verwendung des großen Schleppnetzes erlaubt.

Über die weitere wirtschaftliche Entwicklung Pommerns erteilt in konzentrierter Form eine Zollrolle Auskunft, die Herzog Barnim I. der Stadt Stettin um 1255 ausstellte. An der Spitze der 53 Posten enthaltenden Warenliste stehen allein elf verschiedene Felle und Pelze. 13 Nennungen beziehen sich auf Vieh und Fleischwaren. Sechs Walderzeugnisse werden aufgezählt. Der Handel mit allen diesen Waren zusammen mit dem zuvor genannten Salz, Hering und Tran war grundsätzlich nicht neu. Hinzu kamen nun aber Kupfer, Eisen, insbesondere Pflugeisen, Wein; vielleicht wurde früher auch noch nicht mit Bier, grobem Tuch und Leinen gehandelt wie jetzt. Es ist ersichtlich, daß nur wenige Waren einen langen Transportweg hatten, daß Luxusartikel völlig fehlten und neue Exportgüter nicht zu entdecken sind. Wolfgang Kehn urteilt in seinem Buch über den Handel im Oderraum (S. 174), ». . . daß Stettins Aufgabe noch ganz von der unentwickelten Verfassung des jungen Koloniallandes bestimmt war: Man mußte sich zunächst einmal mit dem Nötigsten versorgen; an eine nennenswerte Ausfuhr war noch nicht zu denken, und immer noch kamen ja neue Siedler ins Land. Man war vorerst ganz damit beschäftigt, sich einzurichten, es fehlte noch an allem. Bezeichnenderweise ordnet unser Zolltarif an, daß jeder Fremde Hausrat zollfrei einführen darf; will er aber das Land mit Hausrat verlassen, so hat er darauf zwei Solidi Zoll zu zahlen. Wir dürfen also festhalten, daß zur Zeit unserer Zollrolle die Bewohner des Odermündungsgebietes noch völlig mit dem inneren Ausbau des Landes beschäftigt waren.«

1253, also ungefähr gleichzeitig mit dem Erlaß der Stettiner Zollrolle, verbot Herzog Barnim in seinem Herzogtum fremden Kaufleuten den Aufkauf von Getreide in der Zeit nach der Ernte bis Ostern. Während man in der älteren Forschung in dem Getreideausfuhrverbot vorrangig eine antilübische Maßnahme sah, meint man heute, und zwar wohl mit Recht, daß es Schwierigkeiten in der Versorgung der eigenen Bevölkerung waren, die den Herzog zu dem Exportverbot veranlaßten. Es wirkte sich natürlich auf die Lübecker Kaufleute, denen Barnim I. und sein Vetter Wartislaw III. etwa 20 Jahre zuvor, 1234, das Recht des völlig abgabenfreien Handels in ihrem jeweiligen Teilherzogtum bewilligt hatten, negativ aus, aber es war nur eine der üblichen Schwierigkeiten, denen der lübische Handel ausgesetzt war.

Im letzten Viertel des 13. Jahrhunderts sind erstmalig Getreideüberschüsse in Pommern erzielt worden, die deutlich besseren Anbaumethoden wirkten sich jetzt aus. Getreide war im überregionalen und internationalen Handel gefragt, denn bereits seit dem beginnenden 13. Jahrhundert konnten sich Norwegen, Holland, Flandern und Friesland, vielleicht auch Schottland, mit Getreide nicht mehr selbst versorgen. Der Anklamer Zolltarif vom Jahre 1302 dokumentiert mit seinen Getreide-Positionen Roggen, Weizen, Gerste, Hafer und Mehl die Bedeutung, die das Getreide als wichtigste Exportware Pommerns inzwischen gewonnen hatte. Daneben sind nur Walderzeugnisse, insbesondere Holz, als wichtige pommersche Ausfuhrgüter zu nennen, Tierprodukte treten dagegen stark in den Hintergrund. Der Wert der ausgeführten pommerschen Handelsware war also innerhalb weniger Jahrzehnte sehr gestiegen, so daß es nicht verwundert, daß sich auch das Niveau des pommerschen Imports deutlich gehoben hatte. Öl, Mandeln, Rosinen, Pfeffer, kostbare Tücher, zur damaligen Zeit alles Luxusgegenstände, die in der Jahrhundertmitte noch fehlten, wurden jetzt nach Pommern eingeführt.

Der Handel zwischen Pommern und Polen war zu dieser Zeit für beide Partner nur von untergeordneter Bedeutung. Einbezogen waren die kleineren Städte der Neumark, die dafür eine Förderung ihrer Landesherren erfuhren. So garantierte Otto IV., Markgraf von Brandenburg, 1291 polnischen und pommerschen Kaufleuten, namentlich denen aus Pyritz und Stargard, für ihren Weg nach Arnswalde Schutz in Kriegszeiten. Der Friedeberger Zwischenhandel durfte in der Mitte des 14. Jahrhunderts polnisches Getreide trotz eines generellen Ausfuhrverbots auf dem Wasserwege nach Stettin bringen. Gleichzeitig führte das benachbarte Driesen Kupfer, das sicher aus Ungarn stammte, von Polen nach Pommern ein. Überhaupt waren Driesen und Landsberg an der Warthe die wichtigsten Orte des polnisch-pommerschen Handels im 13. und 14. Jahrhundert. Außer dem schon genannten Kupfer wurde mit Fisch, insbesondere mit Hering, Salz, Blei, Stahl, Mühlsteinen, Hanf, Hopfen, Talg, Wachs, Honig, Korn, anderen Rohprodukten und Tuchen der verschiedensten Qualität gehandelt, wie der Landsberger Zollrolle von 1373 zu entnehmen ist. Ebenfalls wurde das Kolberger Salz weiterhin nach Polen exportiert.

Zu den alten mehr oder weniger in Nord-Süd-Richtung verlaufenden Handelsstraßen einschließlich der Oder war durch die deutschen Siedler der West-Ost-Verkehr hinzugekommen. Die Hauptstraße führte von Lübeck über Stralsund, Greifswald, Anklam, Ueckermünde nach Stettin. Nach Überquerung der Oder – seit Anfang des 14. Jahrhunderts auf der Langen Brücke, der ersten Stettiner Brücke – fand sie über Altdamm, Gollnow, Kolberg und Stolp nach Danzig ihre Fortsetzung. Ergänzt wurden diese Hauptverkehrslinien durch die Seeschiffahrt mehrerer Hafenstädte, wie Stralsund, Greifswald und Stettin.

Die Bedeutung des Seehandels für Stralsund ist allein an der für Pommern einmaligen Hafenordnung erkennbar, die Fürst Wizlaw II. von Rügen, sein Vogt, der Rat von Stralsund und die Stralsunder Bürgerschaft für den Schiffsverkehr der aufstrebenden Stadt am Strelasund aufgrund bisheriger Entscheidungen und des Gewohnheitsrechts im März 1278 festlegten. Während in den ersten Jahrzehnten des Stralsunder Handels der Hering das wichtigste Ausfuhrgut bildete, wurde er in der zweiten Hälfte des 13. Jahrhunderts von agrarischen Produkten abgelöst. Bereits 1276 ist für Stralsund die Teilnahme an dem Handel auf Schonen, das damals zu Dänemark gehörte, belegt. Wenig später erhielt Stralsund in Norwegen Privilegien, fuhr der Stralsunder Kaufmann nach England und Flandern, bald auch nach Nowgorod und Riga. Er handelte mit französischem Wein, Tuchen aus Flandern und England, norwegischem Stockfisch und Hering, der auf Schonen gekauft worden war, schwedischen Erzen, russischen Pelzen. Dieser Zwischenhandel großen Stils brachte Reichtum und Macht nach Stralsund, das eher mit Lübeck als mit den anderen handeltreibenden Städten Pommerns verglichen werden kann.

Greifswald war von seinem Stadtgründer, Herzog Wartislaw III., und dessen Nachfolger, Herzog Barnim I., sicher eine große Rolle im Handelsverkehr zugedacht. 1270 verlieh Barnim I. Greifswald die Niederlagsgerechtigkeit für Holz, Pech, Asche und andere Waren, allerdings nicht für Getreide, und fünf Jahre später verkaufte er der Stadt den dortigen Zoll. Die Greifswalder Kaufleute fuhren auch nach Dänemark und erhielten 1280 in Falsterbo auf Schonen neben den Stralsundern eine Vitte, wie man das zu Handelszwecken geeignete Grundstück nannte. Ebenso ist Handel mit Norwegen nachweisbar. Die Stadt erfreute sich auch weiterhin herzoglicher Gunst, doch ein Handel in den Dimensionen Stralsunds ging von Greifswald im endenden 13. und beginnenden 14. Jahrhundert nicht aus.

Als dritte Seehandelsstadt Pommerns dieser Zeit ist Stettin zu nennen. Es erhielt erst im ersten Jahrzehnt des 14. Jahrhunderts in Falsterbo eine eigene Vitte, obwohl die Stettiner dort schon seit langem Handel trieben. Weitergehende Stettiner Handelsbeziehungen über See sind, wenn man einmal von der nach Westen gerichteten Küstenschiffahrt Stettiner Kaufleute absieht, im großen und ganzen nicht festzustellen. Der Stettiner Import lag zu einem nicht unwesentlichen Teil in lübischer und Stralsunder Hand.

Die Stettiner Kaufleute waren seit der Stadtrechtsverleihung bemüht, sich das gesamte Odermündungsgebiet zu unterwerfen. Sie zielten mit Erfolg zunächst auf die Beherrschung des Oderübergangs. Ein knappes halbes Jahrhundert später kontrollierten die Stettiner faktisch auch den Oderhandel, griffen nun aber zu dem beliebten Mittel der Urkundenfälschung, um diesen Machtzustand mit dem vorgetäuschten Niederlagsprivileg als rechtlich abgesichert erscheinen zu lassen. Das Streben nach einer unangefochtenen Machtstellung der Stettiner Getreidegroßhändler war durch zwei herzogliche Maßnahmen begünstigt worden: zum einen durch das Getreideausfuhrverbot für Fremde 1253 und zum anderen durch die Beschränkung des Getreideexports auf große Schiffe im Jahre 1281. Der fremde Kaufmann und der kleine pommersche Händler waren also bereits ausgeschaltet, es waren nur noch die Großhändler der Städte des Odermündungsgebiets aus dem Getreidehandel zu verdrängen.

Doch selbst das auf betrügerische Art erlangte Stapelrecht und der zur Verkehrskontrolle erfolgte Erwerb städtischen Besitzes im Osten der Stadt erfüllten ihre Aufgabe nicht, den gesamten Handel der Stettiner Region auf deren Mittelpunkt zu konzentrieren. 1312 gelang es Stettin, von Herzog Otto I. ein weiteres wichtiges Privileg zu erhalten. Danach sollten sämtliches Getreide und Mehl vom Oder- und Haffufer zwischen Stettin und Ueckermünde sowie Holz und Kohle von der Oder bzw. dem Dammschen See abwärts auf etwa 20 km nach Stettin verfrachtet werden. Stettin kontrollierte mit der Mündung der Uecker und der Ihna einen wichtigen Handelsweg Ueckermündes, Gollnows und Stargards. Doch bald mußte es an der Ueckermündung Einschränkungen hinnehmen, und es konnte gegenüber den Oderstädten Gartz und Greifenhagen sein Stapelrecht dauerhaft nicht durchsetzen. Der Herzog war nicht bereit, Stettin den Handel dieser beiden kleinen Städte zu überlassen. In dieser Beeinträchtigung der natürlichen Führungsposition Stettins liegt eine wesentliche Ursache für die bescheidene Rolle, die Stettin in der Hanse spielte.

Der Handel nach dem Frieden von Stralsund

Der Friede von Stralsund bewirkte eine deutliche Steigerung des hansischen Handels, an der auch die pommerschen Städte teilnahmen. Einige Angaben mögen im folgenden den wirtschaftlichen Aufschwung verdeutlichen. Das Stralsunder Handelsvolumen beispielsweise erhöhte sich bis 1378 um etwa die Hälfte. Die Stettiner fuhren jetzt auch ins Baltikum und nach Gotland. 1382 verbanden sich Stralsunder, Stettiner und Wismarer Kaufleute in Kopenhagen zu einer Gilde, die Stettiner wagten sich in den Nordsee-Handel und intensivierten ihren Schonen-Handel. Stettin begann nach einiger Zeit, Greifswald von seinem Rang als zweitgrößte Handelsstadt Pommerns zu verdrängen. Die Kolberger erwarben 1372 vom dänischen König auf Schonen eine Vitte.

Gleichzeitig bot sich für Pommern eine glänzende Perspektive im Welthandel. In Kaiser Karls IV. Visionen nahm Prag als Residenzstadt nicht nur die Stellung des politischen Mittelpunkts, sondern auch die einer weltwirtschaftlichen Metropole ein. Es sollte einerseits Anziehungspunkt für den nach Norden gerichteten levantinischen, venezianischen und süddeutschen Handel werden, andererseits in unmittelbarer Verbindung zu den norddeutschen und nordeuropäischen Wirtschafts- und Handelszentren stehen. Die Handelsstränge nach Norden sollten über Elbe und Oder führen. Damit wäre dem Odermündungsgebiet mit seinem Hauptort Stettin als Umschlagplatz von weltwirtschaftlichem Ausmaß eine bis dahin den pommerschen Verhältnissen unbekannte Rolle zugefallen. Dieser böhmischen Wirtschaftspolitik standen jedoch vielfältige Hindernisse entgegen. Kaiser Karl konnte sein Ziel nicht erreichen, seine Nachfolger in Böhmen und der Mark Brandenburg verloren es sehr schnell aus dem Blick. Nie wieder ist Pommern eine vergleichbar gewichtige Aufgabe in der Weltwirtschaft zugedacht worden.

In den neunziger Jahren des 14. Jahrhunderts eröffnete sich die Aussicht auf einen lukrativen Handelsverkehr mit Polen. Der 1386 auf den polnischen Königsthron gelangte Litauerfürst Jagiello gab der allgemeinen Feindschaft zwischen Polen und dem Ordensstaat dadurch deutlich Ausdruck, daß er 1390 verbot, polnische Handelsgüter nach Preußen auszuführen. Er traf damit den in Polen früher dominierenden, in der zweiten Hälfte des 14. Jahrhunderts immer noch gewichtigen Handel Thorns, das mit der Weichsel über einen bequemen Zugang zur Ostsee verfügte. Die Pommern erkannten ihre Chance und wurden initiativ. Bereits im Mai 1390 warb Herzog Bogislaw VI. von Wolgast um die polnischen Kaufleute; Stralsund, Greifswald und Anklam räumten ihnen die gleiche Rechtsstellung wie den Hansekaufleuten ein, und ganz gewiß wird im Stettiner Teilherzogtum nicht anders entschieden worden sein. Im Gegenzug privilegierte König Jagiello im August 1390 die Kaufleute beider pommerscher Teilherzogtümer in Polen.

Der Handelsverkehr, von dem unter den pommerschen Städten Stettin den größten Nutzen zog, wurde bald aufgenommen. Die Kaufleute aus Krakau, dem Wirtschaftszentrum Polens, führten insbesondere englisches und flandrisches Tuch ein. Sie benutzten dazu die Straße über Schieratz, Kalisch, Peisern, Posen, Obernik, Schwerin nach Zantoch, von wo sie wohl ebenfalls auf dem Landweg nach Stettin reisten. Doch die polnische Handelsorientierung zur Odermündung war nur von kurzer Dauer. Schon 1393 hatte der neue, stark angestiegene polnisch-pommersche Warenverkehr seine Höchstmarke überschritten. 1397 scheint die Phase einer pommersch-polnischen wirtschaftlichen Zusammenarbeit beendet worden zu sein; denn Vernunft und kaufmännischer Pragmatismus waren in die Wirtschaftsbeziehungen zwischen Polen und dem Ordensstaat zurückgekehrt und hatten die Wiederaufnahme des Handels zwischen beiden Staaten ermöglicht. Der Weichselunterlauf war letztlich für Polens Wirtschaft günstiger als die Odermündung.

Im letzten Jahrzehnt des 14. Jahrhunderts störte das Auftreten der Vitalienbrüder den Handel auf der Ostsee empfindlich, es waren die Jahre des berühmt-berüchtigten Seeräubertums. Die Taten der Piraten Klaus Störtebeker und Michael Gödecke sind nicht nur bei den Pommern bis auf den heutigen Tag bekannt. Störtebeker und seine Kumpane kaperten Handelsschiffe, versorgten das sich jahrelang gegen Königin Margarete wehrende Stockholm mit Lebensmitteln und bildeten auch nach dessen

Kapitulation noch lange eine große Gefahr für den Ostseehandel. Eine wesentliche Voraussetzung ihres unheilvollen Wirkens war der Schutz, den ihnen und ihren Schlupfwinkeln an der Küste pommersche Herzöge gewährten, wobei sich Barnim VI. von Pommern-Barth sogar an der Piraterie beteiligte. 1494 versuchten die Hansestädte unter Führung Lübecks, mit einer gemeinsamen Flotte gegen die Piraten vorzugehen und die Ostsee seeräuberfrei zu machen. Interessant ist dabei zu sehen, welche Kriegsrüstungen die einzelnen pommerschen Städte bzw. Städtegruppen aufbringen sollten; diese Auflagen sind als Abbild der städtischen Wirtschaftskraft aufzufassen. So sollten Kolberg und die ihm zugeordneten Städte Rügenwalde, Stolp, Treptow/R., Wollin und Greifenberg zwei Koggen und 180 Bewaffnete, die Städtegruppe Greifswald, Anklam, Wolgast und Demmin ebenfalls zwei Koggen und 120 Mann, Stargard, Gollnow, Gartz, Greifenhagen, Damm und Cammin unter der Anführung Stettins zwei Koggen, vier kleinere Schiffe und 200 Bewaffnete stellen. Stralsund, das schon 1391 ein Kaperschiff ausgeschaltet hatte, rüstete allein vier Koggen mit 400 Kriegern aus und stand damit Lübeck mit fünf Koggen nur wenig nach. Dennoch waren mit Ausnahme Stralsunds und vielleicht einiger weniger anderer Orte die pommerschen Städte – Stettin nahm überhaupt nicht teil – wegen ihrer Landesherren nur halbherzig bei der Sache. Die hansische Streitmacht hatte keinen Erfolg, erst sechs Jahre später war die Ostsee von den Seeräubern befreit. Die unrühmliche Rolle, die Pommern in diesem vom Seeräubertum diktierten Geschichtsabschnitt spielte, zeigte sich am deutlichsten in der Gefangennahme Herzog Barnims VI. in Kopenhagen, der lübischen Androhung von Wirtschaftssanktionen gegen Stettin und andere pommersche Städte, der Kontrolle der pommerschen Küste durch Hanse-Schiffe und der Beschlagnahme Stettiner Schiffe und Waren durch den Ordensstaat.

Im 15. Jahrhundert weitete sich der Handel der pommerschen Städte aus. Stralsund, der wirtschaftsmächtigsten Stadt Pommerns, werden für das Jahr 1421 sogar Handelsbeziehungen mit Venedig nachgesagt. Stettins Livlandhandel erfaßte auch Finnland. Mit Danzig und den preußischen Städten standen die Stettiner in einem intensiven, allerdings zuweilen konfliktreichen Warenaustausch; nach England gab es ebenfalls Beziehungen, Stettiner Kaufleute begannen sich an der Baienfahrt zu beteiligen, nahmen also den Handel mit dem an der französischen Atlantikküste gewonnenen Salz auf. Stargard und Treptow/R. wurde 1436 das Recht zuerkannt, eine eigene Vitte auf Dragör zu besitzen. Kolberg exportierte sein Salz weiterhin nach Polen, Danzig und dem Ordensstaat, jetzt aber auch ins Baltikum. Landeinwärts gelegene Städte drängten stärker zum Seehandel. Zu ihnen gehörte insbesondere Stargard, das 1454 in eine mehrjährige Fehde mit Stettin geriet. Zwischen Treptow und Greifenberg gab es wegen der Rega-Benutzung jahrzehntelange Kämpfe, Anklam und Demmin einigten sich 1485 über die freie Schiffahrt auf der Peene.

Der nicht unbedeutende pommersche Seehandel setzte einen entsprechenden einheimischen Schiffbau voraus. Für Stralsund und Stettin liegen dafür Quellenzeugnisse vor. So weiß man von 13 Stralsunder Werften für das Jahr 1393, von 16 für 1399, und für 1428 spricht man sogar von 21 Schiffbauplätzen. Sie befanden sich außerhalb der Stadtmauer. Neuerbaute Schiffe waren auch Stralsunder Exportartikel in andere Städte, z. B. nach Wismar. Die Schiffbauer nannte man Botmaker, sie genossen hohes gesellschaftliches Ansehen, und etliche von ihnen bekleideten in Stralsund herausgehobene Ämter. Außer diesen technisch versierten Handwerkern arbeiteten auf den Werften Vertreter seefahrtsgebundener Berufe wie Ankerschmiede, Segelmacher, Reeper. In Stettin sind Schiffbauer seit 1466 zahlreich nachzuweisen, die es dort jedoch schon lange gegeben haben muß. Ein ganz besonderes Stettiner Ausfuhrgut waren Zehnfußhölzer, die im Schiffbau des beginnenden 15. Jahrhunderts von Hamburg bis Reval bekannt und begehrt waren.

Der mehrjährige Stettiner Erbfolgestreit erfaßte auch den Stettiner Oderhandel. Die Weigerung der Stadt, entsprechend dem Soldiner Vertrag von 1466 dem Kurfürsten von Brandenburg, Friedrich II., als Lehnsherrn der pommerschen Herzöge zu huldigen, rief Empörung des Hohenzollern hervor. 1467 verkündete er eine Handelssperre gegen Stettin, der sich auf seinen Wunsch die Herzöge von Mecklenburg und Sachsen anschlossen. Die pommersche Antwort bestand insbesondere in einer am 1. Juni 1467 erfolgten Privilegierung Stettins, das kurz zuvor den pommerschen Herzögen gehuldigt hatte, mit einem erheblich erweiterten Niederlagerecht durch Herzog Wartislaw X. Die 1311 gewährte freie Passage Stettins durch brandenburgische Kaufleute wurde damit aufgehoben. Sämtliche Waren aus der Mark Brandenburg, Polen, Obersachsen und Böhmen mußten auf dem Wege durch das Odermündungsgebiet ebenso wie die von Norden Stettin durchquerenden Waren in Stettin feilgeboten werden. Noch wichtiger war das Verbot, das dem binnenländischen Kaufmann über Stettin hinaus Seehandel untersagte. Das bedeutete, diesen Kaufleuten den Zugang zum Ostseehandel über die Oder zu verwehren. Der seewärtige Handel sollte allein in die Hand der Stettiner fallen. Die kurfürstliche Handelssperre gegen Stettin währte nur ein knappes Jahrfünft, das Stettiner Stapelrecht dagegen weit in die Neuzeit hinein.

Wirtschaftliche Veränderungen im Reformationszeitalter

In der Hinwendung zur lutherischen Lehre spielten neben den religiösen Motiven auch wirtschaftliche und soziale Beweggründe eine Rolle. Auswirkungen auf das pommersche Wirtschaftsleben hatte die Reformation auf jeden Fall. Herzöge und Städte, weniger der Adel, warfen bald einen Blick auf das Vermögen der Kirchen und Klöster. Schon 1522 zog Herzog Bogislaw X. den Besitz des Klosters Belbuck ein. 1523 ließ der Rat der Stadt Stolp die Schätze des dortigen Dominikanerklosters verzeichnen. Ebenso handelte man in Pasewalk und Stralsund, in Cammin wurde eine Kiste voller Dominikanerschätze in das Rathaus verbracht. Von der Mitte des dritten Jahrzehnts des 16. Jahrhunderts an prüfte der Rat vieler Städte die Kirchenrechnungen, schaffte die kirchlichen Pfründen und Almosen ab, ließ der jeweiligen Kirche nur das Notwendigste, zog überschüssiges Geld ein und beschlagnahmte das Kirchensilber. Die Herzöge ließen 1525 die Bestände einer ganzen Reihe von Klöstern inventarisieren und größtenteils in ihre Schlösser bringen.

Der Streit zwischen den Herzögen, dem Adel und – in geringerem Maße – den Städten über das weitere Schicksal der Klöster eskalierte auf dem Treptower Landtag von 1534, so daß dieser ohne Abschied auseinanderging. Doch schon im Jahre 1535 hoben die beiden Landesherren die meisten Klöster auf und nahmen deren Land und Rechte in Besitz. Der Widerstand der Ritterschaft richtete sich ganz besonders gegen die herzoglichen Ansprüche auf die Frauenklöster, weil diese seit jeher der Versorgung der unverheirateten Töchter des Adels gedient hatten. Das Bemühen blieb auch nicht ganz erfolglos, denn einige Frauenklöster existierten später als adlige Fräuleinstifte weiter. Die Kirchenvisitationen Bugenhagens im Jahre 1535 verfolgten außer ihrer geistlichen Aufgabe die vermögensrechtliche Sicherung des evangelischen Kirchenwesens und geboten der Einziehung von Kirchengut durch die Städte Halt. Insgesamt konnten die Herzöge durch die Reformation ihre wirtschaftliche Macht wesentlich verbessern: Landesfürstliche Ämter wurden auf ehemaligem Kirchengut errichtet, etwa ein Drittel des pommerschen Grundbesitzes war in der Hand des Herzogshauses.

Es sei hier angemerkt, daß 1634, ein Jahrhundert später, Herzog Bogislaw XIV. aus diesem Fundus den Grundbesitz des früheren Zisterzienserklosters Eldena der Universität Greifswald schenkte. Diese Schenkung des um das baldige Ende seines Geschlechts wissenden letzten Pommernherzogs in der politisch und wirtschaftlich äußerst schweren Zeit des Dreißigjährigen Krieges rief wegen der Verwüstung des mit Verpflichtungen versehenen und auch mit Schulden belasteten Areals bei den Professoren keineswegs Frohlocken aus, erst nach einigem Zaudern nahmen sie das Geschenk an. Es umfaßte 20 Dörfer mit ca. 12 000 ha meist fruchtbaren Ackerlandes und bildete die Grundlage dafür, daß Greifswald lange Zeit die reichste deutsche Universität war. Bis 1873 unterhielt sie sich vollständig aus eigenen Mitteln. Diese materielle Grundlage hat die Universität wahrscheinlich mehrmals vor der Schließung bewahrt.

Im Seehandel war Stralsund auch im 16. Jahrhundert die bedeutendste pommersche Stadt. Seine Handelsbeziehungen erfaßten nicht nur den Ostseeraum, sondern auch Umschlagzentren an der Nordsee. Man unterhielt mit Norwegen, Schottland und den Niederlanden einen regen Verkehr, der in der Zeit von 1575 bis 1579 seinen Höhepunkt erreichte. Von den Ostseeanrainern war es insbesondere Schweden, mit dem man Handel trieb. Die wichtigsten Stralsunder Exportartikel waren Bier und Malz, danach rangierten Mehl und Roggen. Während das Malz seine Abnehmer hauptsächlich im Ostseeraum fand, wurden Bier und Mehl vornehmlich nach Norwegen und in andere entfernte Handelszentren exportiert. Importiert wurden insbesondere Fisch, Salz, Weine, Tuche, Felle und Häute. Den Zwischenhandel bestimmten Eisen aus Schweden und zum kleineren Teil Teer und Holzartikel. Die meisten fremden Schiffe im Stralsunder Hafen gehörten Niederländern, die jedoch am Ende des 16. Jahrhunderts in dieser Position von den Norwegern abgelöst wurden.

Der Niedergang

Der Nordseehandel Stettins ging in der ersten Hälfte des 16. Jahrhunderts stetig zurück, erholte sich aber in der zweiten Hälfte und erstreckte sich in der Regel nur auf die Niederlande. Wie schwierig sich der große Seehandel für Stettin, dessen Beziehungen zur Hanse immer lockerer wurden, gestaltete, ersieht man daraus, daß es sich 1568 für 4000 Reichstaler die freie Seefahrt für seine Kaufleute von Dänemark erkaufen mußte. Außer dem Seehandel trieb das durch seine Lage an einer langen Wasserstraße begünstigte Stettin binnenländischen Handel, der für Stettin seit jeher von erheblicher Bedeutung war. Dieser wurde allerdings in der zweiten Hälfte des 16. Jahrhunderts durch gewichtige Streitigkeiten mit Frankfurt/O. zweimal empfindlich gestört.

Der Zusammenbruch des Stettiner Bank- und Handelshauses Loitz im Jahre 1572 hatte große finanzielle, wirtschaftliche und soziale Folgen für das ganze Land. Der Bankrott verstärkte die Finanznöte, in denen sich Pommern seit der Mitte des Jahrhunderts befand und aus denen das Herzogshaus das Land nicht mehr herausführen konnte. Eine Hofhaltung, die die bescheidenen finanziellen Möglichkeiten des Landes nicht beachtete, gehörte zu den Hemmnissen, gesunde Finanzverhältnisse des Herzogtums zu schaffen. Ausnahmen von der Regel zu anspruchsvoll lebender Herzöge – in einigen Fällen sind sie sogar als verschwendungssüchtig zu charakterisieren – waren nur wenige Herrscher, z. B. die Herzöge Barnim XII. und Bogislaw XIII., die um die Wende vom 16. zum 17. Jahrhundert nur für wenige Jahre regierten.

Neben den Herzögen waren es die Stände, die Schuld an der Finanzmisere trugen. Sie ließen sich von ihren Interessen leiten, arbeiteten wenig mit den Landesherren zusammen und verloren das Wohl des Landes aus den Augen. Zu den Opfern dieses unangemessenen Wirtschaftsverhaltens zählten die Bauern. Soweit sie auf kirchlichem Boden gesessen hatten, hatte ihnen bereits die Säkularisation ihre verhältnismäßig gute Lage genommen. Diese Bauern hatten als herzogliche Untertanen mehr Dienste zu tragen als unter der geistlichen Herrschaft. Seit der Mitte des 16. Jahrhunderts suchten Adel und Städte die Erträge ihrer Grundherrschaften dadurch zu steigern, daß sie steuerbare Bauernhöfe einzogen und ihrem abgabenfreien Land zuschlugen. Den Herzögen mißfiel zwar diese Entwicklung, sie waren aber nicht in der Lage, ihr ein Ende zu setzen. Sie konnten es um so weniger, als sie zuweilen selbst ähnlich handelten. Schließlich wollten die Herzöge des Stettiner Teilherzogtums das Bauernlegen durch Adel und Städte beenden, indem sie eine Liste aller steuerbaren Ländereien aufstellen ließen. Diese Hufenmatrikel wurde aber erst 1628 erstellt. Kurz danach wurde ein entsprechendes Verzeichnis für das ehemalige Wolgaster Teilherzogtum angelegt.

Doch die Tabellen hatten bereits bei ihrer Fertigstellung an Aktualität verloren, denn die Kriegsfurie erreichte zu dieser Zeit Pommern und wütete in ihm fortan. Eingerückte kaiserliche Truppen mußten unterhalten werden, da selbst teure Geschenke an die Heerführer die Besetzung nicht hatten verhindern können. An Vereinbarungen über die Höhe der Kontributionen hielten sich Wallensteins Truppen nicht. Die 1630 in Pommern gelandeten Schweden, die als Glaubensbrüder zur militärischen Verteidigung der lutherischen Lehre nach Deutschland kamen, verhielten sich nicht viel anders. Auch sie sogen die Bevölkerung aus. Immer wieder mußten Anleihen aufgenommen werden, um Forderungen der fremden Militärs zu erfüllen. Die Quartierslasten drückten schwer. Die Landbevölkerung war insbesondere der Willkür kaiserlicher und schwedischer Soldaten ausgesetzt. Jedes Wirtschaftsleben war erstickt, denn selbst die Grundbedürfnisse der einheimischen Bevölkerung konnten nicht immer gedeckt werden. Pommern gehörte zu den Landschaften des Reiches, die durch den Dreißigjährigen Krieg am schlimmsten heimgesucht wurden. Zwei Drittel der Bevölkerung überlebten den Krieg nicht. Kriegshandlungen, Gewalttaten, Hunger und Seuchen dezimierten die Einwohnerschaft. Insbesondere das Gebiet zwischen Oder und dem Randowbruch, die Inseln Usedom und Wollin und Hinterpommern nordwestlich einer Linie Pyritz–Schlawe wiesen hohe Menschenverluste auf.

Wirtschaft in der Teilungszeit

Nachdem der Große Kurfürst sich damit abgefunden hatte, nach Beendigung des Dreißigjährigen Krieges von Pommern nur die östliche, wirtschaftlich weniger entwickelte Hälfte erhalten zu haben, die obendrein schwere Kriegsschäden und außerordentlich hohe Bevölkerungsverluste erlitten hatte, versuchte er, das Beste aus dieser Regelung zu machen. Da er in Pommern einen leistungsfähigen Hafen besitzen wollte, ließ er die Kolberger Anlage ausbauen. Kolberg war der Ort mit den am wenigsten schlechten topographischen Voraussetzungen, und von ihm aus war auch seit 1650 schon Getreide nach den Niederlanden zu einem guten Preis ausgeführt worden. Doch die großen in den Hafenausbau gesetzten Erwartungen des Landesherrn erfüllten sich nicht.

Die Aufstellung der sogenannten pommerschen Lustrationsmatrikel im Jahre 1673 bildete den Anfang einer zumindest vordergründig einsichtigen Steuererhebung. Die Matrikel zählt die Hufen auf, für die die Bauern die Kontribution, die eine beständige Steuer geworden war, zu zahlen hatten. Der Adel blieb wegen seiner lehnsrechtlichen Stellung steuerfrei, er vergrößerte obendrein seine Eigenwirtschaft durch Bauernlegen. Die Situation der Bauern, die vom Adel abhängig waren, war schlecht, sie ist als »Leibeigenschaft« zu charakterisieren. Ihren Ausdruck findet sie in der Gesinde-, Bauern- und Schäfer-Ordnung von 1670. Dieser Zustand wirkte sich auf den Wiederaufbau hemmend aus. Die Bauern in den landesherrlichen Ämtern lebten dagegen in erheblich besseren Verhältnissen. Dort stiegen die staatlichen Einnahmen von 58 000 Talern 1680/81 auf 73 000 Taler 1688/89, also in acht Jahren um mehr als ein Viertel. In den Städten wurde die Kontribution von der Akzise abgelöst. Zu dieser gehörten eine mäßige Grund- und Gewerbesteuer sowie indirekte Steuern, die auf Getränke, Getreide, Fleisch und andere Lebensmittel sowie Kaufmannswaren erhoben wurden. Die für Preußisch-Pommern geltende Akzise- und Konsumtionssteuerordnung wurde 1682 erlassen. Der unbefriedigende Zustand im pommerschen Geldwesen, nachdem die herzogliche Münze geschlossen worden war, wurde durch die Eröffnung einer Münze in Stargard 1689 abgestellt, die der Große Kurfürst bereits ein Vierteljahrhundert vorher angeregt hatte. Anfang des 18. Jahrhunderts bemühte sich die Regierung um eine Erhöhung der Gewinnung und des Exports des Kolberger Salzes.

Der westliche Teil Pommerns, den der Westfälische Frieden Schweden zugesprochen hatte, war ebenso wie der östliche Teil ein kriegszerstörtes Land mit starken Verlusten unter der Bevölkerung. Der Handel lag völlig darnieder. Diese Zustände änderten sich nur allmählich. 1665 wurde in Stolzenburg, 20 km nordwestlich von Stettin gelegen, die erste einer Reihe von Glashütten erbaut. Die Stolzenburger Glashütte konnte sich auch gegen die nachfolgende Konkurrenz durchsetzen. Inzwischen hatte der Handel Vorpommerns wieder an Bedeutung gewonnen. Schweden gewährte den pommerschen Kaufleuten in den Zeiträumen von 1670 bis 1674 und 1680 bis 1687 Zollfreiheit. Gegen Ende des 17. Jahrhunderts wurden die in Schwedisch-Pommern wieder erzielten Getreideüberschüsse nach Schweden exportiert, denn Schweden war nach erheblicher Vergrößerung seines stehenden Heeres und dem starken Ausbau der eigenen Eisen- und Kupferverarbeitung, die die Grundlagen seiner Großmachtpolitik bildeten, nicht mehr in der Lage, sich selbst zu versorgen.

Die Grundlage der Wirtschaft Schwedisch-Pommerns war die Landwirtschaft. Der gesamte ländliche Grundbesitz war zu fast zwei Dritteln den ritterschaftlichen Distrikten, zu einem Fünftel den fürstlichen Ämtern und zu einem Sechstel den Städten zugerechnet. Auf Grund und Boden wurde die Kontribution erhoben. Sie wurde auf dem Landtag von Anklam 1658 erstmalig nach dem Dreißigjährigen Krieg dem Landesherrn bewilligt, und bald wurde sie jährlich erhoben. Die Höhe der 1658 beschlossenen Steuer betrug 50 000 Reichstaler. Die Stände teilten die Summe folgendermaßen auf: 50 % entfielen auf die Städte, 35,7 % auf die Ritterschaft und 14,3 % auf die landesherrlichen Ämter. Diese Anklamer Steuerrepartition blieb im wesentlichen während der gesamten Schwedenzeit maßgeblich und wurde »Usualmatrikel« genannt. Die schwedische Krone wollte zwar von Herrschaftsbeginn an ihr pommersches Land geometrisch vermessen lassen, um eine Matrikel des steuerbaren Landbesitzes für die Steuererhebung anzufertigen, aber die schwedisch-pommerschen Stände wußten die Landesvermessung jahrzehntelang zu verhindern. Sie wurde erst zwischen 1696 und 1706 unter den in Schweden absolutistisch herrschenden Königen Karl XI. und Karl XII. vorgenommen. Dennoch konnten die umfassenden und genauen Ergebnisse der Landesaufnahme, die eine landwirtschaftliche Nutzfläche von 1 412 km^2 ergab, wegen des Widerstandes insbesondere der pommerschen Ritterschaft nicht für die Steuererhebung genutzt werden. Gänzlich ohne Auswirkung auf die Verteilung der Steuerlast blieb die Landesvermessung aber nicht; 1711 vereinbarten die Stände folgenden Schlüssel: Städte 47,7 %, Ritterschaft 37,8 % und Ämter 14,5 %. Obwohl die Kontribution eine dem Landesherrn zustehende Steuer war, zog sie die Finanzbehörde der Stände, der Landkasten, ein. Für ihn wurde 1672 eine Ordnung erlassen. Die Landkastenordnung bestimmte Anklam zum Sitz der Behörde. 1721 wurde sie nach Stralsund verlegt, da Anklam zu dem von Schweden an Preußen abgetretenen Gebiet gehörte.

Eine landesherrliche Steuer war die Akzise. In ihrem finanziellen Umfang war sie bedeutend. Sie war eine indirekte Steuer, die von allen Handelswaren erhoben wurde, und traf in erster Linie die Städter. Der Bürger konnte sie – zumindest ihre Höhe – nicht erkennen, da sie im Preis der Ware enthalten war. Aber auch auf dem Lande wurde die Akzise eingezogen, jedoch in anderer Form, so daß sie dort auch als Quartalpersonensteuer bezeichnet wurde. Die Akziseerhebung war die einzige landesherrliche Maßnahme, die das ganze Territorium erfaßte. Sie wirkte deswegen integrierend und staatsbildend, so daß sich Schwedisch-Pommern in dieser Hinsicht nicht von den anderen Territorien in Deutschland unterschied. Weitere landesherrliche indirekte

Steuern waren die Seezölle, auch Lizenten genannt, und die Landzölle. Der Seezoll wurde in den vier Seestädten – Stralsund, Greifswald, Wolgast und Barth – von allen auf dem Seewege ein- und ausgehenden Waren erhoben, die Höhe des Zolls betrug meistens 4 % des Warenwerts. Bis 1720 flossen die Einnahmen aus den Seezöllen in den schwedischen Reichshaushalt. Pommern hatte nichts davon, im Gegensatz zum Landzoll, der an den Grenzübergängen nach Brandenburg und Mecklenburg erhoben wurde. Eine ständische direkte Steuer war der Nebenmodus. Er war eine Kopfsteuer und mußte von den besitzlosen freien Personen entrichtet werden, die auf den ritterschaftlichen Grundherrschaften oder auf städtischem Gebiet außerhalb der Stadt lebten. Der Nebenmodus wurde bis 1810 eingezogen, als die Güter ihren Lehnscharakter ablegten und somit die lokalen Obrigkeiten ihre Hoheitsrechte verloren.
Im Gegensatz zu seinem Vater, Friedrich I., dem ersten preußischen König, war König Friedrich Wilhelm I. intensiv um die Hebung der Wirtschaftskraft seines Landes bemüht, um mit den höheren Einnahmen die für notwendig erachtete Stärkung des Militärpotentials Preußens zu verwirklichen. Eine Reihe von Reformen, wie die der Pachtverhältnisse auf den Domänen und die der Innungen sowie verschiedene andere Maßnahmen, verbesserte die ökonomischen Verhältnisse Pommerns. Friedrich Wilhelm förderte das Bauwesen in den Städten, führte Meliorationen im Randow-Bruch durch und verwandelte Gebiete südwestlich von Ueckermünde – das spätere Amt Königsholland – in landwirtschaftliche Nutzfläche. Die Einfuhr polnischen Getreides wurde zunächst mit einem Zoll belegt und bald gänzlich verboten. In Stettin, Kolberg und Stolp wurden große Magazine zur Einlagerung von Getreide gebaut, mit dem die Soldaten, aber auch die Bevölkerung versorgt wurden. Damit konnten die königlichen Proviantämter einen erheblichen Einfluß auf den Getreidepreis gewinnen und regulierend auf ihn einwirken.
Die Eingliederung des Handelsplatzes Stettin in den preußischen Wirtschaftskörper bereitete nicht zuletzt wegen des Ausfalls des Getreideexports erhebliche Schwierigkeiten. Die Ausfuhr von Wolle, die Holland und Schweden in nicht unbeträchtlicher Menge abgenommen hatten, wurde 1719 verboten. Mit Wollfabrikaten wollten die Stettiner Kaufleute jedoch nicht handeln, den Wettbewerb mit den englischen und niederländischen Tuchen, die für ihre gute Qualität bekannt waren, wollten sie nicht aufnehmen. Auch der Import des Baiensalzes wurde zunächst eingeschränkt, dann verboten. Allgemein wurde der Stettiner Seehandel durch den Sundzoll, der 1715 wieder eingeführt und bis 1857 erhoben wurde, und durch die schwedischen Lizenten bei Wolgast belastet. Holz wurde nach dem Nordischen Krieg der wichtigste Exportartikel. Es stammte nicht nur aus Pommern, sondern auch aus der Mark Brandenburg, der Neumark und Polen. Empfängerländer waren Frankreich, die Niederlande, Dänemark und England. Wichtig blieb für Stettin die Einfuhr des Herings. Wein, der in späteren Jahrzehnten des 18. Jahrhunderts in großen Mengen importiert wurde, war am Ende der Regierungszeit Friedrich Wilhelms I. zum bedeutendsten Einfuhrgut geworden.
Während der nahezu ein halbes Jahrhundert dauernden Regierungszeit Friedrichs des Großen nahm das Stettiner Handelsvolumen trotz des Rückschlags im Siebenjährigen Krieg außerordentlich zu. Der Wert der Einfuhr- und Ausfuhrgüter stieg von 300 000

Talern im Jahre 1739 auf 4 500 000 Taler im Jahre 1785. Keine andere Hafenstadt in Preußisch-Pommern konnte mit Stettin konkurrieren. 1785 betrug der entsprechende Wert in Kolberg 144 000 Taler, in den Peene-Städten Demmin und Anklam 90 000 Taler bzw. 68 000 Taler. Zur positiven Entwicklung Stettins trug die bereits erwähnte Vertiefung der Swine bei, die die Peene als Hauptschiffahrtsweg zwischen Ostsee und Haff ablöste.

Die pommersche Landwirtschaft erhielt in diesem knappen Halbjahrhundert durch die zahlreichen schon beschriebenen Kultivierungsmaßnahmen, die zur Anlage von rund 160 Siedlungen mit zumeist eingewanderten Neubauern führten, eine erheblich breitere personelle und bodenmäßige Grundlage. Von Bedeutung war die Einführung der Kartoffel, gegen die sich zwar nicht wenige Pommern wehrten, die aber später so ausgedehnt angebaut wurde, daß Pommern zum wichtigsten Kartoffelanbaugebiet des Deutschen Reiches wurde. Das Gewerbe erfuhr durch die Errichtung oder den Ausbau verschiedener größerer Betriebe einen deutlichen Aufschwung. Es sind hier das Eisenhüttenwerk in Torgelow, die Lederfabriken in Anklam, Treptow/T. und Greifenhagen, die Strumpfmanufakturen in Lauenburg und Neustettin, die Seifenherstellung in Köslin sowie die Tabakfabriken und die Branntweinbrennerei in Stettin zu nennen. Da die Schafhaltung in Pommern recht beachtlich war, wurde in den Städten auch die Wollweberei belebt. Ein wichtiger Faktor war der Schiffbau. So gab es 1782 in 21 Orten Werften. Auf ihnen wurden in jenem Jahr 99 Schiffe gebaut. Hauptort des Schiffbaus war Stettin. Aufträge aus Frankreich und den Niederlanden erreichten die dortigen Werften.

In Schwedisch-Pommern waren während des ganzen 18. Jahrhunderts Landwirtschaft und Getreidehandel die dominierenden Wirtschaftszweige. Während die Landwirtschaft zum größeren Teil in den Händen der Ritterschaft, deren Angehörige auch die landesherrlichen Domänen bewirtschafteten, lag, blieb der Handel mit auswärtigen Partnern den Kaufleuten der Städte vorbehalten. Die verschiedenen Versuche der Ritterschaft im ersten Drittel des Jahrhunderts, die Handelsfreiheit für ihre landwirtschaftlichen Produkte zu erreichen, scheiterten in Stockholm. Die Zuordnung eines bestimmten Wirtschaftszweiges zu einem Stand bedeutete die Aufrechterhaltung des wirtschaftlichen Gleichgewichts zwischen den beiden Ständen und garantierte damit den hergebrachten Charakter der landständischen Verfassung Schwedisch-Pommerns. Das Exportmonopol besaßen nur die Seestädte Stralsund, Greifswald, Wolgast und Barth. Seit 1720 konnte der Adel wenigstens entscheiden, in welcher der vier Städte er seine Überschüsse verkaufte. Lediglich die rügische Ritterschaft bildete eine Ausnahme, denn sie mußte bis 1742 ihre Waren in Stralsund verkaufen. Das meiste Getreide wurde nach Schweden exportiert, das nach dem Verlust seiner baltischen Provinzen im Nordischen Krieg in besonderem Maße auf das vorpommersche Getreide angewiesen war und deswegen den Kaufleuten seiner pommerschen Besitzung 1721 völlige Zollfreiheit einräumte. Neben der überschüssigen Landwirtschaft und dem lukrativen Getreidehandel war das Gewerbe in Schwedisch-Pommern im gesamten 18. Jahrhundert unbedeutend. Die einzige größere Unternehmung war die Stralsunder Fayence-Manufaktur, die einige Jahrzehnte in der zweiten Jahrhunderthälfte bestand.

Das Wirtschaftsleben beider Teile Pommerns erfuhr in dem Jahrzehnt zwischen 1805 und 1815 durch die Kriege Schwedens und Preußens gegen das napoleonische Frankreich, die Besetzung beider Landesteile durch die siegreichen Franzosen mit ihren zerstörerischen finanziellen Folgen, die befohlene Teilnahme an der Kontinentalsperre, den aufgezwungenen Krieg gegen Rußland, den Befreiungskrieg gegen die Fremdherrschaft und nicht zuletzt durch die Aufhebung der Leibeigenschaft in Schwedisch-Pommern und die Bauernbefreiung im preußischen Teil sowie die dortige Einführung der Gewerbefreiheit und schließlich durch die Vereinigung der beiden Landesteile starke Veränderungen.

Im 19. und 20. Jahrhundert

Das 1815 wiedervereinigte und um die Kreise Dramburg und Schivelbein vergrößerte Pommern umfaßte rund 30 100 km² und zählte 683 000 Bewohner. Ungefähr drei Viertel der Bevölkerung lebten von der Land- und Forstwirtschaft. Im Laufe des 19. Jahrhunderts und in den ersten viereinhalb Jahrzehnten des 20. Jahrhunderts ging dieser Bevölkerungsanteil zwar zurück, blieb aber der größte: er betrug 1939 ein Drittel. 1938 war Pommern auf eine Fläche von 38 409 km² ausgedehnt worden, und zu seiner Bevölkerung zählten mehr als 2,3 Millionen Personen. Industrie und Handwerk ernährten 1939 ein Viertel der Bevölkerung, Handel und Verkehr ein Siebtel. Die nachstehende Tabelle zeigt die Entwicklung seit 1882 in absoluten und Prozentzahlen, diese Tabelle ist wie die folgenden einer Arbeit Ernst Bahrs entlehnt.

	1882	1907	1939
Land- und Forstwirtschaft	827 321	763 305	789 539
Prozent	54,5	44,8	33,9
Industrie und Handwerk	345 510	469 061	594 249
Prozent	22,8	27,6	25,5
Handel und Verkehr	140 848	197 829	329 189
Prozent	9,3	11,6	14,1
Gesamtbevölkerung	1 517 712	1 702 286	2 330 445

Zu Beginn des hier behandelten Zeitraums umfaßte das Acker- und Gartenland rund 475 000 ha, so daß sein Anteil an der Gesamtbodenfläche Pommerns nur 15,5 % betrug. Der Anteil wurde bis 1890 auf 55,1 % erhöht, stagnierte dann wegen des zivilisatorischen Fortschritts, verringerte sich bis 1931 auf 53,2 % und betrug in der erweiterten Provinz 50,3 %. Der Bestand an Wiesen war einem dauernden Wandel unterworfen, da diese zu einem großen Teil in Ackerland umgewandelt und neue durch Meliorationen von Mooren gewonnen wurden. 1938 gab es 326 000 ha Wiesen, die 8,5 % der Gesamtbodenfläche umfaßten. Die Zahl der Weiden ging nach der Allmendeaufteilung und wegen der späteren Hinwendung zur intensiven Wirtschaftsweise konstant zurück. Während es 1836 noch ca. 550 000 ha Weideland gab, waren es 1931 nur 158 600 ha, die 5,2 % der Gesamtfläche bildeten. Der Wald bedeckte 1836 mit etwa 625 000 ha rund 20 % Pommerns, im 20. Jahrhundert dehnte er sich bis 1931 auf 22,8 % aus und erstreckte sich 1938 infolge der Provinzerweiterung auf mehr als ein Viertel Pommerns. Die Fläche Altpommerns teilte sich 1931 und die der erweiterten Provinz 1938 folgendermaßen auf:

	1931		1938	
	ha	%	ha	%
Ackerland	1 583 549	52,4	1 853 450	48,3
Garten- und Obstanlagen	23 211	0,8	75 968	2,0
Wiesen	304 623	10,1	326 367	8,5
Weiden	158 628	5,2	143 250	3,7
Landwirtschaftl. Nutzfläche	2 070 011	68,5	2 399 035	62,5
Wälder	688 629	22,8	1 016 447	26,5
Häuser u. Höfe	28 316	0,9		
Unkultivierte Moore	23 818	0,8	43 322	1,1
Sonst. Öd- u. Unland	64 214	2,1	95 312	2,5
Wegeland usw.	146 541	4,9	284 787	7,4
insgesamt	3 021 529	100	3 838 903	100

Während man 1815 bei einer Brache von 23,9 % auf fast 70 % des Ackerlandes Getreide (Roggen, Hafer, Gerste und Weizen) und nur geringfügig Hülsenfrüchte (2,3 %) und Kartoffeln (1,7 %) anbaute, stieg der Anteil der Hülsenfrüchte bis 1883 auf 10,3 %, der der Kartoffeln auf 10,1 % und der der Futterpflanzen auf 9,0 % der Ackerfläche. Nach der mehr als dreifachen Vergrößerung der Ackerfläche bis 1883 erfolgten in den darauffolgenden drei Jahrzehnten eine Verdoppelung der durchschnittlichen Hektarerträge und eine noch stärkere Steigerung der Ernte bei Kartoffeln und Rüben. Die folgende Tabelle zeigt die Ernteergebnisse in Pommern im Jahre 1938 und zum Vergleich die durchschnittlichen Hektarerträge im Deutschen Reich:

	Pommern			Deutsches Reich	
	ha	dz/ha	t	ha	dz/ha
Roggen	575 580	19,4	1 115 661	4 263 287	20,2
Weizen	75 510	29,0	218 791	2 094 154	27,1
Gerste	101 809	26,1	266 076	1 673 420	25,4
Hafer	278 098	23,9	663 471	2 697 412	23,6
Menggetreide	71 017	21,7	154 330	5 905 594	21,7
Mais zur Körnergewinnung	5 192	26,3	13 662	63 838	27,2
Getreide insgesamt	1 107 206	22,0	2 431 991	11 384 705	23,2

	Pommern			Deutsches Reich	
	ha	dz/ha	t	ha	dz/ha
Kartoffeln	351 382	175,5	6 165 495	2 893 010	175,9
Zuckerrüben	34 641	306,7	1 062 603	501 771	309,8
Futterrüben	30 773	446,1	1 372 642	815 104	471,6
Kohlrüben	58 272	340,7	1 985 423	215 884	342,2
			1 582 274		15 810 474

Weit über die Grenzen Pommerns waren die hauptsächlich in Hinterpommern beheimatete Züchtung von Saatkartoffeln und der Saatgutanbau von Hafer und Roggen bekannt.

Über die Entwicklung des Viehbestandes in Pommern – 1938 in der erweiterten Provinz – gibt die folgende Tabelle Auskunft, der die Gesamtzahlen für das Deutsche Reich für 1938 beigefügt sind:

	Pommern				Deutsches Reich
	1816	1883	1931	1938	1938
		(in Tausendern)			
Pferde	120	189	232	290	3 445
Kühe	195	337	482	624	9 992
Schweine	137	444	1 608	1 965	23 567
Schafe	992	2 550	464	591	4 823
Ziegen	3	68	61	83	2 515

Auch eine kurze Darstellung der pommerschen Landwirtschaft des 20. Jahrhunderts muß auf die Größenklassen der Betriebe und damit den Großgrundbesitz eingehen. Wenn auch unter den fachkundigen Zeitgenossen keine einheitliche Meinung über die Mindestfläche eines Großbetriebs herrschte, so wird der heutige Betrachter doch aus Vergleichsgründen mit der Reichsstatistik die untere Grenze der Betriebsfläche eines Großbetriebs auf 100 ha ansetzen. Pommern war nach Mecklenburg der deutsche Landesteil mit dem höchsten Anteil von Großgrundbesitz an landwirtschaftlich genutzter Fläche. Im Jahre 1933 gehörten 43,3 % der pommerschen Landwirtschaftsnutzfläche – Pommern nach dem Gebietsstand vom 1. 10. 1938, also nach seiner beträchtlichen Erweiterung – Betrieben mit mehr als 100 ha; schließt man den Wald ein, erhöht sich der Anteil der Großgrundbesitzer an der gesamten Betriebsfläche sogar auf 57,1 %. Insbesondere auf Rügen und dem festländischen Vorpommern war diese Dominanz der Güter festzustellen.

In der Forstwirtschaft waren im Jahr 1925 hauptberuflich 6 774 und nebenberuflich 500 Personen beschäftigt. Der Gesamtjahresertrag belief sich in der Mitte der zwanziger Jahre dieses Jahrhunderts auf 2,15 Millionen Festmeter, zu fast gleichen Teilen als Nutz- und als Brennholz. Ungefähr drei Viertel des Waldes waren Nadelwald, 57 % der Waldfläche war Privatbesitz, 34 % bildeten Staatsforsten, und 7,6 % waren Gemeindewald.

Etikett aus dem Jahre 1938

1932 gab es 7 305 Berufsfischer in Pommern, das in die drei Oberfischmeisterbezirke Stralsund, Swinemünde und Kolberg aufgeteilt war. Im letzten Friedensjahr belief sich der Fang in der Ostsee und im Stettiner Haff auf 23 880 t, das war fast die Hälfte der gesamten Fischanlandung in Deutschland, nämlich 46 %. Darunter befanden sich 6 878 t Dorsch, was einen Reichsanteil von 67 % bedeutete, 3 920 t (= 32 %) Hering, 3 073 t (= 61 %) Flundern, 1 802 t (= 71 %) Aal und 1 351 t (= 73 %) Plötze.

Handwerk und Industrie waren im 19. Jahrhundert weitgehend von der Land- und Forstwirtschaft bestimmt. In der ersten Jahrhunderthälfte befriedigten auf der einen Seite Hunderte von Mühlen, darunter zahlreiche Papiermühlen, Brennereien, Brauereien, Webereien, Maschinenspinnereien, Werften in den meisten Hafenstädten und andere Unternehmungen die Bedürfnisse der Bevölkerung und verarbeiteten andererseits die Überschüsse des Landes. Die Zahl der im 19. und 20. Jahrhundert in Pommern gegründeten größeren industriellen Unternehmungen blieb bescheiden. Als eine der ersten Zementfabriken in Deutschland wurde 1852 die Portlandzementfabrik in Züllchow, unmittelbar nördlich der damaligen Stettiner Stadtgrenze gelegen, errichtet. Wenige Jahre später wurde die »Stettiner Maschinenbau-Aktiengesellschaft Vulcan« gegründet. In erster Linie war der »Vulcan« eine Werft, aber er baute auch Lokomotiven. Viele Schiffe der Handelsmarine und zahlreiche Kriegsschiffe liefen vom Stapel. 1906 arbeiteten 6500 Personen auf der Werft. 1928 wurde sie geschlossen, und ihre Anlagen wurden abgebrochen. Zehn Jahre später fing man mit dem Wiederaufbau an. Drei weitere große Unternehmen wurden um die Jahrhundertwende in Stettin beziehungsweise seiner Umgebung errichtet. In der »Hütte Kraft« mit drei Hochöfen wurde aus schwedischem Erz Eisen gewonnen. Zu diesem Industriekomplex in Stolzenhagen-Kratzwieck gehörten außerdem eine Eisenportlandzementfabrik, eine Kupferhütte, eine Kokerei, eine Teer- und Ammoniakfabrik. Das Stoewer-Werk baute insbesondere Personen- und Lastwagen sowie Omnibusse mit beachtlichem Exporterfolg in Skandinavien und Großbritannien. In Sydowsaue wurde Kunstseide hergestellt. In Zarnglaff, Kr. Cammin, nahm Anfang des 20. Jahrhunderts ein Kalksteinwerk seine Arbeit auf. 1912 wurde in Odermünde ein Betrieb eröffnet, der bald der größte seiner Art in Deutschland sein sollte. Es war die Papierfabrik »Feldmühle«. Sie hatte 1930 eine Produktionskapazität von 320 t Papier pro Tag und beschäftigte rund 2000 Personen. 1938 wurde der Bau eines Hydrierwerkes westlich von Pölitz begonnen. Seit 1940 wurde dort Benzin hergestellt. Trotz wiederholter Luftangriffe lief die Benzinproduktion bis zum 1. April 1945.

In diesem Zusammenhang sei ein knapper Hinweis auf die Entwicklung des Bankwesens erlaubt. 1821 gründeten einige Swinemünder Bürger die erste Sparkasse in Pommern. Oft waren diese Geldinstitute, die in der zweiten Hälfte des 18. Jahrhunderts in Deutschland entstanden waren, jedoch Kommunaleinrichtungen. So wurde 1836 auch aus der privaten Swinemünder Sparkasse die dortige Stadtsparkasse. Inzwischen waren in Stettin, Köslin und Stralsund Stadtsparkassen gegründet worden. Die erste Kreissparkasse wurde 1838 in Dramburg ins Leben gerufen. Bis zum Ersten Weltkrieg war die Zahl der Kreis- und Stadtsparkassen auf 90 angestiegen. Im Jahre 1900 wurde der pommersche Sparkassenverband gegründet, um die Revision und das Ausbildungswesen gemeinsam zu gestalten. Obwohl schon Jahrzehnte zuvor angeregt, wurde erst 1912 der Kommunale Giroverband für Pommern, der erste preußische derartige Verband, gebildet, der 1923 im Pommerschen Sparkassen- und Giroverband aufging. Bald darauf wurde die Provinzialbank Pommern (Girozentrale) gegründet, 1929 die Öffentliche Pommersche Bausparkasse.

Die Verkehrsverhältnisse änderten sich im 19. und 20. Jahrhundert ganz außerordentlich. In der Zeit von 1818 bis 1823 wurden in Swinemünde die beiden Molen gebaut und der Hafen verbessert, die Fahrrinne der Swine und die der Oder vertieft. Bald wurde in Stettin das erste Dampfschiff, die »Kronprinzessin Elisabeth«, gebaut; sie wurde mit einem britischen Motor ausgestattet. Seit 1826 verkehrte sie regelmäßig zwischen Stettin und Swinemünde und verkürzte die Fahrzeit auf vier Stunden. Eine andere Dampferlinie mit einem pommerschen Hafen, nämlich Stralsund, führte seit 1821 ins schwedische Ystad. Auch für den Verkehr auf dem Lande begann in diesem Jahrzehnt eine neue Epoche, indem die erste pommersche Chaussee zwischen Stettin und Gartz angelegt wurde. 1836 wurde die Straße zwischen Stralsund und Anklam fertiggebaut. Um 1850 betrug das Straßennetz Pommerns ca. 1 150 km, um 1900 mehr als 4 200 km, und 1939 waren es 11 224 km. Eine Revolution für den Verkehr bedeutete die Aufnahme des Eisenbahnbetriebs. Für Pommern begann er am 15. August 1843, als König Friedrich Wilhelm IV. mit einer Fahrt die Strecke Berlin–Stettin einweihte. In viereinhalb Stunden konnte man jetzt von der pommerschen Hauptstadt in die Landeshauptstadt gelangen. Knapp drei Jahre später wurde die Strecke Stettin–Stargard eröffnet. Von dort baute man bis August 1847 eine Linie bis zum neumärkischen Woldenberg als ersten Abschnitt der bald fertiggestellten Stargard–Posener Verbindung. 1859 wurde die Strecke Stargard–Köslin mit einem Abstecher von Belgard nach Kolberg eröffnet. 1863 wurde das Eisenbahnnetz von Stettin über Pasewalk, das gleichzeitig durch die Uckermark mit Angermünde verbunden wurde, Anklam, Züssow, von wo man seitdem auch Wolgast mit der Bahn erreichen konnte, und Greifswald nach Stralsund erweitert. Am Vorabend des Ersten Weltkriegs war die Zahl der Streckenkilometer des pommerschen Eisenbahnnetzes, das sich seit 1880 in der Hand des preußischen Staates befand und für das dieser die Direktion Stettin eingerichtet hatte, auf mehr als 1 400 gestiegen. Im letzten Jahrzehnt des 19. Jahrhunderts war aufgrund rechtlicher und wirtschaftlicher Veränderungen die verkehrsmäßige Erschließung Pommerns durch private Kleinbahnen, die 1914 mehr als 1 700 Streckenkilometer besaßen, in erheblichem Maße verfeinert worden. In keiner anderen preußischen Provinz hatten die Kleinbahnen eine so hohe Bedeutung wie in Pommern. Große Verdienste um sie, aber auch um andere Eisenbahnprojekte, hat sich der 1846 in Pflugrade, Kr. Naugard, geborene Geheime Kommerzienrat Friedrich Lenz, »Eisenbahnkönig« genannt, erworben.

Schließlich noch ein Blick auf das Badeleben: Ende des 18. Jahrhunderts entdeckte man das Baden in der offenen See. In Pommern kam der Badebetrieb Anfang des 19. Jahrhunderts auf. 1824 wurde das Seebad Swinemünde eröffnet. Seit den siebziger Jahren war das Badewesen an der langen pommerschen Küste mit ausgezeichneten Strandverhältnissen ein ständig an Bedeutung zunehmender Wirtschaftszweig. 1939 gab es mehr als 60 Badeorte an der pommerschen Küste. Außerdem quartierten sich viele Gäste in küstennahen Dörfern ohne offiziellen Badebetrieb ein. Kolberg zählte 1939 als See- und Solbad 823 000 Übernachtungen von 45 600 Besuchern und wies damit die höchste Frequenz aller deutschen Kur- und Badeorte auf. Hohe Übernachtungszahlen konnten auch Ahlbeck, Swinemünde, Misdroy, Heringsdorf, Bansin und Zinnowitz auf den Inseln Usedom und Wollin sowie Binz und Göhren auf Rügen und Dievenow aufweisen. Das älteste pommersche Bad war jedoch die in der Pommerschen Schweiz gelegene Stadt Polzin, der 1926 die Bezeichnung »Bad« vom preußischen Staatsministerium verliehen wurde. Bereits 1688 hatte man die Heilkraft der Polziner Quellen entdeckt. Das Moor- und Stahlbad zählte 1938 knapp 11 000 Besucher und 127 000 Übernachtungen.

Schluß*

7 100 km² Pommerns, das sind 18,4 % des Vorkriegspommern, lagen nach Ende des Zweiten Weltkrieges westlich der Oder-Neiße-Linie und gehörten zur sowjetischen Besatzungszone (SBZ). Dieser größere Teil Vorpommerns bildete seit Juli 1945 zusammen mit Mecklenburg das auf Befehl der Sowjetischen Militäradministration in Deutschland (SMAD) gegründete Land Mecklenburg-Vorpommern. Am 1. März 1947 wurde auf sowjetische Weisung der Namensteil »Vorpommern« gestrichen, um den alten Landesnamen »Pommern« aus dem Bewußtsein der Bevölkerung zu verbannen. Wie in allen anderen Teilen der SBZ wurde auch in Restvorpommern die wirtschaftliche und soziale Struktur des Landes verändert, um den Kommunismus aufzubauen. In der 1949 aus der SBZ entstandenen Deutschen Demokratischen Republik (DDR) bildete Vorpommern den Nordostteil, ohne als solches abgegrenzt oder benannt worden zu sein. Bei der De-facto-Auflösung der Länder in Bezirke 1952 kam das gesamte pommersche Küstengebiet an den Bezirk Rostock, der südlich gelegene Teil mit Ausnahme der Oderstadt Gartz und ihrer weiteren Umgebung an den Bezirk Neubrandenburg, Gartz und sein Umland zum Bezirk Frankfurt/O.
In den pommerschen Gebieten östlich der Oder-Neiße-Linie endete 1948 die systematische Vertreibung der Deutschen durch die Polen. Von jetzt an hinderte man abwanderungswillige Deutsche an der Ausreise, da man sie als leistungsbereite und qualifizierte Arbeitskräfte brauchte. Die im pommerschen Vertreibungsgebiet Zurückgebliebenen schätzt man für die fünfziger Jahre auf rund 55 000 Personen, von denen die meisten im Mittel- und Ostteil des ehemaligen Regierungsbezirks Köslin lebten. Der Gebrauch der deutschen Sprache konnte von den evangelischen Gemeinden der in der Heimat Verbliebenen, deren Zahl im Laufe der Zeit immer mehr – auch durch Aussiedlung nach Westdeutschland – schrumpfte, während der gesamten kommunistischen Ära Polens gewährleistet werden. Nach Angaben des Statistischen Bundesamtes sind bis September 1950 375 000 Zivilisten des pommerschen Vertreibungsgebietes durch Krieg, Flucht, Verschleppung, Vertreibung und Verfolgung jeder Art getötet worden, das sind 19,8 % der Bevölkerung. Zusammen mit den Wehrmachtssterbefällen waren es eine halbe Million Ostpommern, die ihr Leben durch den Zweiten Weltkrieg und das Nachkriegsgeschehen verloren, also mehr als ein Viertel der Bevölkerung.
In der Bundesrepublik Deutschland und Berlin (West) lebten 1950 ungefähr eine Million geflüchteter und vertriebener Pommern. Einige von ihnen hatten sich bereits 1948 zur Pommerschen Landsmannschaft zusammengeschlossen. Diese forderte die Wiedervereinigung Deutschlands unter Einschluß der deutschen Ostgebiete und ver-

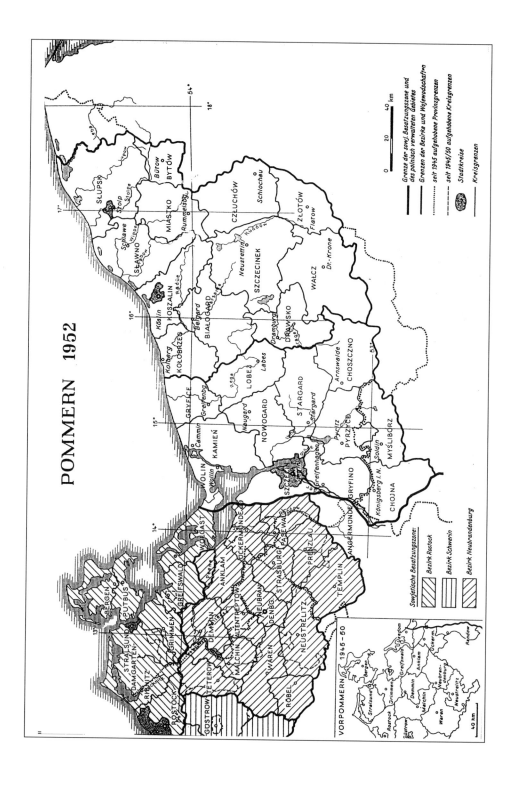

trat die kulturellen, wirtschaftlichen und sozialen Interessen der pommerschen Heimatvertriebenen. Unter der Leitung von Oskar Eggert, ihrem zweiten langjährigen Sprecher, erzielte sie beachtliche Erfolge. 1954 übernahm das Bundesland Schleswig-Holstein die Patenschaft über Pommern. Weiterhin erreichte die Landsmannschaft, daß 1966/67 die Stiftung Pommern als eine Stiftung des öffentlichen Rechts vom Patenland in Kiel errichtet wurde. Zwei Jahrzehnte später wurde in Lübeck-Travemünde das Pommern-Zentrum gebaut. Die pommersche geschichtswissenschaftliche Arbeit setzten die 1951 wieder ins Leben gerufene Historische Kommission, seit 1967 von Roderich Schmidt geleitet, und die 1954 wiedergegründete Gesellschaft für pommersche Geschichte und Altertumskunde, um das Aufgabengebiet Kunst erweitert, fort. 1994 – nach der Vereinigung Deutschlands – ist an der Ernst-Moritz-Arndt-Universität Greifswald ein Stiftungslehrstuhl für pommersche Landesgeschichte errichtet worden.

Die politische Umwälzung in der DDR 1989/90 führte zur Vereinigung der beiden deutschen Staaten und Berlins. Dadurch gehört der westliche Teil Pommerns, 1990 mit Mecklenburg zum Bundesland »Mecklenburg-Vorpommern« zusammengeschlossen, wieder zu dem einen souveränen deutschen Staat. Pommern östlich der Oder-Neiße-Linie, also Hinterpommern und Teile Vorpommerns, fiel in die Regelungen des »2+4«-Vertrags vom 12. September 1990.

* Vom Herausgeber

Zeittafel

Seit 10. Jh. v. Chr.	Jäger, Sammler, Fischer in Pommern
4. u. 3. Jh. v. Chr.	Megalithgräber (Hünengräber)
seit ca. 1000 v. Chr.	Germanische Besiedlung
1. u. 2. Jh. n. Chr.	Germanischer Fürstensitz in Lübsow mit Edelschmiede
5. u. 6. Jh.	Abwanderung der Germanen
6. Jh.	Beginn der slawischen Einwanderung
seit ca. 990	Herrschaft Polens über Pommern
um 1000	Bistum Kolberg
um 1020	Befreiung von der polnischen Herrschaft
1046	Erste Erwähnung der Pomoranen
seit 1120	Oberhoheit des Polenherzogs über Pommern
1124/25 u. 1128	Zwei Missionsfahrten Ottos von Bamberg
um 1138	Ende der polnischen Oberhoheit
1140	Errichtung des Pommernbistums in Wollin
1168	Unterwerfung und Christianisierung der Ranen durch die Dänen
1175	Verlegung des Bischofssitzes nach Cammin
1181	Belehnung Bogislaws I. mit dem Herzogtum Pommern durch Kaiser Friedrich I.
seit 1185	Dänische Lehnshoheit über Pommern
1188	Exemtion des Camminer Bistums
1223/1227	Ende der dänischen Lehnshoheit
1230–1280	Haupteinwanderungszeit der Deutschen
1231	Belehnung der Markgrafen von Brandenburg mit dem Herzogtum Pommern
1234	Erste Stadtrechtsverleihung: lübisches Stadtrecht für Stralsund
1243	Stettiner Stadtrecht
seit ca. 1275	Getreide als wichtigste Exportware Pommerns
1278	Stralsunder Hafenordnung
seit 1295	Teilherzogtümer Stettin und Wolgast
1325	Tod des Minnesängers und Fürsten Wizlaw III. von Rügen, Rügen zum Herzogtum Pommern
1348	Belehnung der pommerschen Herzöge zur gesamten Hand durch Kaiser Karl IV.
1363	Vermählung Kaiser Karls IV. mit Elisabeth von Pommern
1370	Friede von Stralsund
1372	Teilung des Wolgaster Herzogtums
1412–1437	Erich von Pommern als König von Dänemark, Norwegen und Schweden
1415	Mark Brandenburg an die Hohenzollern, fortan Beeinträchtigung der Rechte der Pommernherzöge
1436	Landsässigkeit des Camminer Bischofs
um 1440	Geburt Bernt Notkes in Lassan

1456	Gründung der Universität Greifswald
um 1460	Stralsunder Vokabular
1464	Aussterben der Stettiner Linie
1467	Umfassendes Stapelrecht für Stettin
seit 1478	Alleinherrschaft Bogislaws X. über ganz Pommern
1487	Stettin – Residenzstadt
1517–1521	Johannes Bugenhagen in Belbuck
5. 10. 1523	Tod Herzog Bogislaws X.
1532–1625	Erneut Teilherzogtümer Stettin und Wolgast
1534	Reformationslandtag zu Treptow (Rega)
1535	Evangelische Kirchenordnung
1570	Friede von Stettin
1572	Zusammenbruch des Stettiner Bank- und Handelshauses Loitz
1606–1618	Philipp II. von Stettin: Freund der Künste und Wissenschaften
1620	Hinrichtung der »Hexe« Sidonia von Borcke
1627	Kapitulation von Franzburg
1630	Landung des Schwedenkönigs auf Usedom
10. 3. 1637	Tod des letzten Pommernherzogs
1648	Westfälischer Frieden: Hinterpommern an Brandenburg, Vorpommern an Schweden
1653	Brandenburgischer Herrschaftsantritt in Hinterpommern
1675–1678	Eroberung Schwedisch-Pommerns durch den Großen Kurfürsten
1679	Friede von St. Germain-en-Laye: Verbleib Vorpommerns bei Schweden
1717–1739	Bau der Barockschlösser Stargordt, Schwerinsburg und Karlsburg
1720	Pommern zwischen Oder und Peene an Preußen
1757–1762	Pommern Kriegsschauplatz im Siebenjährigen Krieg
seit 1763	Kolonisationswerk Friedrichs des Großen
1769–1860	Ernst Moritz Arndt
1774–1840	Caspar David Friedrich
1777–1810	Philipp Otto Runge
1806–1813	Napoleonische Suprematie
1. Jz. d. 19. Jhs.	Bauernbefreiung in beiden Teilen Pommerns
1815	Abtretung Schwedisch-Pommerns an Preußen, ganz Pommern preußische Provinz
1821–1902	Rudolf Virchow
1824	Eröffnung des Seebades Swinemünde
1843	Eröffnung der Eisenbahnlinie Berlin–Stettin
1871	Gründung des Deutschen Reiches
1914–1918	Erster Weltkrieg
1932	Auflösung des Regierungsbezirks Stralsund
1933	Machtergreifung der NSDAP
1938	Angliederung der Grenzmark Posen-Westpreußen
1935–1940	Predigerseminar der Bekennenden Kirche
1939–1945	Zweiter Weltkrieg
26. 1.–5. 5. 1945	Einnahme ganz Pommerns durch sowjetische Truppen
17. 7.–2. 8. 1945	Potsdamer Konferenz, Übertragung der Verwaltung Ostpommerns auf Polen
Juni 1945–1948	Vertreibung der deutschen Bevölkerung aus den Gebieten östlich der Oder-Neiße-Linie
1952–1990	Restvorpommern als Teil der DDR-Bezirke Rostock, Neubrandenburg und Frankfurt/Oder
1990	Bildung des Bundeslandes Mecklenburg-Vorpommern

Tabellen

Tabelle 1
**Fläche und Bevölkerung Pommerns
und seiner größeren Verwaltungsbezirke am 17. Mai 1939**

Verwaltungsbezirk	Fläche[1]) in km²	Einwohner	Einw. auf 1 km²	Anzahl der Gemeinden	Anteil der Evang. in %	Anteil der Kath. in %
Stadtkreis:						
Greifswald	31,59	37 051	1 172,9	1	90,0	4,6
Stargard i. Pom.	42,09	39 760	944,6	1	93,0	3,2
Stettin	82,17	271 575	3 305,0	1	87,0	4,0
Stralsund	37,68	52 931	1 404,8	1	91,0	3,8
Landkreis:						
Anklam	667,22	39 527	59,2	9	91,0	5,9
Cammin i. Pom.	1 138,11	45 694	40,1	120	96,6	1,7
Demmin	955,23	54 769	57,3	93	92,5	5,3
Franzburg-Barth (Sitz: Barth)	1 080,85	55 542	51,4	77	90,3	7,4
Greifenhagen	965,88	58 572	60,6	76	95,1	2,4
Greifswald	931,86	39 207	42,1	16	92,8	5,7
Grimmen	952,10	42 259	44,4	67	92,7	5,7
Naugard	1 228,95	63 075	51,3	108	95,9	2,0
Pyritz	1 045,99	48 418	46,3	87	92,1	6,3
Randow[2]) (Sitz: Stettin)	1350,67	139 061	103,0	117	92,0	3,5
Rügen (Sitz: Bergen a. Rügen)	968,98	62 261	64,3	67	91,5	5,7
Saatzig (Sitz: Stargard i. Pom.)	1 176,65	43 258	36,8	96	96,5	2,2
Ueckermünde	832,43	61 343	73,7	56	91,1	5,3
Usedom-Wollin (Sitz: Swinemünde)	690,57	83 479	120,9	94	91,7	4,7
Regierungsbezirk Stettin	14 178,91	1 237 782	87,3	1087	91,4	4,2
Stadtkreis:						
Köslin	86,69	33 479	386,2	1	91,2	3,0
Kolberg	50,17	36 617	729,9	1	92,1	3,1
Stolp	41,93	50 377	1201,5	1	92,9	3,0

Verwaltungsbezirk	Fläche[1] in km²	Einwohner	Einw. auf 1 km²	Anzahl der Gemeinden	Anteil der Evang. in %	Anteil der Kath. in %
Landkreis:						
Belgard (Persante)	1 649,49	79 183	48,0	129	96,6	1,4
Bütow	617,24	24 018	45,4	49	75,6	22,4
Greifenberg i. Pom.	765,28	47 806	62,5	82	95,4	2,2
Köslin	1 171,74	46 808	39,9	101	96,4	1,2
Kolberg-Körlin (Sitz: Kolberg)	879,48	38 785	44,1	79	96,2	0,8
Lauenburg i. Pom.	1 289,37	63 985	49,6	101	88,9	8,8
Regenwalde (Sitz: Labes)	1 191,43	49 668	41,7	103	95,0	2,1
Rummelsburg i. Pom.	1 213,03	40 692	33,5	74	96,6	2,1
Schlawe i. Pom.	1 583,35	78 363	49,5	142	97,0	0,9
Stolp	2 226,44	83 009	37,3	193	97,8	1,4
Regierungsbezirk Köslin	12 765,64	676 790	53,0	1056	94,2	3,3
Stadtkreis:						
Schneidemühl	77,49	45 791	590,9	1	65,0	31,0
Landkreis:						
Arnswalde	1 264,86	45 410	35,9	70	95,5	3,2
Deutsch Krone	2 152,45	71 737	33,3	100	61,1	37,7
Dramburg	1 209,68	43 665	36,1	63	93,2	2,7
Flatow	980,42	39 399	40,2	70	64,3	34,1
Friedeberg Nm.	1 102,19	52 499	47,6	80	94,7	3,5
Netzekreis (Sitz: Schönlanke)	889,91	39 824	44,8	63	80,4	17,6
Neustettin	2 092,93	85 778	41,0	139	96,0	2,4
Schlochau	1 686,37	55 169	32,7	78	60,1	38,8
Regierungsbezirk Grenzmark Posen-Westpreußen (Sitz: Schneidemühl)	11 456,31	479 272	41,8	664	79,3	18,7
Provinz Pommern (Sitz: Stettin)	38 400,86	2 393 844	62,3	2807	89,8	6,9

[1] Ohne die Meeresteile, Haffe, Bodden und dgl.
[2] Mit Wirkung vom 15. 10. 1939 aufgelöst.

Tabelle 2
Die Städte Pommerns am 17. Mai 1939

Lfd. Nr.	Stadt	Einwohner	Kreis
1	Altdamm[1)	16 197	Randow
2	Anklam	19 841	Anklam
3	Arnswalde	13 960	Arnswalde
4	Bärwalde i. Pom.	3 009	Neustettin
5	Bahn	2 884	Greifenhagen
6	Baldenburg	2 292	Schlochau
7	Barth	11 639	Franzburg-Barth
8	Belgard (Persante)	16 456	Belgard (Persante)
9	Bergen a. Rügen	6 366	Rügen
10	Bublitz	6 186	Köslin
11	Bütow	10 045	Bütow
12	Cammin i. Pom.	6 055	Cammin i. Pom.
13	Daber	2 528	Naugard
14	Damgarten	4 711	Franzburg-Barth
15	Demmin	15 996	Demmin
16	Deutsch Krone	14 941	Deutsch Krone
17	Dramburg	8 088	Dramburg
18	Driesen	5 674	Friedeberg Nm.
19	Falkenburg	8 620	Dramburg
20	Fiddichow	2 495	Greifenhagen
21	Flatow	7 494	Flatow
22	Franzburg	1 961	Franzburg-Barth
23	Freienwalde i. Pom.	3 406	Saatzig
24	Friedeberg Nm.	5 918	Friedeberg Nm.
25	Garz (Oder)	4 161	Randow[2)
26	Garz a. Rügen	2 533	Rügen
27	Gollnow	13 740	Naugard
28	Greifenberg i. Pom.	10 817	Greifenberg i. Pom.
29	Greifenhagen	9 858	Greifenhagen
30	Greifswald	37 051	Stadtkreis
31	Grimmen	5 926	Grimmen
32	Gützkow	2 671	Greifswald
33	Hammerstein	4 387	Schlochau
34	Jacobshagen	1 984	Saatzig
35	Jarmen	3 644	Demmin
36	Jastrow	5 891	Deutsch Krone
37	Kallies	4 016	Dramburg
38	Körlin	3 421	Kolberg-Körlin
39	Köslin	33 479	Stadtkreis
40	Kolberg	36 617	Stadtkreis
41	Kreuz	4 956	Netzekreis
42	Krojanke	3 227	Flatow
43	Labes	7 322	Regenwalde
44	Landeck i. Westpr.	1 010	Schlochau
45	Lassan	2 017	Greifswald
46	Lauenburg i. Pom.	19 114	Lauenburg i. Pom.
47	Leba	2 846	Lauenburg i. Pom.
48	Loitz	5 151	Grimmen

Lfd. Nr.	Stadt	Einwohner	Kreis
49	Märkisch Friedland	2 707	Deutsch Krone
50	Massow	3 828	Naugard
51	Naugard	8 148	Naugard
52	Neustettin	19 942	Neustettin
53	Neuwarp	2 056	Ueckermünde
54	Neuwedell	2 711	Arnswalde
55	Nörenberg	3 012	Saatzig
56	Pasewalk	12 568	Ueckermünde
57	Penkun	1 892	Randow[2]
58	Plathe	3 646	Regenwalde
59	Pölitz[1]	6 437	Randow
60	Pollnow	3 629	Schlawe i. Pom.
61	Polzin, Bad	6 920	Belgard (Persante)
62	Preußisch Friedland	3 842	Schlochau
63	Pyritz	11 287	Pyritz
64	Ratzebuhr i. Pom.	2 940	Neustettin
65	Reetz Nm.	3 648	Arnswalde
66	Regenwalde	5 006	Regenwalde
67	Richtenberg	2 007	Franzburg-Barth
68	Rügenwalde	8 363	Schlawe i. Pom.
69	Rummelsburg i. Pom.	8 516	Rummelsburg i. Pom.
70	Schivelbein	9 714	Belgard (Persante)
71	Schlawe i. Pom.	9 768	Schlawe i. Pom.
72	Schlochau	6 029	Schlochau
73	Schloppe	2 986	Deutsch Krone
74	Schneidemühl	45 791	Stadtkreis
75	Schönlanke	9 618	Netzekreis
76	Stargard i. Pom.	39 760	Stadtkreis
77	Stettin	271 575	Stadtkreis
78	Stolp	50 377	Stadtkreis
79	Stralsund	52 931	Stadtkreis
80	Swinemünde	30 239	Usedom-Wollin
81	Tempelburg	5 275	Neustettin
82	Treptow (Rega)	10 883	Greifenberg i. Pom.
83	Treptow (Tollense)	5 487	Demmin
84	Tribsees	3 838	Grimmen
85	Tütz	2 748	Deutsch Krone
86	Ueckermünde	8 930	Ueckermünde
87	Usedom	1 939	Usedom-Wollin
88	Wangerin	3 454	Regenwalde
89	Woldenberg	5 334	Friedeberg Nm.
90	Wolgast	7 752	Greifswald
91	Wollin	4 800	Usedom-Wollin
92	Zachan	1 302	Saatzig
93	Zanow	3 050	Schlawe i. Pom.

[1] Mit Wirkung vom 15. 10. 1939 nach Stettin eingemeindet.
[2] Seit dem 15. 10. 1939 zum Kr. Greifenhagen gehörend.

Tabelle 3
Die 30 größten Landgemeinden Pommerns am 17. Mai 1939

Landgemeinde	Einwohner	Kreis
Ahlbeck (Seebad)	4 110	Usedom-Wollin
Altkarbe	3 012	Friedeberg Nm.
Augustwalde[1]	3 423	Naugard
Ducherow	3 779	Anklam
Eggesin	3 142	Ueckermünde
Finkenwalde[1]	5 128	Randow
Frauendorf[1]	7 009	Randow
Hökendorf[1]	4 069	Greifenhagen
Jasenitz	3 480	Randow[2]
Krien	3 262	Anklam
Landhagen	3 189	Greifswald
Misdroy	4 145	Usedom-Wollin
Odermünde[1]	3 377	Randow
Pelsin	2 881	Anklam
Podejuch[1]	10 483	Randow
Pommerensdorf[1]	5 641	Randow
Putbus	4 167	Rügen
Saßnitz	7 792	Rügen
Scheune[1]	4 495	Randow
Stepenitz	2 866	Cammin i. Pom.
Stolpmünde	4 783	Stolp
Stolzenhagen[1]	6 335	Randow
Sydowsaue[1]	4 353	Greifenhagen
Torgelow	7 309	Ueckermünde
Warsow[1]	3 340	Randow
Wusterhusen	2 926	Greifswald
Zingst	3 310	Franzburg-Barth
Zinnowitz	3 175	Usedom-Wollin
Züllchow[1]	9 075	Randow
Züssow	3 382	Greifswald

[1] Mit Wirkung vom 15. 10. 1939 nach Stettin eingemeindet.
[2] Seit dem 15. 10. 1939 zum Kr. Ueckermünde gehörend.

Tabelle 4
Der Bezirk des Oberlandesgerichts Stettin im Jahre 1914

Landgericht:	Greifswald	Stettin	Stargard	Köslin	Stolp
Kammer für Handelssachen:	Stralsund	Stettin			
Amtsgerichte:	Anklam Barth Bergen Demmin Franzburg Greifswald Grimmen Loitz Stralsund Treptow/T. Wolgast	Altdamm Bahn Cammin Fiddichow Gartz/O. Greifenhagen Neuwarp Pasewalk Penkun Pölitz Stepenitz Stettin Swinemünde Ueckermünde Wollin	Dramburg Gollnow Greifenberg Jacobshagen Kallies Labes Massow Falkenburg Naugard Nörenberg Pyritz Regenwalde Stargard Treptow/R.	Bärwalde Belgard Bublitz Körlin Köslin Kolberg Neustettin Polzin Ratzebuhr Schivelbein Tempelburg Zanow	Bütow Lauenburg Pollnow Rügenwalde Rummelsburg Schlawe Stolp

Tabelle 5
Die Kirchenkreise der evangelischen Landeskirche in Pommern im Jahre 1911

Lfd. Nr.	Kirchenkreis	Zahl der Pfarrstellen	Lfd. Nr.	Kirchenkreis	Zahl der Pfarrstellen
1	Altenkirchen	8	31	Naugard	15
2	Anklam	21	32	Neustettin	18
3	Bahn	12	33	Pasewalk	13
4	Barth	19	34	Penkun	13
5	Belgard	18	35	Pyritz	19
6	Bergen	11	36	Ratzebuhr	9
7	Bublitz	11	37	Regenwalde	10
8	Bütow	13	38	Rügenwalde	23
9	Cammin	12	39	Rummelsburg	10
10	Daber	10	40	Schivelbein	15
11	Demmin	18	41	Schlawe	14
12	Dramburg	19	42	Stargard	13
13	Franzburg	11	43	Stettin, Stadt	43
14	Freienwalde	16	44	Stettin, Land	18
15	Gartz/O.	10	45	Stolp, Stadt	16
16	Garz a. Rügen	17	46	Stolp, Altstadt	17
17	Gollnow	17	47	Stralsund	8
18	Greifenberg	17	48	Tempelburg	11
19	Greifenhagen	9	49	Treptow/R.	15
20	Greifswald, Stadt	7	50	Treptow/Toll.	13
21	Greifswald, Land	13	51	Ueckermünde	13
22	Grimmen	15	52	Usedom	17
23	Jacobshagen	19	53	Werben	18
24	Kolbatz	15	54	Wolgast	14
25	Körlin	12	55	Wollin	14
26	Köslin	26	56	Deutsch-reformierte Synode	4
27	Kolberg	16		Französisch-reformierte Gemeinde in Stettin	1
28	Labes	10			
29	Lauenburg	20			
30	Loitz	12		insgesamt	828

Tabelle 6
**Obst- und Walnußbaumbestände[1] Pommerns
im Jahre 1934 nach dem Gebietsstand vom 1. 10. 1938[2)]**

	Pommern	Deutsches Reich
	in Tausenden	
Apfelbäume	1 547	76 649
Birnbäume	735	29 244
Süßkirschbäume	193	10 936
Sauerkirschbäume	1 215	11 223
Pflaumen- und Zwetschgenbäume	1 431	40 435
Mirabellen- und Reneklodenbäume	67	1 931
Aprikosenbäume	7	402
Pfirsichbäume	17	3 180
Obstbäume insgesamt	5 212	174 000
Walnußbäume	37	1 669

[1)] Einschließlich der noch nicht ertragfähigen und abgängigen Obstbäume.
[2)] Statistisches Jahrbuch für das Deutsche Reich, 57. Jg. (1938). Hrsg. v. Statistischen Reichsamt, Berlin 1938, S. 109.

Literatur in Auswahl

Spruth, Herbert: Landes- und familiengeschichtliche Bibliographie für Pommern. Drucke und Handschriften. Neustadt a. d. Aisch 1962–1965.
Geschichtliche und landeskundliche Literatur Pommerns. Hrsg. v. Herder-Institut, Marburg/L. 1961–1976, 3 Bde. Marburg/L. 1975–1979; 1977–1984, 3 Bde., Marburg/L. 1985–1986; 1985–1988, 2 Bde., Marburg/L. 1990.
Pommersches Urkundenbuch (786–1345), Bd. I, 2 Teile, 2. Aufl., Köln, Wien 1970, Bd. II–VI, Aalen, Köln, Graz 1970 (Nachdruck), Bd. VII, Köln, Graz 1958 (Nachdruck), Bd. VIII u. IX, Köln, Graz 1961 u. 1962, Bd. X, 2 Teile, u. Bd. XI., 2 Teile, Köln, Wien 1984 u. 1990.
Die pommersche Kirchenordnung von Johannes Bugenhagen 1535. Hrsg. v. d. Evangelischen Landeskirche Greifswald. Berlin 1985.
Protokolle der pommerschen Kirchenvisitationen (1539–1555). 3 Bde. Bearb. v. Hellmuth Heyden. Köln, Graz 1961–1964.
Die Vertreibung der deutschen Bevölkerung aus den Gebieten östlich der Oder-Neiße. 3 Bde. Hrsg. v. Bundesministerium für Vertriebene. München 1984 (Nachdruck).
Staats- und Verwaltungsgrenzen in Ostmitteleuropa. Historisches Kartenwerk. Teil III: Pommern. Bearb. v. Franz Engel. München 1955.
Barran, Fritz R.: Städte-Atlas Pommern. Leer 1989.
Wehrmann, Martin: Geschichte von Pommern. Frankfurt a. M. 1981 (Nachdruck).
Arnold, Udo: Neun Jahrhunderte pommerscher Geschichte. In: Ostdeutsche Geschichts- und Kulturlandschaften. Teil III: Pommern. Hrsg. v. Hans Rothe, Köln, Wien 1988, S. 1–25.
Sandow, Erich: Pommern. In: Geschichte der deutschen Länder (Territorien-Ploetz), Bd. I, Würzburg 1964, S. 546–559, Bd. II, Würzburg 1971, S. 118–142.
Eggert, Oskar: Geschichte Pommerns. 4. Aufl. O. O. (Hamburg) 1965.
Historia Pomorza, hrsg. v. Gerard Labuda, Bd. I, 2. Teil, Posen 1969, Bd. II, 1. Teil, Posen 1976.
Hartnack, Wilhelm: Pommern. Grundlagen einer Landeskunde. Kitzingen/M. o. J. (1953).
Diedrich, Waldemar: Frag mich nach Pommern. Leer 1987.
Hinz, Johannes: Pommern – Wegweiser durch ein unvergessenes Land. Mannheim 1988.
Heyden, Hellmuth: Kirchengeschichte Pommerns. 2 Bde., 2. Aufl. Köln 1957.
Schmidt, Roderich: Pommern und seine Kirche im Wandel der Geschichte. Leer 1977.
Raeck, Fritz/Bliß, Rüdiger: Pommersche Literatur – Proben und Daten. Hamburg 1969.
Schwarz, Werner: Pommersche Musikgeschichte. Köln, Wien 1988.
Gerhardt, Joachim: Das künstlerische Antlitz Pommerns. In: Wir Pommern. Hrsg. v. Karlheinz Gehrmann. Frankfurt a. M. 1981 (Nachdruck), S. 190–203.
Adler, Fritz: Pommern (Deutsche Volkskunst). Frankfurt a. M. o. J. (1982) (Nachdruck).
Aßmann, Erwin: Stettins Seehandel und Seeschiffahrt im Mittelalter. Kitzingen/M. 1951.
Backhaus, Helmut: Schweden und Pommern im siebzehnten Jahrhundert. In: Ostdeutsche Geschichts- und Kulturlandschaften. Teil III: Pommern. Hrsg. v. Hans Rothe, Köln, Wien 1988, S. 111–129.

Bäumer, Wolfram/Bufe, Siegfried: Eisenbahnen in Pommern. Eglham, München 1988.
Bahr, Ernst: Die Verwaltungsgebiete Ostpommerns zur herzoglichen Zeit (bis 1308). In: Altpreußische Forschungen 15 (1938), S. 171–234.
Ders.: Die wirtschaftliche Entfaltung Pommerns 1815–1939. In: Pommern. Eine Denkschrift. Hrsg. v. d. Pommerschen Landsmannschaft. O. O. o. J., S. 58–70.
Ders.: Ostpommern unter polnischer Verwaltung. Frankfurt a. M., Berlin 1957.
Benl, Rudolf: Die Gestaltung der Bodenrechtsverhältnisse in Pommern vom 12. bis zum 14. Jahrhundert. Köln, Wien 1986.
Bloth, Hugo Gotthard: Die Kirche in Pommern. Auftrag und Dienst der evangelischen Bischöfe und Generalsuperintendenten der pommerschen Kirche von 1792 bis 1919. Köln, Wien 1979.
Börsch-Supan, Helmut: Pommersche Malerei des 19. Jahrhunderts. In: Ostdeutsche Geschichts- und Kulturlandschaften. Teil III: Pommern. Hrsg. v. Hans Rothe, Köln, Wien 1988, S. 175–196.
Bollnow, Hermann: Die pommerschen Herzöge und die heimische Geschichtsschreibung. In: Baltische Studien NF 39 (1937), S. 1–35.
Bonin, Rudolf: Geschichte der Stadt Stolp. Hamburg 1985 (Nachdruck).
Branig, Hans: Die Oberpräsidenten der Provinz Pommern. In: Baltische Studien NF 46 (1959), S. 92–107.
Ders.: Die Besetzung Pommerns durch Wallenstein während des Dreißigjährigen Krieges. In: Baltische Studien NF 64 (1978), S. 31–40.
Braun, Wilhelm: Zur Stettiner Seehandelsgeschichte 1572–1813. In: Baltische Studien NF 51 (1965), S. 47–68, u. NF 52 (1966), S. 65–98.
Brüske, Wolfgang: Untersuchungen zur Geschichte des Lutizenbundes. Deutschwendische Beziehungen des 10.–12. Jahrhunderts. 2., um ein Nachwort vermehrte Auflage. Köln, Wien 1983.
Buchholz, Werner: Öffentliche Finanzen und Finanzverwaltung im entwickelten frühmodernen Staat. Landesherr und Landstände in Schwedisch-Pommern 1720–1806. Köln, Weimar, Wien 1992.
Buske, Norbert/Baier, Gerd: Dorfkirchen in der Landeskirche Greifswald. Mit Aufnahmen v. Thomas Helms. Berlin o. J. (1984).
Buske, Norbert: Das alte Greifswalder Konsistorium. 300 Jahre kirchliche Rechtsprechung. In: Baltische Studien NF 76 (1990), S. 48–80.
Conrad, Klaus: Die Belehnung der Herzöge von Pommern durch Karl IV. im Jahre 1348. In: Blätter für deutsche Landesgeschichte 114 (1978), S. 391–406.
Ders.: Besiedlung und Siedlungsverhältnisse Pommerns seit der Christianisierung. In: Ostdeutsche Geschichts- und Kulturlandschaften. Teil III: Pommern. Hrsg. v. Hans Rothe, Köln, Wien 1988, S. 27–58.
Dornberger, Walter: Peenemünde. 2. Aufl. Esslingen, München 1985.
Eggers, Hans Jürgen: Die wendischen Burgwälle in Mittelpommern. In: Baltische Studien NF 47 (1960), S. 13–46.
Ders.: Beginn und Entwicklung der Vorgeschichtsforschung in Pommern. In: Pommern. Kunst, Geschichte, Volkstum. Sonderheft Pomerania, o. J. (1968), S. 40–43.
Eggert, Oskar: Stände und Staat in Pommern im Anfang des 19. Jahrhunderts. Köln, Graz 1964.
Ders.: Die Maßnahmen der preußischen Regierung zur Bauernbefreiung in Pommern. Köln, Graz 1965.
Eimer, Gerhard: Bernt Notke. Bonn 1985.
Fenske, Hans: Die Verwaltung Pommerns 1815–1945. Köln, Weimar, Wien 1993.
Festschrift zur 500-Jahrfeier der Universität Greifswald 17. 10. 1956. 2 Bde. Hrsg. v. d. Ernst Moritz Arndt-Universität Greifswald. Greifswald 1956.
Görlitz, Walter: Widerstand gegen den Nationalsozialismus in Pommern. In: Baltische Studien NF 48 (1961), S. 63–74.

Hannes, Hellmut: Der Pommersche Kunstschrank – Entstehung, Umfeld, Schicksal. In: Baltische Studien NF 76 (1990), S. 81–115.
Ders.: Der Croy-Teppich – Entstehung, Geschichte und Sinngehalt. In: Baltische Studien NF 70 (1984), S. 45–80.
Harms, Klaus: Jakob Runge. Ulm/Donau 1961.
Hauke, Karl: Das Bürgerhaus in Mecklenburg und Pommern. Tübingen o. J. (1975).
Hauschild, Wolf-Dieter: Johannes Bugenhagens Auseinandersetzung mit dem Katholizismus 1515–1521. In: Ostdeutsche Geschichts- und Kulturlandschaften. Teil III: Pommern. Hrsg. v. Hans Rothe, Köln, Wien 1988, S. 85–110.
Hildisch, Johannes: Die Münzen der pommerschen Herzöge von 1569 bis zum Erlöschen des Greifengeschlechts. Köln, Wien 1980.
Hofmeister, Adolf: Der Kampf um die Ostsee vom 9. bis 12. Jahrhundert. 3. Aufl. Hrsg. v. Roderich Schmidt. Darmstadt 1960.
Hoogeweg, Hermann: Die Stifter und Klöster der Provinz Pommern. 2 Bde. Stettin 1924–1925.
Jahn, Hans Edgar: Pommersche Passion. 2. Aufl. Leer 1980.
Kehn, Wolfgang: Der Handel im Oderraum im 13. und 14. Jahrhundert. Köln, Graz 1968.
Knobelsdorff–Brenkenhoff, Benno v.: Pommern im 18. Jahrhundert. Eine Provinz im Frieden erobert. In: Ostdeutsche Geschichts- und Kulturlandschaften. Teil III: Pommern. Hrsg. v. Hans Rothe, Köln, Wien 1988, S. 131–152.
Knütter, Hans-Helmuth: Ernst Moritz Arndt und Vorpommern. In: Ostdeutsche Geschichts- und Kulturlandschaften. Teil III: Pommern. Hrsg. v. Hans Rothe, Köln, Wien 1988, S. 153–174.
Kratz, Gustav: Die Städte der Provinz Pommern. Abriß ihrer Geschichte, zumeist nach Urkunden. Mit einer Einleitung von Robert Klempin. O. O. (Walluf bei Wiesbaden) 1973 (Nachdruck).
Kuhn, Walter: Die deutschen Stadtgründungen des 13. Jahrhunderts im westlichen Pommern. In: Zeitschrift für Ostforschung 23 (1974), S. 1–58.
Kunkel, Otto: Aus der Geschichte des pommerschen Museumswesens. In: Baltische Studien NF 58 (1972), S. 77–113.
Leder, Hans-Günter: Evangelische Theologie im Wandel der Geschichte. Stationen der 450jährigen Geschichte der evangelisch-theologischen Fakultät in Greifswald. In: Baltische Studien NF 76 (1990), S. 21–47.
Leder, Hans-Günter/Buske, Norbert: Reform und Ordnung aus dem Wort. Johannes Bugenhagen und die Reformation im Herzogtum Pommern. Berlin 1985.
Lindenblatt, Helmut: Pommern 1945. Eines der letzten Kapitel in der Geschichte vom Untergang des Dritten Reiches. Leer 1984.
Lucht, Dietmar: Die Städtepolitik Herzog Barnims I. von Pommern. 1220–1278. Köln, Graz 1965.
Ders.: War Bogislaw I. Reichsfürst? In: Baltische Studien NF 54 (1968), S. 26–30.
Ders.: Pommern und das Reich vom Beginn des 12. Jahrhunderts bis zum Jahre 1181. In: Baltische Studien NF 70 (1984), S. 7–21.
Mohrmann, Wolf-Dieter: Der Landfriede im Ostseeraum während des späten Mittelalters. Kallmünz/Opf. 1972.
Müller, Gerhard: Das Fürstentum Kammin. Eine historisch-geographische Untersuchung. In: Baltische Studien NF 31 (1929), S. 109–205.
Murawski, Erich: Die Eroberung Pommerns durch die Rote Armee. Boppard am Rhein 1969.
Ders.: Der Wehrkreis II. In: Baltische Studien NF 51 (1965), S. 99–114.
Papritz, Johannes: Das Handelshaus der Loitz zu Stettin, Danzig und Lüneburg. In: Baltische Studien NF 44 (1957), S. 73–94.
Peiser, Jacob: Die Geschichte der Synagogengemeinde zu Stettin. 2. Aufl. Würzburg 1965.

Petersohn, Jürgen: Der südliche Ostseeraum im kirchlich-politischen Kräftespiel des Reichs, Polens und Dänemarks vom 10. bis 13. Jahrhundert. Köln, Wien 1979.
Ders.: Pommerns staatsrechtliches Verhältnis zu den Nachbarländern im Mittelalter. In: Die Rolle Schlesiens und Pommerns in der Geschichte der deutsch-polnischen Beziehungen im Mittelalter. 2. Aufl. O. O. o. J. (Braunschweig 1983), S. 98–115.
Ders.: Kolonisation und Neustammbildung – Das Beispiel Pommern. In: Ostdeutsche Geschichts- und Kulturlandschaften. Teil III: Pommern. Hrsg. v. Hans Rothe, Köln, Wien 1988, S. 59–84.
Pommern (Grundriß zur deutschen Verwaltungsgeschichte 1815–1945, Reihe A, Bd. 3), bearb. v. Dieter Stüttgen, Marburg/L. 1975.
Puttkamer, Ellinor v.: Die Lande Lauenburg und Bütow – internationales Grenzgebiet. In: Baltische Studien NF 62 (1976), S. 7–22.
Reclam, Hans Heinrich: Pommern in Wappen und Titel der Hohenzollern. In: Baltische Studien NF 52 (1966), S. 57–64.
Renn, Gerhard: Die Bedeutung des Namens »Pommern« und die Bezeichnungen für das heutige Pommern in der Geschichte. Greifswald 1937.
Schmidt, Hermann/Blohm, Georg: Die Landwirtschaft von Ostpreußen und Pommern 1914/18–1939. Marburg/L. 1978.
Schmidt, Roderich: Pommern im Spiegel bedeutender Persönlichkeiten. In: Ostdeutsche Geschichts- und Kulturlandschaften. Teil III: Pommern. Hrsg. v. Hans Rothe, Köln, Wien 1988, S. 215–252.
Schubel, Friedrich: Universität Greifswald. Frankfurt a. M. 1960.
Schultze-Plotzius, Manfred: Ein Überblick über die Tätigkeit der Provinzialverwaltung von Pommern in den Jahren 1933 bis 1945. In: Baltische Studien NF 49 (1962/1963), S. 69–100.
Schulz, Heinrich: Pommersche Dorfkirchen östlich der Oder. Herford/Westf. 1963.
Sichtermann, Siegfried: Die Grenzmark Posen-Westpreußen. O. O. (Kassel) 1987.
Sommerfeld, Wilhelm v.: Geschichte der Germanisierung des Herzogtums Pommern oder Slavien bis zum Ablauf des 13. Jahrhunderts. Leipzig 1896.
Steffen, Wilhelm: Kulturgeschichte von Rügen bis 1815. Köln, Graz 1963.
Thévoz, Robert/Branig, Hans/Lowenthal-Hensel, Cécile: Pommern 1934/35 im Spiegel von Gestapo-Lageberichten und Sachakten. 2 Bde. (Quellen u. Darstellung). Köln, Berlin 1974.
Thümmel, Hans Georg: Die Greifswalder Rubenow-Tafel und die Anfänge des Gruppenbildes im 15. und 16. Jahrhundert. In: Greifswald-Stralsunder Jahrbuch 12 (1979), S. 122–160.
Treichel, Fritz: Ein Gang durch Pommerns Erdgeschichte. In: Pommern. Kunst, Geschichte, Volkstum. Sonderheft Pomerania, o. J. (1968), S. 35–39.
Wehrmann, Martin: Genealogie des pommerschen Herzogshauses. Stettin 1937.
Wilbertz, Gisela: Eine Kaiserin aus Pommern: Elisabeth, Gemahlin Karls IV. In: Pommern. Kunst, Geschichte, Volkstum. 21. Jg. (1983), H. 4, S. 15–18.
Witt, Werner: Die Entstehung der Ostsee und der pommerschen Küste. In: Pommern. Kunst, Geschichte, Volkstum. 23. Jg. (1985), H. 2, S. 5–10.
Ders.: Klima und Witterung in Pommern. In: Pommern. Kunst, Geschichte, Volkstum. 19. Jg. (1981), H. 3, S. 16–23.
Zilm, Franz-Rudolf: Die Festung und Garnison Stettin. Osnabrück 1988.
Zoellner, Klaus-Peter: Der Stralsunder Seehandel am Ausgang des Mittelalters (16. Jahrhundert!). In: Greifswald-Stralsunder Jahrbuch 9 (1970/1971), S. 41–72.
20 Jahre Pommersche Landsmannschaft. Hrsg. v. Pommerschen Zentralverband e. V. Hamburg o. J. (1968).

Ortsnamen-Konkordanz

Altdamm – Dąbie
Arnhausen – Lipie
Arnswalde – Choszczno
Bahn – Banie
Baldenburg – Biały Bór
Belbuck – Białoboki
Belgard – Białogarda
Born, Groß – Borne
Bublitz – Bobolice
Bütow – Bytów
Cammin – Kamień Pomorski
Dievenow – Dziwnów
Dölitz – Dolice
Draheim – Szeszki
Dramburg – Drawsko Pomorskie
Driesen – Drezdenko
Falkenburg – Zołcieniec
Fiddichow – Widuchowa
Finkenwalde – Zdroje
Flatow – Złotów
Freienwalde – Chociwel
Friedeberg – Strzelce Krajeńskie
Friedland, Märkisch – Mirosławiec
Friedland, Preußisch – Debrzno
Gollnow – Goleniów
Greifenberg – Gryfice
Greifenhagen – Gryfino
Hohenkrug – Struga
Jacobshagen – Dobrzany
Jasenitz – Jasienica
Kallies – Kalicz Pomorski
Kaseburg – Karsibór
Kolbatz – Kołbacz
Kolberg – Kołobrzeg
Körlin – Karlino
Köslin – Koszalin
Krone, Deutsch – Wacz
Labes – Łobez
Lanzig – Łęcko
Lauenburg – Lębork
Lebbin – Lubin

Lübsow – Lubieszewo
Marienfließ – Marianowo
Massow – Maszewo
Misdroy – Międzyzdroje
Naugard – Nowogard
Neustettin – Szczecinek
Nörenberg – Ińsko
Odermünde – Szczecin Skolwin
Pflugrade – Redło
Plathe – Płoty
Pölitz – Police
Pollnow – Polanów
Polzin – Połczyn
Pyritz – Pyrzyce
Reetz – Recz
Regenwalde – Resko
Rügenwalde – Darłowo
Rummelsburg – Miastko
Sageritz – Zagórzyca
Schivelbein – Świdwin
Schlawe – Sławno
Schlochau – Człuchów
Schlönwitz, Groß – Słonowice
Schneidemühl – Piła
Stargard – (Stargard) Szczeciński
Stargordt – Starogard/Łobeski
Stettin – Szczecin
Stettin-Bredow – Drzetowo
Stettin-Stolzenhagen – Szczecin-Glinki
Stolp – Słupsk
Stolpmünde – Ustka
Stolzenburg – Stolec
Stolzenhagen-Kratzwieck s. Stettin-Stolzenhagen
Swinemünde – Swinoujście
Sydowsaue – Żydowce
Tempelburg – Czaplinek
Treptow/R. – Trzebiatów
Trieglaff – Trzygłów
Tychow, Groß-Tychowo
Usch – Ujście Noteckie

Wangerin – Węgorzyno
Woldenberg – Dobiegniew
Wollin – Wolin
Wusterwitz – Ostrowice
Zachan – Suchań

Zanow – Sianów
Zantoch – Santok
Zarben – Sarbia
Zarnglaff – Czarnogłowy
Züllchow – Żelechowa

Personenregister

Absalon, Bischof von Roskilde 26–28
Ackerknecht, Erwin 154
Adalbert, Bischof von Wollin 20, 24–25
Adler, Fritz 153
Adolf Friedrich, König von Schweden 104
Adolf II., Graf von Holstein 26
Aepinus, Johannes 73
Agnes, Gemahlin von Fürst Wizlaw II. von Rügen 133
Albrecht, Kurfürst von Brandenburg 69
- II., Markgraf von Brandenburg 30
- II., Herzog von Mecklenburg 50
Alexander III., Papst 27
Angelus 140
Anna, Gemahlin von König Richard II. von England 52
-, Herzogin von Croy 144
Arndt, Ernst Moritz 115, 117
Arnim, Hans Georg v. 88
Arnold, Bischof von Cammin 46–47

Balthasar, Augustin 97
Baner, Johan 90
Bardewik, Albrecht v. 133
Barnim I., Herzog von Pommern-Stettin 31–33, 38, 40–42, 48, 67, 132, 158–160
- II., Herzog von Pommern 41–42
- III., Herzog von Pommern-Stettin 45–50, 55
- IV., Herzog von Pommern-Wolgast 49, 55
- V., Herzog von Pommern-Stolp 60
- VI., Herzog von Pommern-Barth 59, 163
- VII., Herzog von Pommern-Wolgast 61–62
- VIII., Herzog von Pommern-Barth 61–63
- IX., Herzog von Pommern-Stettin 73, 75, 77–79, 81
- X., Herzog von Pommern-Stettin 79, 83–84
- XII., Herzog von Pommern 166
Baumann, Konsistorialrat 127
Baumstark, Eduard 115
Behr, Adelsgeschlecht 37
Below, Adelsgeschlecht 120
Beringer 28
Bernhard, Eremit 20
Beseler, Georg 115
Bismarck, Otto Fürst v. 115, 120
Blücher, Gebhardt Leberecht v. 109
Blücher, Hermann v. 143
Bogislaw von Pommern-Stolp s. Erich der Pommer, König von Dänemark, Norwegen und Schweden
- I., Herzog von Pommern 25–28, 30
- II., Herzog von Pommern 30
- IV., Herzog von Pommern-Wolgast 41–44
- V., Herzog von Pommern-Wolgast 48–51, 55, 57
- VI., Herzog von Pommern-Wolgast 55–56, 162
- VII., Herzog von Pommern-Stettin 55, 59
- VIII., Herzog von Pommern 57, 59–60, 62
- IX., Herzog von Pommern-Stolp 62–63
- X., Herzog von Pommern 67–73, 75, 140, 142–143, 164
- XIII., Herzog von Pommern-Barth 78–79, 83–84, 143, 166
- XIV., Herzog von Pommern 84–86, 89, 145, 165
Bohlen, Carl Heinrich Behrend v. 148
Boldewan, Johannes 72
Bolesław III., Herzog von Polen 20, 22–24
Bonhoeffer, Dietrich 127
Bonin, Adelsgeschlecht 37
Bonow, Konrad 57

Borcke, Adelsgeschlecht 37, 40
Borcke, Adrian Bernhard Graf v. 148
Borcke, Friedrich Wilhelm v. 99
Borcke, Sidonia v. 85
Brenckenhoff, Franz Balthasar Schönberg v. 105
Bucher, Lothar 115
Büchsel, Johannes 120
Bugenhagen, Johannes 72–76, 135, 140, 142, 144, 165
Buske, Norbert 74

Christian IV., König von Dänemark 88
– V., König von Dänemark 96
Christine, Königin von Schweden 92, 95
Clemens III., Papst 29
Cocceji, Samuel v. 103
Cramer, Daniel 146

Dähnert, Johann Carl 148
Dalmer, Martin 140
Derfflinger, Georg v. 94, 98
Dohrn, Carl August 153
Dohrn, Heinrich 153
Domazlaus 155
Droysen, Johann Gustav 115, 117

Eberstein, Adelsgeschlecht 37
Eberstein, Ludwig Graf von 67
Eggert, Oskar 179
Egilbert, Bischof von Bamberg 24
Eickstedt, Friedrich v. 135
Eickstedt, Markus v. 90
Elisabeth, Gemahlin von Kaiser Karl IV. 51–52, 59
–, Zarin von Rußland 104–105
–, Gemahlin von Herzog Bogislaw XIV. 145
Eltz, Arnold von s. Arnold, Bischof von Cammin
Erasmus, Bischof von Cammin 74
Erich der Pommer, König von Dänemark, Norwegen und Schweden 59, 61–64, 89
– II., Herzog von Pommern-Wolgast 63, 64–65, 67
– VI., König von Dänemark 44
Ernst Bogislaw, Herzog von Croy 93, 144
Ernst Ludwig, Herzog von Pommern-Wolgast 79, 83, 143
Eufemia, Gemahlin von König Hakon V. von Norwegen 133

Ferdinand II., Kaiser 88
– III., Kaiser 92
Flemming, Adelsgeschlecht 37
Flemming, Heinrich Graf von 98
Franz, Fürstbischof von Cammin, Herzog von Pommern-Stettin 84–85
Frauenlob, Heinrich 133
Friedeborn, Paul 146
Friedrich I., Kaiser 27–28, 30
– I., König in Preußen 98, 169
– I., König von Schweden 102
– II., Kaiser 30–31
– II., der Große, König von Preußen 103–106, 165
– II., Kurfürst von Brandenburg 65, 67, 164
– III., Kaiser 65
– III., Kaiser 116
– III., Kurfürst von Brandenburg, s. Friedrich I., König in Preußen
– IV., König von Dänemark 99
– VI., Burggraf von Nürnberg (= Friedrich I., Kurfürst von Brandenburg) 60
– Wilhelm, der Große Kurfürst von Brandenburg 92–93, 95–98, 167
– Wilhelm I., König in Preußen 99, 101–103, 147, 150, 169
– Wilhelm II., König von Preußen 106–107
– Wilhelm III., König von Preußen 107–108, 114, 119
– Wilhelm IV., König von Preußen 116, 176
Friedrich, Caspar David 149–150

Gadebusch, Detlev v. 40
Gallas, Matthias 89
Georg, Herzog von Pommern 84
– I., Herzog von Pommern-Wolgast 75, 77
– II., König von England 104
Gierke, Julius 115
Giesebrecht, Ludwig 115
Gleichen, Hermann v. 132
Gneisenau, August Neidhardt v. 108
Gödecke, Michael 162
Görcke, Moritz 120
Grenier, Pasquier 137
Gröning, Peter 146
Grosse, Christian 93
Grumbkow, Philipp Otto v. 101
Gustav II. Adolf, König von Schweden 88–89

197

– IV. Adolf, König von Schweden 108
Hainhofer, Philipp 145
Hakon V., König von Norwegen 134
Halfern, Carl v. 125
Hardenberg, Karl August Fürst von 110
Hedwig, Gemahlin von Herzog Ulrich von Pommern 147
Heiler, Günter 98
Heinrich, Bischof von Cammin 44
–, der Löwe, Herzog von Sachsen-Bayern 25–27
–, Graf von Schwerin 31
–, Markgraf von Brandenburg 44–45
–, Herzog von Mecklenburg 45
– I., Herzog von Schlesien 32, 45
– II., Herzog von Schlesien 32
– III., Kaiser 16
– III. von Mecklenburg 46
– IV., Kaiser 20
– V., Kaiser 20
Hermann, Bischof von Cammin 40, 42
Heyde, Heinrich Siegmund v. 104, 105
Heydebreck, Adelsgeschlecht 37
Heymann, Peter 143–144
Hindenburg, Paul v. 123
Hitler, Adolf 124–125
Hogensee, Jakob 74
Holk, Heinrich 88
Hollatz, David 98
Honorius III., Papst 30
Hoppe, Thomas 147
Hus, Johannes (Jan) 61

Innozenz II., Papst 24
– III., Papst 30
Iwen, Henning 63

Jagiello s. Wladislaw Jagiello
Jakobus 28
Jarmer, Ernst 125
Jaromar, Bischof von Cammin 42
– von Rügen 46, 133
Jaromar I., Fürst von Rügen 27–28, 30
Jaspis, Albert 120
Joachim I., Kurfürst von Brandenburg 71, 77
– II., Kurfürst von Brandenburg 80
Johann, König von Böhmen 47
–, Herzog von Sachsen-Lauenburg 41
– (Cicero), Kurfürst von Brandenburg 69–70
– I., Bischof von Cammin 49–50

– I., Markgraf von Brandenburg 31–32
– Friedrich, Herzog von Pommern-Stettin 78–80
– Georg, Kurfürst von Brandenburg 80
Johannes, Markgraf der Neumark 80
– XXII., Papst 46–47

Kaag, Lars 88
Kameke, Adelsgeschlecht 37
Kantzow, Thomas 142
Karl IV., Kaiser 49–52, 55–57, 65, 161–162
– V., Kaiser 71, 77–78
– X. Gustav, König von Schweden 95
– XI., König von Schweden 94, 96–97, 168
– XII., König von Schweden 98–99, 101, 103, 168
– XIII., König von Schweden 108
– Friedrich, Herzog von Holstein-Gottorp 99
Karpenstein, Wilhelm 125
Kasimir I., Herzog von Pommern 25–27, 29–30
– II., Herzog von Pommern 30
– III., Herzog von Pommern-Stettin 55
– IV., König von Polen 69
– V., Herzog von Pommern-Stettin 60–62
– VI., Bischof von Cammin 79, 81, 83
Kehn, Wolfgang 159
Ketelhut, Christian 73
Kleist, Adelsgeschlecht 37
Kleist-Schmenzin, Ewald v. 125
Klempzen, Nikolaus v. 142
Knak, Gustav 120
Knipstro, Johann 73–75, 143
Knut VI., König von Dänemark 27–28
Knyphausen, Dodo Reichsgraf zu Imhausen und 88
Köller, Georg v. 118
Königsmarck, Otto Graf v. 97
Konrad von Jungingen, Hochmeister des Deutschen Ordens 60
– I., Bischof von Cammin 29
– I., Markgraf von Brandenburg 33
– IV., Bischof von Cammin 45–46
Körver, Johann 145
Krockow, Reinhold von 80
Kunkel, Otto 153
Kureke, Johannes 73

Lencker, Christoph 145

Lencker, Zacharias 145
Lenz, Friedrich 176
Lillie, Axel 90
Lilliehöök, Johan 90
Lippmann, Julius 123, 125
Loewe, Carl 154
Loitz, Bank- und Handelshaus 80–81
Loitz, Hans III. 81
Lothar III., Kaiser 22–24
Loucadou, v., Oberst 108
Lubin, Eilhard 146
Ludat, Herbert 155
Ludwig, Markgraf von Brandenburg 47
– IV., der Bayer, Kaiser 45–48
– XIV., König von Frankreich 96–97
– XV., König von Frankreich 104
Luther, Martin 72, 144

Magnus, Bischof von Cammin 61
Maltzahn, Adelsgeschlecht 37
Margarete von Brandenburg 67
– I., Königin von Dänemark und Norwegen 59
Maria Theresia, Kaiserin 103–104
Maria von Sachsen 144
Marinus de Fregeno, Bischof von Cammin 67
Martin V., Papst 61
Massow, Hans Jürgen Detlef v. 101
Maximilian I., Kaiser 71, 140
– II., Kaiser 79–80
Mayer, Johann Friedrich 98
Mazuw, Emil 125
Mechtild (Mechthild), Gemahlin von Herzog Barnim I. von Pommern 41
Meinhold, Johannes Wilhelm 154
Meinhold, Karl 120
Melanchthon, Philipp 142, 144
Menšikov, A. D., Fürst 99
Mestwin II., Herzog von Pommerellen 43
Mevius, David 95
Meyer, Andreas 148
Meyerfeldt, Johann August Graf v. 99, 102
Michaelis, Georg 123
Micraelius, Johannes 146
Mieszko I., Herzog von Polen 17
Möller, Johann 147
Moltke, Helmuth Graf v. 115

Napoleon I., Kaiser von Frankreich 108–109
Nettelbeck, Joachim 108

Nikolaus IV., Papst 42
Normann, Oskar v. 116
Notke, Bernd 136–137

Olaf von Dänemark 59
Osten, Adelsgeschlecht 37
Osten, Dinnies von der 63
Osten, Friedrich Wilhelm von der 148
Otte, Johannes 143
Otto, Bischof von Bamberg 20, 22–24, 35, 49, 142, 146, 152, 155
–, Erzbischof von Riga 60
–, Herzog von Braunschweig-Lüneburg 41, 133
– der Faule, Markgraf von Brandenburg 55
– I., Herzog von Pommern-Stettin 41–48, 161
– II., Markgraf von Brandenburg 30
– II., Herzog von Pommern-Stettin 61
– III., Kaiser 17
– III., Herzog von Pommern-Stettin 64
– III., Markgraf von Brandenburg 31–32
– IV., Markgraf von Brandenburg 159
Oxenstierna, Bengt Gabrielsson Graf v. 97

Parleberg, Johannes 140
Parler, Peter 52
Peter I., der Große, Zar von Rußland 99
– III., Zar von Rußland 105
Petersohn, Jürgen 23
Philipp I., Herzog von Pommern-Wolgast 73, 77–78, 142–144
– II. Herzog von Pommern-Stettin 84–85, 145
Philipp Julius, Herzog von Pommern-Wolgast 84–85, 146
Poetter, Heinrich 120
Pribislaw, Fürst der Obodriten 26
Pribislawa, Gemahlin von Herzog Ratibor I. von Pommern 25
Przemyslaw, Herzog von Großpolen 43
Putbus, Malte Fürst zu 114
Puttkamer, Adelsgeschlecht 37
Puttkamer, Johanna v. 120

Quistorp, Johann Gottfried 149

Rango, Friedrich 98
Ratibor I., Herzog von Pommern 25, 139
Reinhold, Graf von Dithmarschen 26
Rendtorff, Heinrich 127

199

Richard II., König von England 52
Richter, Hans Werner 154
Ritschl, Georg 120
Rodbertus, Karl 115
Rode, Paul 74
Rubenow, Heinrich 64, 135, 140
Rudolf I., König von Habsburg 41–42
Rudolf II., Kaiser 83
Ruge, Arnold 115
Runge, Daniel 150
Runge, Friedrich 90
Runge, Jakob 75
Runge, Philipp Otto 117, 149–150

Sack, Johann August 113
Sambor, Fürst von Rügen 133
Sarnow, Landeshauptmann 123
Scala, Ambrosius 143
Schill, Ferdinand v. 108
Schinmeyer, Johann Christoph 150
Schleich, Carl Ludwig 154
Schlosser, Franz 74
Schmidt, Roderich 153, 179
Schöning, Adelsgeschlecht 37
Schulenburg, Werner von der 69
Schulz, Robert 125
Schwarz, Werner 137
Schwede-Coburg, Franz 125
Schwerin, Adelsgeschlecht 37
Schwerin, Hans A.T. Graf v. 116, 118
Schwerin, Kurd Christoph Graf v. 103, 147
Schwerin, Ulrich von 78
Schwerin-Putzar, Maximilian Graf v. 115
Siegfried I., Bischof von Cammin 28
– II., Bischof von Cammin 62–63
Sigismund, Kaiser 52, 60–62
Sigismund II. August, König von Polen 80–81
Sixtus IV., Papst 67
Sophia, Gemahlin von Herzog Bogislaw VIII. von Pommern 62
–, Gemahlin von Herzog Erich II. von Pommern-Wolgast 63, 69
Souches, Louis de 95
Sparr, Christoph Freiherr von 93
Stefan Barthory, König von Polen 81
Stein, Heinrich Friedrich Karl Reichsfreiherr vom und zum 108–109, 113
Stojentin, Valentin v. 140, 142
Störtebeker, Klaus 162
Swantibor I., Herzog von Pommern-Stettin 55–56, 59–60
– II., Herzog von Rügen, Pommern-Barth 61–63

Tetzlaff, Fürst von Rügen 27
Thadden, Adolf v. 120
Thadden-Trieglaff, Reinhold v. 127
Thom, Karl 127

Ulrich, Bischof von Cammin, Herzog von Pommern 84–86, 147
Ulrike Eleonore, Königin von Schweden 101
Ungelarde, Minnesänger 133
Urban V., Papst 52

Virchow, Rudolf 116–117

Waldemar, Markgraf von Brandenburg 43–44
– der »Falsche Markgraf von Brandenburg« 50
– I., König von Dänemark 25–27
– II., König von Dänemark 30–31
– IV. Atterdag, König von Dänemark 52–53, 59
Waldenfels, Karl v. 108
Waldow, Wilhelm v. 123
Wallenstein, Albrecht, Herzog von Friedland-Mecklenburg, Fürst von Sagan 86, 88, 166
Wartislaw I., Herzog von Pommern 19–20, 22, 25
– II. Swantiboriz, Herzog von Pommern 30
– III., Herzog von Pommern 31–33, 40, 132–133, 159–160
– IV., Herzog von Pommern-Wolgast 44–46
– V., Herzog von Pommern-Wolgast 50, 55
– VI., Herzog von Pommern-Wolgast 55–56
– VII., Herzog von Pommern-Stolp 57, 59–60
– VIII., Herzog von Pommern-Wolgast 60
– IX., Herzog von Pommern-Wolgast 61–64, 67, 135
– X., Herzog von Pommern-Barth 64–65, 67, 164
Wedel, Adelsgeschlecht 37, 59
Wilhelm, Herzog von Geldern 60

Wilhelm I., Kaiser 115–116
- II., Kaiser 116, 119, 123
Willekini, Bischof von Cammin 57
Winther, Jürgen Valentin v. 145
Wirtschachus 155
Wirtz, Paul von 95
Wittelsbacher, Herrschergeschlecht 52
Wizlaw I., Fürst von Rügen 38
- II., Fürst von Rügen 41–42, 133, 160,
- III., Fürst von Rügen 44, 46, 49, 133–134
Wladislaw Jagiello (= Władysław II. Jagiełło), König von Polen 59, 162
Woedtke, Dubislaw v. 40

Wrangel, Carl Gustav, Graf von Salmis 94–95
Wulfen, Jakob v. 96
Wulflam, Bertram 54
Wulflam, Wulf 54

Yorck, Johann David Graf v. 109

Zachelvitz, Dietrich 47
Zemuzil, Herzog der Pomoranen 16
Zierold, Johann Wilhelm 98
Ziller, Hermann Freiherr v. 123
Zitzewitz, Adelsgeschlecht 37
Zitzewitz, Ernst v. 123, 125
Zitzewitz, Jakob v. 80–81

Ortsregister

(Ortsnamen wurden auch dann aufgenommen, wenn sie eine größere Verwaltungseinheit – z. B. Fürstentum, Regierungsbezirk, Kreis u. ä. – bezeichnen. Ortsnamen mit Zusatzbezeichnungen wie Bad, Deutsch, Groß u. ä. sind unter dem Hauptbegriff eingeordnet. Wegen ihrer besonderen Bedeutung für Pommern wurden die Inseln Rügen, Usedom und Wollin aufgenommen.)

Achterwasser 9, 13
Ahlbeck 176
Altdamm 12, 40, 86, 91–92, 95, 128, 158, 160, 163
Altona 99
Angermünde 50, 176
Anklam 29, 38, 41–42, 46, 48, 53, 81, 83, 85, 96–97, 109, 111, 113, 147–148, 150, 152, 160, 162–163, 168, 170, 176
Antwerpen 80
Århus 136
Arkona 9, 24, 26–27
Arnhausen 62
Arnswalde 44, 123, 128, 159
Auerstedt 107
Augsburg 77, 145, 148
Avignon 47–48

Bahn 38, 92, 97
Bamberg 156
Bansin 154, 176
Barth 47, 50, 56, 62–64, 79, 83, 103, 137, 139, 143, 152, 169–170
Basel 107
Belbuck 72, 79, 164
Belgard 20, 22, 43, 93, 111, 124, 152, 156, 176
Benz 109
Bergen 30, 103, 111
Bergen b. Magdeburg 25
Berlin 96, 103–104, 120, 122, 124, 145, 147, 176–177, 179
Berlinchen 12
Bernstein 44
Beseritz 32

Binz 176
Bologna 135
Born, Groß 127
Bornhöved 31
Braunschweig 133, 145
Bremen 92
Breslau 17, 20, 80, 120, 122, 124, 127
Bromberg 95
Brudersdorf 46
Brüssow 50
Bublitz 11, 40, 67, 124, 133
Bütow 9, 11, 40–41, 64, 79, 83–84, 93, 95, 103, 106, 132, 150

Cammin 19–20, 22–23, 27, 29, 40, 45–47, 50–51, 57, 62, 81, 84–85, 92–94, 97, 111, 121, 127, 130, 133–134, 139–140, 150, 163–164
Cloden 22
Coburg 125, 153

Damgarten 9, 103
Damm s. Altdamm
Danzig 43, 160, 163
Dargun 27
Demmin 9, 11, 22, 24, 26, 32, 40–42, 46, 48, 96, 104, 109, 111, 134, 152, 155, 163, 170
Dievenow 176
Dölitz 33
Dragör 163
Draheim 93, 95, 106
Dramburg 11, 40, 104, 110–111, 114, 119–120, 128, 132, 150, 152, 171, 175
Dresden 149–150
Driesen 159–160

202

Eberswalde 62, 77
Eldena 30, 149–150, 152, 165
Erfurt 135
Esrom 27

Falkenburg 40, 132, 152
Falsterbo 52, 54, 160
Fehrbellin 96
Finkenwalde 9, 127
Flatow 123, 128
Frankfurt am Main 47–48, 80
Frankfurt/Oder 45, 80–81, 166, 177
Franzburg 83, 86, 102–103, 111, 150
Freienwalde 40
Friedeberg 123, 128, 159
Friedland 9
Fürstentum 111
Fürstenwalde 55–56

Garden 35
Gartz/Oder 9, 14, 27, 38, 48, 66–67, 92, 99, 152, 161, 163, 176–177
Garz 20, 103
Gnesen 16–17, 20, 22, 24
Göhren 176
Gollnow 11, 40, 48, 92, 97, 160–161, 163
Gramzow 50
Greifenberg 10, 16, 40, 93, 111, 128, 147, 152, 163
Greifenhagen 38, 48, 78, 92, 95, 97, 111, 128, 134, 161, 163, 170
Greifswald 13–14, 40–42, 44, 46, 48, 52–54, 56, 64, 70, 73–75, 81, 83, 85, 90, 95–96, 102–103, 111, 113–115, 119, 130–131, 133–135, 137, 139–140, 143–144, 148–150, 152, 154, 160–163, 165, 169–170, 176
Grevesmühlen 44
Grimmen 47, 50, 102–103, 111
Grimnitz 77
Grobe 25, 29
Guben 156
Gustow 137
Güstrow 11
Gützkow 22, 26–27, 42, 56, 103, 155

Halle 115
Hamburg 80, 89, 123, 127, 150, 152, 164
Heidelberg 135
Helsingborg 53–54
Helsingör 54
Heringsdorf 176

Hohen-Landin 32–33
Hohenfriedberg 103
Hohenkrug 28
Hubertusburg 105

Jacobshagen 98
Jarmen 113
Jasenitz 78–79
Jasmund 9, 14
Jena 107
Jerusalem 140

Kalisch 162
Kallies 13, 40
Kalmar 59, 80
Karlsburg 147–148
Kaseburg 56
Kenz 137, 139
Kiel 110, 115, 153, 179
Klempenow 66
Kleve 113
Kolbatz 27, 29, 79, 139
Kolberg 10–11, 13–14, 16–17, 19, 22, 32, 40, 53–54, 63, 67, 73–74, 93–94, 102, 104–105, 108, 113–114, 120, 123–124, 129–130, 133–134, 137, 140, 143, 147, 152, 155–157, 160, 163, 167, 169, 170, 174, 176
Köln 29, 54, 135
Konghelle 24, 139
Königsberg/Neumark 45
Königsberg/Pr. 144
Königsholland 169
Konstanz 57, 61
Kopenhagen 54, 80, 149–150, 161, 163
Körlin 10, 40, 67, 93, 133
Köslin 14, 40, 67, 69, 83, 86, 93, 102–103, 110–111, 113–114, 119, 124, 127–128, 133, 146, 150, 152, 170, 175–177
Krakau 17, 51, 60, 64, 80, 162
Kremmen 32
Krone, Deutsch 123, 128, 147
Kunersdorf 104

Labes 40, 111
Landsberg a. d. Warthe 160
Lanzig 69
Lassan 40, 42, 56, 103, 136–137
Lauenburg 9, 14, 40, 59, 64, 93, 95, 103, 106, 110–111, 132, 152, 154, 170
Lebbin 9, 22, 27
Lebus 156

Leipzig 80, 135
Leubus 156
Löcknitz 66, 77, 104
Loitz 40, 50, 56, 95, 102–103
Lübeck 25, 27, 41, 54, 73, 79–80, 123, 127, 130–131, 133, 136–137, 160, 163
Lublin 127
Lübsow 16

Magdeburg 22, 24–25, 36, 41
Malmö 54
Marienfließ 79, 85
Massow 40, 62, 150
Memel 108
Merseburg 16, 23–24
Michelsberg 28
Middelfart 44
Misdroy 176
Mollwitz 103
München 52, 156
Münster 90

Naugard 13, 62, 111, 128, 133
Neuendorf 29, 153
Neuenkamp 83
Neustettin 11, 55, 60, 106, 111, 115, 119, 127–128, 147, 152, 156, 170
Nörenberg 11, 14
Nowgorod 160
Nürnberg 71
Nymwegen 96–97

Obernik 162
Odermünde 175
Oliva 95
Oranienburg 32, 127
Osnabrück 90, 92

Pasewalk 9, 30, 40, 55–57, 116, 134, 152, 164, 176
Peenemünde 88
Peisern 162
Penkun 40, 66
Pflugrade 176
Plathe 40, 143, 148, 150
Pölitz 40, 77–78, 128, 175
Pollnow 14
Poltawa 99
Polzin 40, 93, 176
Posen 47, 162, 176
Poseritz 137
Prag 20, 22, 52, 80, 135, 161

Prenzlau 38, 56, 66–67, 158
Prerow 152
Putbus 152
Pyritz 19–20, 29, 38, 70, 102, 104, 111, 120, 130, 134, 150, 152, 155–156, 159

Ravenna 31–32
Regensburg 78
Regenwalde 40, 111, 128
Rethra 26
Reval 136–137, 164
Ribnitz 9, 105
Richtenberg 103
Riga 60, 160
Robe 75
Rom 20, 52, 140
Roskilde 26–27, 30
Rostock 41, 44, 135, 142, 177
Rügen 9, 10, 13–14, 25–27, 36, 41, 46, 49–50, 55–56, 62–64, 92, 99, 102, 108, 111, 129–131, 149, 173, 176
Rügenwalde 11, 63, 69, 79, 83–84, 93, 145, 163
Rummelsburg 9, 11, 13, 111, 128, 150

Saatzig 79, 111
Sageritz 69
Schaprode 137
Schieratz 162
Schivelbein 59, 110–111, 114, 119, 124, 152, 171
Schlawe 60, 81, 111, 119, 127, 133
Schlochau 123
Schlönwitz, Groß 127
Schneidemühl 123, 127–128, 152, 154
Schönfeld 29
Schwanteshagen 9
Schwedt 32, 50, 99
Schweidnitz 105
Schwerin 57, 127
Schwerin/Warthe 162
Schwerinsburg 147, 149
Seehof 120
Skanoer 52, 54
Soldin 33, 43, 65, 164
Spandau 32
St. Germain-en-Laye 97
Stargard 11, 19, 29, 32, 38, 42–43, 54–56, 75, 79, 81, 85, 93–94, 98, 101, 102, 104, 109, 111, 113–114, 119, 134, 140, 143, 146, 152, 159, 161, 163, 167, 176

Stargordt 147–148
Stavenhagen 40
Stendal 38
Sternberg 80
Stettin 9, 10, 13, 19–20, 22–24, 27–28, 30, 38, 40–43, 46–49, 52–55, 62, 65, 70, 73–75, 78–81, 83–84, 86, 88–90, 92, 95–97, 99, 101–105, 107, 108–111, 113, 114–116, 118–120, 123–124, 127–129, 132, 134, 140, 142–143, 146, 152–167, 169–170, 175–176
Stettin-Bredow 125
Stockholm 89, 94, 101, 136–137, 162, 170
Stolp 38, 40, 55, 62–64, 69–70, 73–74, 81, 93, 102, 111, 113–116, 119–120, 133, 143, 152, 154, 160, 163–164, 169
Stolpe 21, 23, 25–26
Stolzenburg 167, 168
Stolzenhagen-Kratzwieck 175
Stralsund 14, 37–38, 41, 44, 46, 48–50, 52–54, 57, 62–64, 70, 73, 75, 81, 83–86, 88–89, 95–97, 99, 101–104, 108, 110–111, 113–114, 118, 124, 130–131, 133–134, 136–137, 140, 142–143, 152–154, 160–165, 169–170, 174–176
Swinemünde 38, 105, 109, 111, 152, 174–176
Sydowsaue 175

Tauroggen 109
Tempelburg 104
Thießow 14
Thorn 60, 74, 106, 162
Tilsit 108
Torgau 144
Torgelow 55–56, 66, 170
Tournai 137
Travemünde 178
Trebnitz 156
Treptow a.d. Rega 31, 40, 73, 78–79, 91, 93, 109, 152, 163
Treptow a.d. Tollense 40, 95, 170
Tribsees 27, 44, 47, 50, 95, 102–103, 150
Trieglaff 120
Tychow, Groß 9

Ueckermünde 40, 61, 111, 143, 160–161, 169
Ulrichshorst 107
Usch 156
Usedom 9–10, 13–14, 20, 22, 25, 27, 29, 31, 36, 43, 55–56, 64, 88, 92, 96, 99, 101, 104, 106, 109, 111, 133, 154, 167, 176

Venedig 163
Verchen 26, 137
Verden 92
Versailles 123
Vierraden 42, 66

Wangerin 40
Warberg 54
Warschau 106
Weimar 123
Wiek 66, 137
Wien 110, 135
Wisby 53
Wismar 41, 44, 92, 95, 99, 163
Wittenberg 72–74, 142, 146
Woldenberg 176
Wolgast 22, 25–27, 33, 40, 42–43, 47, 49, 55–56, 62–64, 74–75, 84, 86, 96, 99, 102–103, 142–143, 149–150, 155, 163, 166, 169–170, 176
Wollin 9–10, 13–14, 19–20, 22–24, 27, 29, 31, 36, 40, 43, 48, 55, 64, 72, 88, 92, 95–96, 99, 101, 104, 111, 129, 155–156, 163, 167, 176
Worms 71
Wusterwitz 120
Wustrow 32

Ystad 176

Zachan 79
Zanow 60, 67
Zantoch 20, 32, 33, 156, 162
Zarben 120
Zarnglaff 9, 175
Zingst 13–14, 152
Zinnowitz 176
Znaim 49
Zorndorf 104
Züllchow 175
Züssow 176

Abbildungsnachweis

S. 17 aus: Pommern (Vierteljahreszeitschrift), Jg. 1964, H. 2; S. 41 ebd., Jg. 1963, H. 4; S. 76 ebd., Jg. 1985, H.4

S. 21 aus: Baltische Studien, N. F. 67 (1981); S. 51 ebd., N. F. 72 (1986); S. 68 ebd., N. F. 60 (1974), S. 144 ebd., N. F. 70 (1984)

S. 35, 66 aus: Fritz Adler, Pommern (Deutsche Volkskunst), Frankfurt a. M. o. J. [1982] (Nachdruck)

S. 37, 136 aus: Oskar Eggert, Geschichte Pommerns, 4. Aufl. o. O. [Hamburg] 1965

S. 39 aus: Die Nikolaikirche zu Stralsund, hrsg. v. Fritz Löffler, 3 Aufl. Berlin 1972

S. 53 aus: Hellmuth Heyden, Die Kirchen Stralsunds und ihre Geschichte, Berlin 1961

S. 65, 71 aus: Wir Pommern, hrsg. v. Karlheinz Gehrmann, Frankfurt a. M. 1981 (Nachdruck)

S. 75, 87, 91, 174 aus: Klaus Gramzow, Günter Gutzmerow, Pommernland, Hamburg 1971

S. 107, 109, 111, 121, 151 aus: Archiv Dr. Benno v. Knobelsdorff-Brenckenhoff/Bonn

S. 117 Philipp Otto Runge, Bildarchiv Foto Marburg, Nr. 659397

S. 138, 141 aus: Norbert Buske, Gerd Baier, Dorfkirchen in der Landeskirche Greifswald. Mit Aufnahmen von Thomas Helms, o. O. o. J.

S. 149 aus: Helmut Sieber, Schlösser und Herrensitze in Pommern, 3. Aufl. Frankfurt a. M. 1978

Karten S. 18, 34, 58, 82, 100, 112, 126, 178 aus: Staats- und Verwaltungsgrenzen in Ostmitteleuropa. Historisches Kartenwerk. Teil III: Pommern. Bearb. v. Franz Engel, München 1955.

Historische Landeskunde
Deutsche Geschichte im Osten

Herausgegeben von der Kulturstiftung der deutschen Vertriebenen

Band 1:
Hans Schenk: Die Böhmischen Länder
Ihre Geschichte, Kultur und Wirtschaft. Köln 1998
205 Seiten, ISBN 3-8046-8801-2   28,00 DM

Band 2:
Hans Hecker: Die Deutschen im Russischen Reich,
in der SU und ihren Nachfolgestaaten. Köln 1998
151 Seiten, ISBN 3-8046-8805-5   28,00 DM

Band 3:
Dietmar Lucht: Pommern. Geschichte, Kultur und
Wirtschaft bis zum Zweiten Weltkrieg. Köln 1998
206 Seiten, ISBN 3-8046-8817-9   32,00 DM

Band 4:
Winfried Irgang u.a.: Schlesien. Geschichte, Kultur
und Wirtschaft. Köln 1998
279 Seiten, ISBN 3-8046-8819-5   34,00 DM

Weitere Bände in Vorbereitung!

Verlag Wissenschaft und Politik
Helker Pflug, Huhnsgasse 39-41
D-50676 Köln, Tel./Fax 0221-214996